JN065624

認知症ケア標準テキスト

改訂5版

認知症ケアの実際Ⅰ：総論

■ 一般社団法人日本認知症ケア学会 編
株式会社 ワールドプランニング

The Japanese Society for Dementia Care

株式会社 ワールドプランニング

● は じ め に

　認知症ケア標準テキスト第2巻では「認知症ケアの実際」について学習する．認知症ケアの実際については，第2巻で総論を，第3巻で各論を展開する．総論である本巻では，ケアの具体的な進め方の基礎，またケア実践のすべてに関連して重要となる課題を学習する．

　まず，認知症ケアの歴史的変遷を学ぶとともに，認知症ケアを行ううえで必要な視点を学習する．次いで，認知症の人へのケアにおける倫理の重要性を学習する．ケアをする立場と受ける立場とでは，それだけで力関係が生じやすく，それが認知症であるとその傾向はさらに強くなりがちである．それに関連して，身体拘束や虐待などの背景に認知症の問題があることが指摘されている．そのため，認知症ケアにかかわるすべての人，とくに認知症ケア専門士には倫理に関する十分な理解と認識が必要となる．

　また，ケアのどの場面においても重要な手段となるコミュニケーションスキルを学習する．この技術をもっているかどうかによって，ケアが成功するかどうかが決まるといってもよい．対象者を尊重しながら，精神だけではなく技術を学習する．

　そして，どのようなケア実践においても基本の流れ，プロセスがあることから，ケアに必要な共通のプロセスを学習する．このケアの基本をきちんと踏むことで，実践活動はよりスムーズになる．ケアのプロセスにおいて，心身の状態の観察，自分がかかわっていないときの状態や他職種から得た情報，さらに家族のことなど，あらゆる情報を解釈・判断して課題を見つけていくのがアセスメントである．本巻では，認知症の程度や状態を判断するために使用されるアセスメントツールをいくつか紹介している．アセスメントがきちんとできるようになるとケア実践の方法がみえてくるとともに，個別

のケアや方法によって応用が可能となる.

　さらに, 認知症の人への在宅支援, 施設支援, 医療支援について学習する. 在宅支援では認知症の人へのかかわり, 家族介護者へのかかわり, 地域社会とのかかわりを, 地域社会とのかかわりのなかでは課題となる在宅支援の要因と解決につながる対応についても考える. 施設支援では施設という場で職種を越えた協力関係の必要性, 環境の整え方など, 全体的に学習できるようにした. 医療支援ではわが国における認知症医療の実態とその課題にふれ, これからの医療とケアの多職種連携のあり方を解説する.

　昨今, 取り上げられることも増えた若年性認知症についても概要や施策の展開, 支援上の注意など, 必要とする幅広いサポートを全体像を通して解説する.

　高齢者の虐待や拘束については, その多くが認知症の人に関連して起こっている現状がある. 権利擁護や成年後見制度については本標準テキスト第4巻『認知症ケアにおける社会資源』に記載するが, 本巻では高齢者の人間尊重の考え方や抑制廃止の問題, そして虐待について本人と家族, あるいは社会の問題全体からとらえる.

　最後に, 事例報告のまとめ方について学習する. ケア方法は, 個別性が高いとはいえ事例を積み重ねることで共通性を見つけることができる. そして, それぞれの対応の基本が分かれば応用することで個々の対応が分かってくる. そのように考えると, われわれが日々かかわっている事例をまとめ, 意見交換していくことの重要性が理解できる.

　本巻は以上のような構成であるが, これらをもとに第3巻『認知症ケアの実際Ⅱ；各論』の具体的なかかわり方, 対応の実際などについて学習を深めていくことが望まれる.

2022年10月

認知症ケア関連テキスト開発委員会
第2巻「認知症ケアの実際Ⅰ：総論」
担当委員　狩　野　　　徹
　　　　　鈴　木　みずえ

一般社団法人日本認知症ケア学会
認知症ケア関連テキスト開発委員会

（五十音順）

執筆者一覧 （五十音順）

所属下欄は執筆箇所

改訂5版・認知症ケアの基礎

粟田　主一　　東京都健康長寿医療センター研究所
あわた　しゅいち　　第3章　認知症の人の推移と現状

石原　哲郎　　脳と心の石原クリニック
いしはら　てつろう　　第2章　認知症の人と私たちのかかわり

今井　幸充　　医療法人社団翠会和光病院
いまい　ゆきみち　　第4章　認知症ケアの変遷と課題

宇良　千秋　　東京都健康長寿医療センター研究所
うら　ちあき　　第10章　認知症予防

長田　久雄　　桜美林大学大学院老年学研究科
おさだ　ひさお　　第1章　人の老いと認知症

加藤　伸司　　東北福祉大学総合福祉学部
かとう　しんじ　　第6章　認知症の人の心理的特徴

繁田　雅弘　　東京慈恵会医科大学精神医学講座
しげた　まさひろ　　第5章　認知症の医学的特徴

西下　彰俊　　東京経済大学現代法学部
にしした　あきとし　　第7章　認知症の人と社会的環境

結城　拓也　　社会福祉法人仁愛会
ゆうき　たくや　　第9章　認知症のチームケアと担い手

六角　僚子　　三重県立看護大学
ろっかく　りょうこ　　第8章　アセスメントすることの意義と視点

改訂5版・認知症ケアの実際Ⅰ：総論

石原　哲郎　　　　脳と心の石原クリニック
いしはら　てつろう　第9章　若年性認知症の人への支援―Ⅴ

伊東　美緒　　　　群馬大学大学院保健学研究科
いとう　みお　　　第3章　認知症の人とのコミュニケーション

今井　幸充　　　　医療法人社団翠会和光病院
いまい　ゆきみち　第8章　認知症の人への医療支援

梅﨑かおり　　　　帝京科学大学医療科学部
うめざき　かおり　第5章　認知症のアセスメント・ケアプランと実践

大久保幸積　　　　社会福祉法人幸清会
おおくぼ　ゆきつむ　第7章　認知症の人への施設支援

島田　千穂　　　　佐久大学人間福祉学部
しまだ　ちほ　　　第1章　認知症ケアの原則と方向性―Ⅲ

鈴木みずえ　　　　浜松医科大学臨床看護学講座
すずき　みずえ　　第1章　認知症ケアの原則と方向性―Ⅳ
　　　　　　　　　第4章　情報収集とアセスメントのためのツールの活用

諏訪さゆり　　　　千葉大学大学院看護学研究院
すわ　さゆり　　　第11章　事例報告のまとめ方

堀内　ふき　　　　佐久大学
ほりうち　ふき　　第1章　認知症ケアの原則と方向性―Ⅰ，Ⅱ

松本　一生　　　　医療法人圓生会松本診療所
まつもと　いっしょう　第6章　認知症の人への在宅支援

箕岡　真子　　　　東京大学大学院医学系研究科客員研究員／箕岡医院
みのおか　まさこ　第2章　認知症ケアの倫理

山口　喜樹　　　　社会福祉法人名古屋市社会福祉協議会名古屋市認知症相談支援
やまぐち　よしき　センター
　　　　　　　　　第9章　若年性認知症の人への支援―Ⅰ～Ⅳ

吉川　悠貴　　　　東北福祉大学総合福祉学部
よしかわ　ゆうき　第10章　認知症の人と身体拘束・虐待

改訂6版・認知症ケアの実際Ⅱ：各論

足立　　啓　　和歌山大学名誉教授
あだち　けい　　第7章　施設・在宅における環境支援―Ⅰ

今井　幸充　　医療法人社団翠会和光病院
いまい　ゆきみち　　第3章　認知症の行動・心理症状（BPSD）とそのケア―Ⅲ～
　　　　　　　　　　Ⅵ，Ⅷ～Ⅺ

植田　　恵　　帝京平成大学健康メディカル学部
うえだ　めぐみ　　第5章　リハビリテーション―Ⅳ

遠藤　慶一　　医療法人慶誠会遠藤歯科クリニック
えんどう　けいいち　　第1章　認知症の医療とケア―Ⅲ

大久保幸積　　社会福祉法人幸清会
おおくぼ　ゆきつむ　　第2章　認知症のケア技術の実際

岡本加奈子　　宝塚医療大学和歌山保健医療学部
おかもと　かなこ　　第7章　施設・在宅における環境支援―Ⅱ

髙橋　正彦　　たかはしメモリークリニック
たかはし　まさひこ　　第6章　非薬物療法

竹田　徳則　　名古屋女子大学医療科学部
たけだ　とくのり　　第5章　リハビリテーション―Ⅰ，Ⅱ

角　　徳文　　香川大学医学部
つの　のりふみ　　第3章　認知症の行動・心理症状（BPSD）とそのケア―Ⅰ，
　　　　　　　　　　Ⅱ，Ⅶ

中村　　祐　　香川大学医学部
なかむら　ゆう　　第4章　薬物療法の知識

堀内　ふき　　佐久大学
ほりうち　ふき　　第8章　認知症の人の終末期ケア

三重野英子　　大分大学医学部
みえの　えいこ　　第1章　認知症の医療とケア―Ⅰ

山上　徹也　　群馬大学大学院保健学研究科
やまがみ　てつや　　第5章　リハビリテーション―Ⅲ

山田　律子　　北海道医療大学看護福祉学部
やまだ　りつこ　　第1章　認知症の医療とケア―Ⅴ

山本　恵子　　　九州看護福祉大学看護福祉学部
やまもと　けいこ　　第1章　認知症の医療とケア—Ⅱ

湯浅美千代　　　順天堂大学大学院医療看護学研究科
ゆあさ　みちよ　　第1章　認知症の医療とケア—Ⅳ

改訂6版・認知症ケアにおける社会資源

綾部　貴子　　　梅花女子大学
あやべ　たかこ　　第5章　認知症の相談窓口

池田惠利子　　　公益社団法人あい権利擁護支援ネット
いけだ　えりこ　　第3章　認知症の人に対するフォーマルケア—Ⅴ

岡田　進一　　　大阪公立大学大学院生活科学研究科
おかだ　しんいち　第4章　認知症の人に対するインフォーマルケア—Ⅳ

岡田　直人　　　北星学園大学社会福祉学部
おかだ　なおと　　第3章　認知症の人に対するフォーマルケア—Ⅸ

笠原　幸子　　　四天王寺大学人文社会学部
かさはら　さちこ　第3章　認知症の人に対するフォーマルケア—Ⅰ

狩野　徹　　　　岩手県立大学社会福祉学部
かのう　とおる　　第3章　認知症の人に対するフォーマルケア—Ⅲ.2

鎌田　松代　　　公益社団法人認知症の人と家族の会
かまだ　まつよ　　第4章　認知症の人に対するインフォーマルケア—Ⅱ

神部　智司　　　大阪大谷大学人間社会学部
かんべ　さとし　　第3章　認知症の人に対するフォーマルケア—Ⅳ

白澤　政和　　　国際医療福祉大学大学院医療福祉学研究科
しらさわ　まさかず　第1章　認知症の人にとっての社会資源とは
　　　　　　　　　第3章　認知症の人に対するフォーマルケア—Ⅹ

進藤　由美　　　国立研究開発法人国立長寿医療研究センター
しんどう　ゆみ　　第2章　地域で認知症の人を支えるために—Ⅰ

塚田　典子　　　日本大学商学部
つかだ　のりこ　　第3章　認知症の人に対するフォーマルケア—Ⅷ

内藤佳津雄　　　日本大学文理学部
ないとう　かつお　第3章　認知症の人に対するフォーマルケア—Ⅱ.1〜8

西元　幸雄　　　株式会社ケアサポート四日市
にしもと　ゆきお　第3章　認知症の人に対するフォーマルケア―Ⅱ．9

福富　昌城　　　花園大学社会福祉学部
ふくとみ　まさき　第2章　地域で認知症の人を支えるために―Ⅱ

増田　和高　　　武庫川女子大学文学部
ますだ　かずたか　第3章　認知症の人に対するフォーマルケア―Ⅵ，Ⅶ

森　　一彦　　　大阪公立大学客員教授
もり　かずひこ　　第3章　認知症の人に対するフォーマルケア―Ⅲ．1

矢吹　知之　　　認知症介護研究・研修仙台センター
やぶき　ともゆき　第4章　認知症の人に対するインフォーマルケア―Ⅰ，Ⅲ

「改訂 5 版・認知症ケアの実際Ⅰ：総論」

目　　次

第5章　認知症のアセスメント・ケアプランと実践

第 10 章　認知症の人と身体拘束・虐待

第 1 章

認知症ケアの原則と方向性

Ⅰ．認知症ケアの歴史的変遷

　わが国の第二次大戦以前の平均寿命は，明治，大正期を通じて低く，戦後の1947年においても，男性50.06歳，女性53.96歳であった．その後寿命は延び続け，1970年には，男性69.31，女性74.66歳，老年人口割合が7.1％となり，わが国の高齢化の課題は1970年代に始まったといえる[1]．

　1972年には，東京都老人医療センター，および研究所（現 東京都健康長寿医療センター研究所）が開設され，また，有吉佐和子の小説「恍惚の人」が出版され，認知症高齢者が注目されることになった．その後この小説は多くの言語で翻訳され，世界でも注目されるが，そこに描かれているのは認知症高齢者の実態と家族の苦労が中心であった．この小説は国民の老後への関心を高め，1973年の福祉元年といわれる，総理府に老人対策室ができることにつながったと考えることができる．

　このころはまだ，認知症ケアに関する内容を論文のなかにみることもむずかしく，家族が認知症の人を在宅でケアすることが困難になると精神疾患として対応され，精神科の病院に入院することが多かった．1963年設立の老人福祉法によって高齢者のすべてが福祉の対象になり，特別養護老人ホームが開設されたとはいえ，認知症の人を入所者としては考えていなかった．

　このような状況は，1980年代に入っても同様で，認知機能が低下することに対し差別や偏見を示すという社会状況が通常であった．家族によっては，認知症の人を部屋に閉じ込めてしまうこともあり，その対応は仕方がないことと考えざるを得ないような状況であった．

　在宅ケアが困難になったのち，先駆的に特別養護老人ホームでケアを進めたのが1975年に開設された特別養護老人ホーム山水園であり，1981年には小山田第二特別養護老人ホームが認知症の人専用のケアを行う施設を開設した．

　しかし，ケア方法についてはまだ手探りの状況であった．そして，認知症ケアは寝たきりの人のケアに比べて精神的負担が大きく，気の休まる暇がないという，家族負担が大きくクローズアップされていた．ホームヘルパーの訪問も寝たきりの人が中心であり，実際に訪問してもなにをどうしたらよいのか分からない状況であった．認知症に伴って起こってくる行動・心理症状

(Behavioral and Psychological Symptoms of Dementia；BPSD）に対して
も，その変化を「問題行動」，つまり家族やケア提供者には迷惑な行動ととら
えられていた．対応も，介護衣やひも，拘束ベルトなどを使用し，薬によっ
て BPSD を鎮静させ，なにもない殺風景な環境のなかでケアが行われてい
た．そして，ケア提供者は，言葉でも叱りつけ，制止するような強い口調で
対応していた．

　施設の印象的な光景は，髪を男性のように短くした女性の認知症の人が介
護衣を着ているさま，部屋にはベッドと床頭台だけで壁にも机の上にもなに
もないような状態であった．

　その後1980年代も半ばに入ると，認知症の人を介護する家族の介護負担に
関する調査や，在宅でケアされる認知症の人の実態調査などが行われるよう
になった．つまり，認知症の人に関する課題を見つけるところから始まった
といえよう．また，ケアに対して問題意識をもってケア方法を考えようとし
ている施設も徐々に増え，さまざまな BPSD をていねいに観察して何らかの
理由があること，その人の生活背景に目を向けようとするケア，よいと思う
ケアを記述して工夫することが行われ始めた．北欧への視察や海外の文献な
どによって，それまでの生活が継続している衣服の選び方，部屋のレイアウ
トなど，さまざまにケア方法が変化していったのもこの時期であった．

　1990年代に入ってからは，家族の介護負担への対応としてデイサービスや
ショートステイの活用が行われるようになった．また，回想法やリアリティ
オリエンテーションといった療法の効果についての研究，さまざまな評価
ツールに関する研究などとともに，住環境などの面も研究されるようになっ
た．さらに，グループホームやユニットケアが始まり，その効果も報告され
るようになった．

　2000年代に入ると介護保険が始まり，クリスティーン・ブライデン
（Bryden C）をはじめ，認知症の人本人からの発言を知ることになり，われ
われは介護者や医療者の視点ではなく，本人視点の重要性を認識した．そし
て，2004年には，「痴呆」という言葉には侮蔑的な意味合いがあること，社
会の偏見を育ててしまっていることの反省から「認知症」と呼称が変わるこ
とになり，いまに至っている．

　この介護保険が始まることによってさまざまなサービスが提供されることになり，介護は国の施策として位置づけられた．認知症ケアについても，さまざまに起こってくるBPSDの変化はほかの病気の症状と同等のこととしてとらえることが重要であり，その人の意思を伝えようとする結果であると考えるようになった．また介護保険の下，身体拘束禁止規定が定められ，さまざまな具体的な行為が禁止され，身体拘束をしないために日常的なケアが見直され，ケアの質の向上につながった．

　その後身体拘束については，急性期の病院では安全重視のため容認される傾向であったが，現在は急性期であっても本当に必要なのか見直しがなされ，身体拘束を行わないケアの実践を目指すようになった．

Ⅱ．認知症ケアの原則

　認知症に関する基礎的な知識は，認知症ケア標準テキスト「認知症ケアの基礎」で述べられているため，本稿ではケアのあり方について述べる．

　認知症の人本人からの発言，あるいはさまざまな研究から，認知症の人の気持ちに沿ったケアのあり方が明らかになってきた．ケア提供者としては，まずは，認知症の人の言葉を真摯に受け止めていくことが大切である．

　そして，認知症は他人事ではなく，わが国の長寿が実現されたことと合わせて，認知症になるということはだれもが受け入れなければならないこととなった．また，専門職によるケアはもちろんであるが，認知症の人が地域で生活していくためには，だれもがケア提供者であるということを確認しておきたい．

1．認知症の人の尊厳を守る

　認知症の人の尊厳を守るには，どのような対応をしたらよいのであろうか．まずは人として向き合うことである．つまり，認知症の人に対して，偏見をもったり，侮蔑的な態度をとったり，憐れみを抱いたりすることなく，人として普通に向き合うということである．とくにむずかしいことではなく，われわれが日ごろ日常生活で人々と接する態度・対応でいるということ

である．たとえば，がんの患者さんは，がんに罹患した人としてその人の姿をみるのに対し，認知症の人に対しては，認知症という病気をさきにみて，その人本来の姿をおいてきてしまう．あくまでも，認知症という状態になっている人にすぎず，その人はこれまでの生活が継続したなかにいることを忘れてはならない．

2．意思決定を尊重

　「尊厳を守る」ということに通じることであるが，その人の意思を尊重することが第一である．認知症の人に対し，こちらの言うことが分からない人，自分の意思を表現できない人と決めつけてはならない．

　認知機能の低下が進むにつれて，うまく言葉では表現できないことが増えるが，ゆっくりとしたペースで，しっかり聴こう，分かろうとすれば意思が表現されていることに気づくことができる．コミュニケーションは双方向のものであり，言語的コミュニケーションより非言語的コミュニケーションのほうが多くを伝えるとされている．それは，認知症の人のように，言葉での表現が困難になっても，顔の表情や手振り，視線の方向，涙，手を伸ばそうとするしぐさなど，さまざまな方法によってその人の意思をつかむことができるということである．食事をとろうとしない，うろうろする，いすから何度も立ち上がろうとするなど，さまざまな行動のなかにあるその人の意思をとらえていくことが大切である．われわれが，最初から分からない人と決めつけていたなら，それらの意思を探る努力を怠ってしまうことになる．

　意思決定にあたっては，胃ろうの造設，手術を実施するかどうか，終末期の治療方法などの治療についての大きな選択と同時に，毎日の生活のなかで食事や衣服の選択など，さまざまな1つひとつのことで本人の意思が尊重されなければならない．

　また，本人の意思がはっきりしないときには，家族の意思を確認しようとすることが多い．とくに治療方法の選択のような重大な決定を家族にゆだねることは，家族の心にも負担を与えてしまうことになる．専門職としては，本人や家族，そして医師やケースワーカーなどを含め，それぞれの専門的な立場からの意見を大切にし，チームでいっしょに考えていくようにすること

が必要になる．

　日常生活における選択については，たとえば，食事の好みや嗜好品について，詰まらせたら困るからとパンをやめたり，高齢者はコーヒーを飲まないであろうと最初からメニューに入れなかったり，本人の意思を確認することなく決めてしまうことがある．

　また，一度コーヒーが嫌いと言ったなら，二度とたずねようとしないことがあるが，人の好みは変化するであろうし，環境や体調などによってもそのときの好みが変化することを考慮し，決めつけることなく，常に相手の身になって考えていくことが大切である．

　重大な治療等に関する意思は，なるべく早期に，認知症も軽度なうちに本人に確認しておくことが大切とされ，確かにそれは重要なことである．しかし，人の意思はいつでも変化するということも忘れないようにしたい．この治療をしないと予後が短くなる，痛みがあるというような場合には，本人も家族も気持ちが揺れることは当たり前である．前もっての意思確認とともに，意思は変化することを考慮し，その時々において，家族の意思とともに，本人の意思を確認していくことを大切にする．

3．生活歴を知って，その人の人生の継続を図る

　その人の長い人生のなかでわれわれがかかわるのは，最後の何年かということが多い．いまのその人の生活はこれまでの長い人生の続きであり，その後はまた家に戻るかもしれない．あるいはそれまでの生活場所ではなく，新たな生活場所に行くかもしれず，その場が最期の場所となるかもしれない．どのような形にしろ，いまわれわれがケアをするそのときは，人生の継続性を考えて，できる限りその人の生きてきたように生活リズムや環境，生活習慣を整える必要がある．認知症の人のためのケアマネジメントセンター方式のシートを活用し，入院・入所時に家族や身近な人の力も借りながら，「生活史シート」や「私の姿と気持ちシート」などを記入しておくことはケアの継続性を進めるうえでたいへん役立つ方法になる．

　また，さまざまに起こってくる BPSD の意味を探るうえでも，生活史から解釈を進め，本人の視点でケア提供者のかかわりを進めることができる．入

院や入所といった生活場所の変化によって落ち着かないようなときにも，これまでの楽しかった生活を話してもらうようなアプローチが効果的なこともある．その人の生活の継続を意識して情報をつないでいくことにより，ケア提供者は専門職として本人の気持ちに沿ったケアが実現できることになる．

4．認知症の行動や症状はその人からのメッセージであり，起こっていることを認知症のせいと思い込まない

さまざまに起こってくる BPSD がどのような意味をもっているのかについては，認知症ケア標準テキスト「認知症ケアの基礎」で述べられているが，まずは認知症のせい，認知症が悪化したからなどと単純に思い込まない，起こっていることだけを押さえようとしないことが大切である．

せん妄や妄想，うろうろするといった行動を認知症のせいと決めつけてしまうと，認知症であるから治らない，この行動は周囲の人に迷惑であるから抑えなければならないという考え方になってしまう．そして，認知症という病気だけに注目したなら，それは医学的対応が必要なことと思ってしまうかもしれない．

それらの BPSD は，その人にたまたま起こっていることととらえ，生活全体をみて対応しよう，背景を探ろうと，さまざまな見方から検討を進めたなら，対応の仕方・工夫が分かってくるはずである．

5．できることをたくさん見つけ，そこにアプローチ

認知症の人ができなくなる内容は病状の変化によって異なるが，それ以上にできることがたくさんあることを知り，そこにアプローチしていく．

たとえば，認知症なので歩くと危険であるからと，歩ける人に車いす利用を勧めたり，箸を使えていた人が手づかみで食事をするからと，おにぎりにして手で食べることを勧めたりするような対応を考えることがある．これらも1つの対応方法であるためすべてを否定するわけではないが，車いす生活によって脚力が衰え，本当に歩けなくなってしまうこともある．また，おにぎりでも自分で食べられることはよいが，いすや机の高さを調整したら，箸やスプーンで食べられるのかもしれない．まずは，それまでできていたこと

を損ねることなく，できることを生かしたケアを重要としたい．

　また，認知症の人のコミュニケーション能力では，感情はほかの能力よりも遅くまで残っているとされる．快の感情にアプローチし，情緒が安定していられることを目指すことで，落ち着いて自分のペースを守ることができたときには，できることが多い．

6．急がせない，ゆっくりしたペースで向き合う，触れるなどのケアを実践

　われわれでも，自分ではよく分からないことについて答えを求められたり，人前で話したりするときにはとても緊張してうまく話せない．急がされたらますます混乱してしまう．同様のことが認知症の人にも起こることを知っておきたい．質問するような対応はしないとされているが，矢継ぎ早に質問したり，早い返事を求めたりすると，できることもできなくなってしまう．たとえ短い時間でもきちんと向き合い，目をみて，ときには注意を向けるようにしてから話すことが対応の基本である．また，手をつないだり，肩を組んだり，前にきちんと座って手を重ねながら話すなどの方法が，相手に安心感を抱いてもらうことにつながる．

7．体調の管理をきちんとする

　BPSDはさまざまな体調の変化によって起こるとともに，悪化することがある．便秘や痛み，脱水による電解質バランスの変化などによって不穏状態になったり，呼吸困難や発熱によってせん妄が引き起こされたりすることは，よく遭遇することである．また，服薬などによる影響がBPSDの変化を起こすこともある．

　認知症の人の多くは高齢者であり，さまざまな老化による身体機能の低下を招いている．たとえば，白内障や緑内障によって起こる視力低下や視野の欠損，さらには難聴などの感覚器の障害は，認知症でなくても認知症と間違われてしまうような一時的な混乱を示してしまう．さらに，高齢であるということは，複数の身体疾患をもっている人も多く，何らかの薬の服用をしていることが少なくない．まずは，ケア提供者全員が薬物の作用，副作用を理解しておく必要がある．高齢者はそもそも服薬管理がむずかしいうえに，認

知症のために本人からの言葉による訴えが少ないことが考えられるため，ケア提供者が予測しながら十分観察することが第一になる．そして，状態像の変化をとらえ，医師・薬剤師等と相談しながら，早期の対処が必要になる．

8．環境の急激な変化を避けるとともに，心地よい，現実認識を高められるような環境を作り出す

入院あるいは入所等によって，それまでの生活場所が変わるようなときには，できる限り変化を少なくするように心がける．その人にとっては，たとえ治療のためとはいえ，病院のような治療優先の，日常生活とはかけ離れているような環境では，情緒の安定が損なわれてしまう．物理的環境の変化がやむを得ない場合には，できる限り人的環境を整え，その人の安心につながるような対応を心がける．音楽や絵画，花，ペットなどの活用によって，心地よい環境を作り出すこともできるであろう．

さらに，環境を整えることは，BPSD に対するケア方法としても活用できる．たとえば，リアリティオリエンテーションを意識した飾りつけや日めくりカレンダー，時計の設置，外から摘んできた花を飾って季節感を出す，季節を意識した食事メニューなどの工夫ができる．

これらの生活環境を考えるときには，「認知症高齢者への環境支援のための指針（Professional environmental assessment protocol；PEAP 日本版 3）」の 8 つの次元として示されているものが参考になる．認知症ケア標準テキスト「認知症ケアの実際Ⅱ；各論」に詳細が述べられている．これは，施設に入所している高齢者をイメージしてつくられたものであるが，ほかの場面でも視点として役立てることができる．

①見当識への支援：居室を家庭的にし，時間的・空間的な方向感覚障害への環境支援．また文字盤のはっきりした時計やカレンダーの提示．窓からの明かりを活用した 1 日の時間の推移が分かるようなアプローチなど．

②機能的な能力への支援：排泄，入浴，整容，衣服の着脱動作について，できる限り自立が促進できるような環境を整える．もっている力が生かせるようにする．

③環境における刺激の質と調整：風や鳥のさえずりなどの自然界の音や

キッチンの音などが聞こえるようにし，適度な刺激になるようにする．また視覚や香り，寝具のやわらかな素材などを工夫して，心地よさ，なじみの関係をつくる．

④安全と安心への支援：危険がないように見守りができつつ，見通しを重視するあまり認知症の人が見張られているような感じを抱かない環境づくり，転倒を予防できるような環境の整備．

⑤生活の継続性への支援：慣れ親しんだ物，家具や写真などを置いて，居心地のよい環境を作り出す．自宅で使っていた物，食器や枕，衣服などを配置してなじみの環境を作り出す．

⑥自己選択の支援：空間や居場所，いすなどの環境とともに，ケアの方針については，個々の選択を常に聞いてケアを進める．

⑦プライバシーの確保：居室へ入るときはノックや声かけをする．1人になれる場所を確保するなど，ケアを行うときもきちんとプライバシーを守ったケアを行う．

⑧入所者とのふれ合いの促進：食事のときやほかのときに入所者と交流が図れるように，いっしょに会話ができるような環境づくりを支援する．ケア提供者はなかに入って互いの話をつなぐようにする．

　以上のような環境支援のためには，そのような場を準備するだけでなく，ケア提供者がこれらの実現に向けて利用者間をつなぐようなかかわりが不可欠であり，ひいては人的環境要因が大きいということになる．

9．薬物療法と非薬物療法の理解

　認知症の薬が使われるようになって，ほぼ20年が経過した．認知症の薬の詳細は認知症ケア標準テキスト「認知症ケアの実際Ⅱ；各論」で述べているが，薬の開発は，認知症の人の病名告知や自己決定，よりよい状態の延長につながったといえる．

　薬については，日々の変化の観察といっしょに効果の確認をしていくことが重要であり，医師とケア提供者の協力がなければ薬は使用できない．また，在宅においては，家族の観察，訪問介護やデイサービス時の観察などが重要になる．これらの服薬の効果や副作用の観察は，毎日きちんと薬を服用して

いることを前提として判断されるものであり，勝手に薬を減量したり，やめたりしないで，状態をていねいに観察・報告し，医師と相談のうえ薬が検討されなければならない．

　非薬物療法の詳細については，認知症ケア標準テキスト「認知症ケアの実際Ⅱ；各論」で述べているが，薬が使われるようになったとしても，この非薬物療法，日々のケアが重要である．薬物投与を検討する前に，BPSD には何らかの非薬物療法が行われなければならない．また，たとえ薬物療法が行われたとしても，最後は日々のケアの力が大きいということを理解して，ケア方法を工夫したい．

10. 地域の力全部を巻き込む

　認知症ケアは，チームアプローチで行うことが重要であるが，このときに忘れてはならないのは地域住民の力である．地域の人が偏見をもって認知症の人をみたならば，家族や本人は外へ出ようとしないであろうし，家族はまして地域に迷惑をかけないようにと，本人を閉じ込めてしまうことになる．

　地域住民のできることは，認知症に対する偏見をなくすこと，温かい目でみることが第一である．自分にはいったいなにができるかと考えたときには，本人や家族への直接的ケアだけでなく，ちょっとした声かけ，あいさつなどから地域づくりが始まっていくことを知っておきたい．

11. 家族・介護者教育の重要性

　認知症のケアは多職種の力を必要としている．互いの専門性を理解しながら，リハビリ職員や看護職，介護職，栄養士といったさまざまな職種の協働によって進めていくことが重要になり，すべての職種が認知症について理解を深める必要がある．

　また，在宅では家族の力や近隣の力も大きい．家族に対しては，デイサービスのようすをいっしょにみてもらい，会話に参加してもらうと，対応の工夫を知ってもらうことができる．家族の心身のストレスが強いことは容易に理解できるため，家族会への参加を促したり，面会時にほかの利用者の家族と交流できるようにしたりすることができる．きちんとした講座を開かなく

とも，あらゆる場が介護者教育になっていることを知っておきたい．

　そして，この認知症ケアに関する理解を深める教育は，地域の住民すべてに対して必要であり，銀行や郵便局，駅員，店員など，あらゆる人々の意識が変わるような，地域ぐるみの取り組みが必要になる．

Ⅲ．認知症の人の意思決定支援

1．認知症の人の意思決定支援における基本的態度

　『認知症の人の日常生活・社会生活における意思決定支援ガイドライン』では，認知症の人の特性を踏まえた意思決定支援の基本原則として，①本人の意思の尊重，②本人の意思決定能力への配慮，③チームによる早期からの継続的支援の3点が挙げられている[2]．このガイドラインでは，認知症の人の意思決定支援のプロセスを，意思形成支援，意思表明支援，意思実現支援の3段階で説明している[2]．意思は，他者とのかかわりのなかで，段階的に明確化されるものと考えられている．

　認知症の人を介護する専門職や家族は，「ひとり暮らしは心配」「転倒させてはいけない」「清潔保持のために入浴してもらわなければならない」など，安全や衛生を守る視点から支援しがちである．認知症の人の意思に近づくためには，いったん介護者側の視点を留保して，認知症の人がいる世界から，起きている出来事を理解する必要がある．介護者のつごうを優先した介護では，認知症の人の意思に気づくチャンスを失っているかもしれない．認知症の人の発言や行動，表情から，その人の意思を理解しようとしてかかわるとき，認知症の人から「頼れる人」と認識される関係[3]を構築でき，自分の意思を伝えてもよい人として認識される可能性が高まることになる．

2．認知症の人の意思決定能力と意思決定支援の考え方

　認知症の人の意思は，かかわりのなかで把握されるものである．かかわり方は，その人の意思決定能力に合わせて変える必要がある．したがって，その人が意思決定できるかどうかは，その人の能力だけで決まるのではなく，その人がもつ能力に合わせて適切に支援されるかどうかで決まる．ガイドラ

インにおいても，意思決定能力とは，段階的・漸次的に低減・喪失されるものであり，さまざまな要因によって変化する可能性があるものとして記述されている[2]．

　認知症の人の自律は，意思決定能力に合わせて支援することによって守られる．それは，タイミングや対応する介護者によって異なり，流動的である．昨日は適していた方法が，今日はうまくいかないこともあるだけでなく，対応する人が変わるとうまくいくこともある．認知症の人の意思を理解しようとする態度で，かかわり続けることが重要である．

　このような考え方は，関係を前提とした自律（relational autonomy）としてとらえられる．その人に意思決定できる力があることを前提にかかわり，その人の生活史や人生の意味，好みをよく知り，提示する選択肢を考えて，決めるまでの過程で理解しやすく情報を伝えたり，対話を通して時間をかけてかかわったりすることである[4]．意思決定できる力がどうすれば発揮できるかを探索しながら，段階的にかかわる考え方について，バット（Bhatt J）らの枠組み[5]を参考にして図示した（図1-1）．

　初期の認知症の人は，毎日の生活上の選択はほぼ支障なくできるが，通常とは異なる事態での判断や，認知機能の低下に伴う不安などへの対処が困難な可能性がある（図1-1の①）．本人ができることは本人に任せ，本人が困っていることがないかを確認する支援となる．この段階では，日常的な選択の仕方や迷い方など，本人の選好を表す情報を把握し，将来の意思決定支援に備えることも求められる．

　認知症がやや進行してくると，何度も同じ物を買ってくる，気候に合わない洋服を着る，その場に合わない発言をするなど，他者からみて合理的とはいえない選択がなされるようになる（図1-1の②）．他者にとって合理的でなくても，その人の世界からみれば意味ある意思決定であることもある．介護者のつごうで否定すると，認知症の人との関係が悪化する可能性がある．認知症の人の意思決定と，家族や地域の常識とのずれが大きいと，本人の意思の尊重は困難である．認知症の人の意思を尊重した生活のためには，認知症の人の世界に合わせた環境整備がしやすい介護施設やグループホームなど，居住場所の変更も含めて検討される．

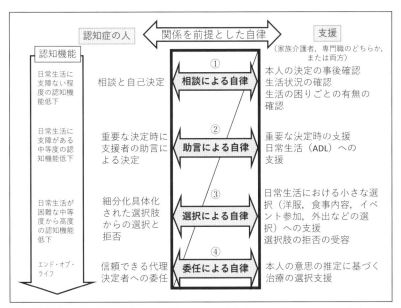

Bhatt J, Walton H, Stoner CR, et al.：The nature of decision-making in people living with Dementia；A Systematic Review. *Aging & Mental Health*, 24(3)：363-373（2020）の枠組みを参考に筆者が作成.

図1-1　認知症の人の段階的な意思決定支援の枠組み

　さらに，認知症が進行すると，判断して選択することが困難となる．選択肢によって選択の幅を狭めて相談したり，1つの選択肢に対する「はい・いいえ」を回答してもらったりするようにして，意思決定の力を探索しつつ進めることになる（図1-1の③）．支援者は，その人の世界に適合するであろうと推測して提案し，拒否されたら，別の選択肢を検討するというプロセスで支援する．不安そうにすごしているときに，どのようなアクティビティを提供すると落ち着いてすごすことができるのか，その日に着る洋服はどのような選択肢を示すと選択できるのかなど，その人の選好を知る支援者と本人との相互作用のなかで，本人の意思を確認する．一方，この時期は，本人が意思決定しなくても，介護する側のつごうで決めるほうが容易なため，支援者が意識的にかかわらなければ，認知症の人の意思は把握されにくい．かかわりによっては，本人の無気力を助長しやすいことに留意する必要がある.

　そして，エンド・オブ・ライフの意思決定は，過去やその時点での断片的な情報から，その人がそう判断するであろうと推測して，本人からの委任を受けて代理決定することとなる（図1-1の④）．それまでのかかわりから得られた，本人らしい人生の価値観や選好を示す情報が根拠となる．『人生の最終段階における医療・ケアの決定プロセスに関するガイドライン』においては，その決定は，本人の意思を推定したうえで，医療やケア提供者，家族などとの合意で行うこととされている[6]．

3. 認知症の人の人生の最期に向けた対話と情報収集（アドバンス・ケア・プランニング；ACP）の必要性

　認知症の人のエンド・オブ・ライフでは，認知機能や日常生活動作（Activities of Daily Living；ADL）が低下し，多くは意思決定がむずかしく，代理決定されることになる．従来の「代理決定」では，多くは家族が，本人の意思を知らない状況で，家族の立場で決定していた．現在のガイドラインにおいては，本人の意思がその時点で確認できない場合でも，本人の意思を推定し，ケアチームと家族の合意で決めるとされ，本人の意思を事前に確認しておくことが重要とされている[6]．

　ここで，エンド・オブ・ライフにおける治療やケアの決定に関連する，事前に確認する「意思」とは，なにに対する意思であるのかという問題がある．闘病経験があったり，医療やケアに従事していたりすれば，将来どのような状態になるか，具体的な状態像を思い描くことができることもあるが，そうでない場合には想像することができず，多くの人にとって，治療やケアの選択を事前に決めておくことはむずかしい．

　「治療するか，しないか」などの直接的な回答がむずかしい場合でも，人生の最期までどのように生活をしたいかという希望を考えることは比較的容易であると考える．「病院には行きたくない」「家族といっしょにすごしたい」「寝たきりが長引くのはいやだ」など，漠然とした希望については語られることが多い．エンド・オブ・ライフにおける意思決定支援で重視したいことは，死なない選択より，限られた時間を豊かに生きる選択である．限られた時間を豊かに生きるために，認知症の人がどのような選択をしそうな人であるの

かを推定できる情報を，事前に収集しておくことが重要である．

　一方，他の段階と同様，エンド・オブ・ライフにある認知症の人にも意思がある．支援者側に認知症の人の意思を理解しようとする態度があり，意思を表明したいという認知症の人の力が重なったとき，エンド・オブ・ライフにある人であっても，意思の疎通が可能なことがある．たとえば，酸素療法の鼻カニュラを何度も外してしまい，再装着も拒否する認知症の人がいたとしよう．「高度の認知症のせいで，酸素投与の必要性が理解できていないからカニュラを外してしまうのだ，この人にとって必要な酸素療法を継続するために，ミトンを装着して外せないようにしよう」と解釈するのは，支援者側の文脈に基づくものである．認知症の人の世界からこの現象を理解しようとすれば，鼻になにかが入っている状態がいやで，これ以上の装着は希望しないと感じている可能性に気づく．この人が昔，「寝たきりで管をつけて生き続けているなんてごめんだ」と言っていたというエピソードがあったと聞けば，さらにその人の視点から，現在の生き方をどうとらえているかが補強されるであろう．

　その人が覚醒しているときに，意思を確認してみることも意義あることである．最近，事例報告などで，高度認知症の人であっても，かかわり次第で価値観を理解できる可能性が報告されている[7]．その人の状態がよい時間帯に，その人に合った内容の情報が提供できれば，言語的に意思が確認できる可能性もある．

　認知症の人の意思決定支援とは，認知症の人が発する言動を，その人の文脈で理解したうえで，現実の社会で受け入れられる方法での実現を考えることである．そのために，多職種によるかかわりに基づく多様な情報をもとに，家族も含めケアチームの合意で決める方法で進める必要がある．

Ⅳ．ケアの方向性

　2000 年に介護保険制度が施行され，2003 年の「2015 年の高齢者介護；高齢者の尊厳を支えるケアの確立に向けて」[8]では，認知症高齢者のケアの基本を「尊厳の保持」として，生活そのもののケアとして組み立てることやその

人らしさを支えることの重要性が述べられていた．2015 年には「認知症の人のためのケアマネジメントセンター方式」が発表され，その人独自の生活上の安心・楽しみや残された心身機能の力の発揮などの重要性が述べられ，認知症の人の"その人らしさ"が着目された．2004 年，英国の老年心理学者のトム・キットウッド（Kitwood T）が提唱した認知症をもつ人を 1 人の"人"として尊重し，その人の視点に立って理解し，共にケアに取り組む[9]「パーソン・センタード・ケア」が導入された．このように，認知症の人の行動には原因があるとの考えのもと，認知機能の障害に苦しむ本人の視点に立ったケアの重要性が理解され，BPSD には認知症の人の視点から原因に対するアプローチがなされるようになった．

2019 年の認知症施策推進大綱では，認知症の発症や進行を遅らせることを「予防」と定義し，認知症の人が暮らしやすい社会を目指す「共生」との 2 本柱[10]を目標に掲げた．2018 年に「認知症の人の日常生活・社会生活における意思決定支援ガイドライン」[2]が厚生労働省から発表され，認知症の症状にかかわらず，本人には意思があり，意思決定能力を有するということを前提に，意思決定支援を行う必要性が述べられた．認知症の人の意思をどのように表出し，本人の願いを叶えるか，最終段階の医療の選択である ACP について注目されている．認知症の人の場合では，日常生活における本人の願いの形成や表出をいかに引き出すか，さらには本人といっしょに考えていかに実現するかが ACP の促進につながるであろう．

今後の認知症ケアの方向性としては，認知症の人をわれわれと同じ 1 人の人間として，その主体性を尊重し，周囲の人々が認知症の人のさまざまな生活障害に対して，その人がどうすれば再び自立した生活を送ることができるのかを考えることである．

若年性認知症の当事者である丹野智文は，支援者や家族が，当事者が困らないように先回りして，リスクを回避することが「やさしさ」であると勘違いし，その結果，認知症の人を深く傷つけたり，その人の残された能力さえも奪ってしまったりすることを指摘している[11]．近年，身体疾患を治療するために急性期病院に入院する認知症の人も多くなった．身体疾患を抱えた認知症の人は，環境の変化や身体の痛み・苦痛のためにせん妄などを引き起こ

し，身体拘束が実施される場合も多い．急性期病院では安全性や治療が優先されるために身体拘束が必要な時期もあるが，そのほとんどが必要性がなくなったにもかかわらず解除の判断が行われずに漫然と継続している．このような身体拘束は，認知症の人の尊厳，さらには自立性や心身機能の喪失を引き起こし，さらに寝たきりにさせる原因となっている．このようなことは急性期病院だけではなく，地域や高齢者施設でも起こる可能性がある．「リスク管理や治療」のためという認知症の人のためのケアと思われる実践が，実は認知症の人を心理的におびやかし，できることまでも奪い，周囲の人の事故の責任を回避するためとなっているのが現状である．

　認知症の人の本当の意思を引き出すこと，さらには，なにが認知症の人の最善になるのか，認知症の人と家族とともに話し合いを重ねるプロセスが重要である．認知症の人の能力を過少評価して，認知症の人のニーズと異なるケアを実践している現状も多い．勝手に認知症の人の行動を判断するのではなく，認知症の人の思いを正しく聞き，引き出すことが重要である．認知症の人が希望のもてる社会を実現するためのパートナーとしてのケア提供者のあり方を考えるとともに，認知症への偏見を取り除き，真の意味での認知症の人の尊厳や倫理的側面を改めて考える必要がある．

文　献

1) 厚生労働統計協会：国民衛生の動向 2021/2022. 厚生労働統計協会，東京（2021）.
2) 厚生労働省（2018）「認知症の人の日常生活・社会生活における意思決定支援ガイドライン」（https://www.mhlw.go.jp/file/06-Seisakujouhou-12300000-Roukenkyoku/0000212396.pdf,2021.11.30）.
3) 植賀寿夫：認知症の人のイライラが消える接し方. 70-103, 講談社，東京（2020）.
4) Jarrad S：Developing a relational approach to decision-making in healthcare settings. In Dementia as social experience, ed. by Macdonald G, Mears J, 95-117, Routledge, New York（2019）.
5) Bhatt J, Walton H, Stoner CR, et al.：The nature of decision-making in people living with Dementia：A Systematic Review. *Aging & Mental Health*, 24(3)：363-373（2020）.
6) 厚生労働省（2018）「人生の最終段階における医療・ケアの決定プロセスに関するガイドライン改訂版」（https://www.mhlw.go.jp/file/04-Houdouhappyou-10802000-Iseikyoku-Shidouka/0000197701.pdf,2021.11.30）.

20

7) 手塚桃子, 坪井桂子：特別養護老人ホームに暮らす重度認知症高齢者のエンド・オブ・ライフに対する価値観の表出を促す看護援助. 老年看護学, 26(2):44-53 (2022).

8) 厚生労働省 (2003)「2015 年の高齢者介護；高齢者の尊厳を支えるケアの確立に向けて」(https://www.mhlw.go.jp/topics/kaigo/kentou/15kourei/).

9) 水野　裕監訳, ドーン・ブルッカー, クレア・サー：DCM（認知症ケアマッピング）理念と実践. 第8版, 常川印刷, 愛知 (2011).

10) 厚生労働省 (2019)「認知症施策推進大綱について」(https://www.mhlw.go.jp/stf/seisakunitsuite/bunya/0000076236_00002.html).

11) 丹野智文：「認知症でもできること」から「認知症だからできること」.（矢吹知之, 丹野智文, 石橋哲郎, ほか）認知症とともにあたりまえに生きていく；支援する, されるという立場を超えた9人の実践, 中央法規出版, 東京 (2021).

第 2 章

認知症ケアの倫理

Ⅰ.「認知症ケアの倫理」とは

1.「認知症ケアの倫理」の必要性

　認知症の進行とともに，自分のことを自分でできなくなる自立（Independence, Self-help）の障害や，自分のことを自分で決めることができなくなる自律（Autonomy）の障害が起こってくる．そして，認知症の終末期には嚥下困難が出現し，延命治療である人工的水分栄養補給（胃ろうなどの経管栄養）をどうするのかといった問題が起こってくる．

　これらの認知症ケアに関する問題は，いままでは介護技術や医療に関する問題として認識されることが多かったが，倫理的視点でとらえることにより，より高齢者の尊厳に配慮した対応をすることができるようになる．

　また，在宅医療や地域包括ケアの視点からの多職種協働が推進されている現状を鑑みると，「倫理」という視点は，医療者だけでなく，ケアマネジャー（介護支援専門員）やケア職にとってもまったく新しい視点であり，横一線のスタートを切れる格好の協学の材料となる．

2.「認知症ケアの倫理」が目指すもの

　認知症の半数以上を占めるアルツハイマー型認知症は，症状が進行性かつ不可逆性であり，認知症の人々は記憶力・認知機能，他の知的能力・自己認識（アイデンティティー）・自己コントロールなどを“失うこと”の不安と常に向き合って生きていかなければならなくなるが，病状の進行とともに，「失うこと・忘れること」さえも，しだいに忘れていく．このように自立・自律が低下していく認知症の人を 1 人の生活者として受容し尊重していくために，「新しい認知症ケアの倫理」は，①実践に基づき「認知症ケアの倫理」を創り発展させること，②認知症に伴う偏見・蔑視を取り除くこと，③超学際的・多職種協働的アプローチ，を提案する[1]．

　それは「完全な権利主体者である人のための倫理」から「周囲との関係性ゆえに倫理的存在である人のための倫理」へ，「意思能力がある人のための倫理」から「意思能力が不完全な人々を支援する倫理」へ，そして「道徳的・論理的思考ができる人のための倫理」から「豊かな感情ゆえに倫理的存在で

ある人のための倫理」への，発想の転換を意味する．

3.「抜け殻仮説」「パーソン論」を乗り越えて

いままでアルツハイマー型認知症は，"脳の神経細胞の病理学的変性による病気"という点に主眼がおかれ，それによって当然に人格は変化し，しだいに失われ，崩壊し，"抜け殻"になってしまうと考えられ（抜け殻仮説），認知症の人々の尊厳に配慮がなされてこなかった．

また，西洋哲学において提唱されたパーソン論は，「人は，合理的思考ゆえに道徳的地位が与えられ保護される対象になり得る」とし，生物学的な意味でのヒトと，道徳的な意味での人（パーソン）とを区別し，道徳的主体としての人（パーソン）であるためには自己意識，自己支配，未来・過去という概念があることなどを必要とした．

「新しい認知症ケアの倫理」は，このような「抜け殻仮説」や「パーソン論」に挑戦し，排他的な'ディメンチズム（Dementism）'を乗り越える必要がある．社会の人々や介護者が，高度認知症の人々をどのように認識するのかということが，提供されるケアの質やその倫理的配慮に影響を与えることになるのである．

以下，「認知症ケアの倫理」に関する主要な用語・概念を，日常ケアにおいてしばしば遭遇するケースを用いて概説する．

Ⅱ. 尊　　厳

【ケース】同僚のケアスタッフ A は，認知症の入所者が同じことを繰り返し言ったときに急かしたり，無視をしたりしている．また，忙しいときには人前でおむつ交換をしたりする．これらの行為は尊厳に反していると思う．

1. 尊厳（Dignity）

このケースのケアスタッフ A の行動は，直観的に「尊厳に配慮していない」と感じるであろう．では，日常的にしばしば用いている「尊厳」という言葉は具体的にどのようなことを意味するのであろうか．介護保険制度の理念に

も「人間の尊厳の理念に立つ社会保障の体系として，高齢者の自立を支援し，人生の最期まで人間としての尊厳を全うできるよう支援すること」とある.

　実際，尊厳という言葉は，倫理的配慮を必要とする場面でしばしば用いられている. 尊厳は「人格に備わる，何物にも優先し，他のものでは取って代わることのできない絶対的な価値である」とされている. モノは壊れてしまえば，新しいモノと交換することができるが，人間はかけがえのない存在であり，ほかのモノで取って代わることはできないのである. したがって，人が，単なる手段や道具として扱われたとき（モノ扱い），人間の尊厳は侵害されることになる[2].

2. パーソン・センタード・ケア

　尊厳に配慮した認知症ケアの例として，パーソン・センタード・ケアがある. パーソン・センタード・ケアは，すべての場面で認知症の人々の人格（パーソン）を認めることを中核概念としており，5 つの構成要素，①認知症の人々の人格（Personhood）は，失われるのではなく，しだいに隠されていくのだとみなすこと，②すべての場面で，認知症の人々の人格（Personhood）を認める，③ケアと環境を，個人に合わせる，④共有された意思決定（Shared decision making）を実践する，⑤周囲（社会）との関係性（交流）を重視する，から成り立っている.

　また，パーソン・センタード・ケアを倫理的視点から読み解くと，「個別性に配慮したケア」＋「尊厳に配慮したケア」になる. そして，「尊厳に配慮したケア」の実践は，「自立（Independence）への支援」＋「自律（Autonomy）への支援」ということを意味する. すなわち，パーソン・センタード・ケアは，その人個人に焦点を当て，（その人をコントロールするのではなく）'自立'と'自律'を支援するケアということになる.

　パーソン・センタード・ケアの理念を実践するものとして，認知症ケアマッピング（Dementia Care Mapping；DCM）がある. そのなかで，「個人の価値を低める行為（Personal Detraction；PD）」として示されている行為が，尊厳に反する行為の例である. 具体的には，①怖がらせること，②後回しにすること，③急がせること，④子ども扱いすること，⑤好ましくない区

分け（レッテル付け）をすること，⑥侮辱すること，⑦非難すること，⑧騙したり，欺くこと，⑨わかろうとしないこと，⑩能力を使わせないこと，⑪強制すること，⑫中断させること，⑬物扱いすること，⑭差別をすること，⑮無視すること，⑯のけ者にすること，⑰あざけること，の 17 個である．

Ⅲ．倫理的価値の対立・倫理原則の対立

【ケース】認知症の B さんは，最近，徘徊が多く，しばしば転倒し，前腕の骨折や顔面頭部の挫創を繰り返している．家族は，これ以上の骨折や外傷を防ぐために軽く拘束することを要望した．しかし，B さんは拘束すると"縛らないでくれ"と騒いで暴れた．ケアスタッフは家族の言うとおりに拘束したほうがよいのか悩んでいる．

１．倫理的ジレンマと倫理的価値の対立

　このケースでは，B さん本人の望むとおり「縛らないで自由に行動すること」は‘よいこと’であり倫理的価値があることである．しかし，家族の言うとおりに拘束して「B さんを骨折の危険から守ること」も‘よいこと’であり，倫理的価値があることである．また，施設としては，施設内で再び骨折したら訴えられるかもしれないという心配もある．

　まず，最初に，これらの 2 つの倫理的価値（よいこと）が対立し，倫理的ジレンマになっているという「倫理的気づき」をすることが重要である．倫理的ジレンマとは，「どちらが正しく，どちらが間違っているのか」一見しただけでは，必ずしも明らかではない倫理的価値の対立を指す．

２．倫理原則の対立

　倫理原則には，①自律尊重原則，②善行原則，③無危害原則，④公正原則の 4 つがあるが，上記の「縛られないで自由に行動すること」は自律尊重原則にかかわる．また，「転倒・骨折の危険を減らすこと」は善行原則にかかわる．したがって上記 2 つの倫理的価値の対立は，自律尊重原則と善行原則の対立であると言い換えることもできる．

　しかし，倫理的ジレンマにおいては，同様の事例でもそれぞれのケースによって解決策は異なり，たった 1 つの正解があるわけではない．つまり，倫理 4 原則の優先順位はケースごとに異なり，倫理 4 原則同士が対立することもあるということである．

　どちらの原則に従うべきかは，転倒の原因分析や拘束の評価，およびそれらに対する介護技術上の対応策などによりケースごとで異なる．したがって，倫理原則を機械的に一律にケースに当てはめるのではなく，関係者で十分に話し合って，それぞれのケースにふさわしい適切な判断の拠り所として用いることが大切である[3]．

Ⅳ．自己決定・インフォームドコンセント

【ケース】軽度認知症の C さんは，乳がんと診断された．主治医は家族とだけ治療方針について相談し，乳房全摘出の方針とした．しかし，C さんは自分で治療方法について調べ，女性ゆえに外見が気になるので，生存率が少し低くても乳房温存術を希望している．

1．自己決定の権利
　自分の受ける医療やケアについての自己決定権は，意思決定能力があれば原則としてだれにでも保障されている．すなわち，自分の望む医療を受けることができるし，望まない医療は拒否することができる．倫理原則はこれを自律尊重原則（Autonomy）として定めている．したがって，もし，C さんに意思決定能力があると適切に評価されれば，自己決定でき，主治医と家族だけで治療方針を決めることは倫理的に望ましくない．

2．意思決定能力
　意思決定能力とは，自分の受ける医療やケアについて，自分で決めることができる能力を指す．意思決定能力の構成要素は，具体的には，①選択したことを表明できること，②情報を理解できること，③状況の認識ができること，④論理的思考ができること，から成り立っている．状況の認識とはその

治療法を選択した場合，それが自分にどのような結果をもたらすのかを認識することであり，論理的思考とは決定内容が自分の価値観や治療目標と一致していることを意味する．

　そして，意思決定能力は，「特定の課題ごと」「経時的に」「選択の結果の重大性に応じて」変化するため，客観的な合格ラインがあるわけではない．したがって，自己決定を尊重する倫理の視点からは，意思決定能力を固定的に判断したり，包括的に無能力と判断したりしてはならない．Ｃさんは，認知症の程度も軽度であり，治療法について自ら調べることもできたため，「認知症だから」という先入観で意思決定能力を過少評価して，必要以上の自己決定の制限をすることは倫理的に正しくないということになる．

3. 共有された自己決定（Shared Decision making/Supported Decision making）

　意思決定能力があると評価されれば，自己決定の権利が保障される．そして，もし，意思決定能力が不十分（あるいはボーダーライン）の場合には，共有された自己決定（Shared Decision making/Supported Decision making）（＝自己決定の支援）を実施する．さらに，残念ながら意思決定能力がない場合には，家族等が代わって代理判断をすることになる．

　この共有された自己決定（Shared Decision making/Supported Decision making）は，パーソン・センタード・ケアの重要な構成要素にもなっており，コミュニケーション・対話を十分しながら本人の願望を尊重することの重要性を意味している．すなわち，認知症の人々の自律（Autonomy）の概念を，以前のような「一人で自己決定すること（個の自己決定）」ではなく，「大切な人々との関係性のなかで，自身の願望や意思を表現できること」と解釈し，周囲の人々は本人の自己決定のプロセスを支援すること指す．それは，認知症の人々の自律（Autonomy）の概念を，より広く，より豊かにとらえ直すことを意味している．

　とくに，日常生活・社会生活においては，Shared Decision making/Supported Decision making は重要である．2018 年 6 月の認知症の人の日常生活・社会生活における意思決定支援ガイドライン（厚生労働省）では，意思

決定を，①意思形成支援，②意思表明支援，③意思実現支援の 3 つのプロセスに分け，尊厳をもって暮らしていくために，自らの意思に基づいた日常生活・社会生活を送れることを目指し，Shared（Supported）Decision making の重要性を認識し，あえて代理判断のプロセスについては言及してない．

4．インフォームドコンセント

　本人は，自分の受ける医療ケアに関して十分な情報開示を受け，自身の価値観・治療目標に合わせて自分で決定する権利をもっている．このインフォームドコンセントの権利は，多くの国内外の判例を通じて確立してきた．本人の自律尊重という倫理原則と，インフォームドコンセントを法的に義務づける（判例の蓄積）ことによって，患者は「望まない治療を拒否できる」権利が保障されているのである．

　よく，「本人の同意をとりつける」という言葉が用いられるが，それは，とりもなおさず「専門家である医師が薦める治療に，本人は同意するはず」という先入観が根底にある．これは必ずしもインフォームドコンセントという概念の真意を表していない．インフォームドコンセントの真意は，精確にはインフォームドチョイス（Informed choice/Informed decision making）であり，本人は，インフォームドコンセント（informed consent；医療同意）することも，インフォームドレフューザル（informed refusal；医療拒否）することもあり得るのである[4]．実際の医療現場においては，本人自ら治療方針の決定に参加することにより，本人の自己管理の意識と意欲を向上させることに役立っている．

　インフォームドコンセントの構成要素は，①情報の開示，②理解，③自発性，④意思能力，⑤同意の 5 つの要素から成り立っている．それは，「医療者と本人が意思決定過程を共有すること」であり，医療者は十分な情報提供をし，繰り返し話し合い，本人の意見を聴き，また，本人に選択肢について教育したり，さらなる熟考を促したり，説得したりする．そして本人は，自分の価値観や目標に応じて，自身の身体・健康に関する自己決定をする．また，自発性については，選択肢が与えられること，強要・嘘・不当な影響下にないことが必要である．

　すなわち,「インフォームドコンセント」とは,本人と対話のプロセスを共有することを意味する. ただ単に,治療同意に関する書類にサインをもらうことではないのである. また,本人にとって「知る権利」と「選択する権利」は非常に大切なものであり,医療行為そのものに過失がなくても,適切なインフォームドコンセントがなされなければ本人の権利を奪ったことになり,インフォームドコンセント訴訟が提訴されることもある.

Ⅴ. 高齢者虐待と守秘義務の解除（=通報の義務）

【ケース】息子と2人暮らしのDさんは,脳梗塞発作後,認知症もあり,在宅介護を受けている. 訪問看護師が訪問看護に行った際に,身体に青あざや内出血の跡を見つけた. 本人に聞いても事情を話そうとせず,決して息子のことを悪く言おうとしない. 最近,体重減少もある. 担当看護師は通報したほうがよいかどうか悩んでいる.

1. 守秘義務

　認知症の人がいつまでも住み慣れた家ですごすためには,家族介護者の役割はたいへん重要になってくる. しかし,家族介護者による虐待の例も見受けられている. また,介護施設において,専門職が高齢者に対して虐待をする事件も起きている. このような高齢者虐待のケースに遭遇した場合,専門職の職業倫理である守秘義務と個人情報保護,および守秘義務の解除（通報義務）の関係は,たいへん重要な倫理的論点のひとつである.

　「秘密」とは少数にしか知られていない事実であり,他人に知られることが本人の不利益になるものを指す. 守秘義務は,歴史的には2000年以上前のヒポクラテスの時代から医師の職業倫理として発展してきた. その後医師だけでなく,ほかの医療関係者の間にも守秘義務の遵守が義務づけられ,また個人のプライバシー権（自分の情報を自分でコントロールする権利）として法的にも確立してきた. このように医療従事者の職業倫理として長い歴史をもつ守秘義務も,第三者に危害が及ぶ場合や,虐待など患者の権利侵害にかかわる場合には通報の義務が生じる.

2．個人情報保護

　「個人情報」とは，「生存する個人の情報であって，情報に含まれる氏名・生年月日等により特定の個人を識別できる情報」を指す．

　医療・介護を実践するにあたって，個人情報を適切に保護するために 2005 年に「個人情報保護法」が施行された（2017 年 5 月改正）．詳細は，「医療介護事業関係者における個人情報の適切な取り扱いのためのガイダンス（2017）」および「Q&A」に示されている．

　個人情報保護における 2 つの大きな柱は，「目的外使用の禁止」と「第三者への提供禁止」である．

3．守秘義務の解除

　医療現場において，当初，絶対的義務であった守秘義務は，タラソフ事件[1]以後，相対的義務としてみなされるようになった．守秘義務が解除される場合として，ほかに有効な方法がなく，第三者の潜在的危険が大きく，その可能性が高い場合などがある．

4．通報の義務

　高齢者等に対して虐待があった場合には，守秘義務は解除され，通報の義務が生じる．法的には，「高齢者虐待の防止，高齢者の養護者に対する支援等に関する法律」（高齢者虐待防止法／2006 年 4 月）に，①家族介護者（養護者）による虐待，②介護従事者による虐待を区別して，通報の義務が規定されている．たとえば，家族介護（養護）者による高齢者虐待を受けたと思われる高齢者を発見した場合，ⓐ高齢者の生命または身体に重大な危険が生じている場合には，すみやかに，市町村に通報の義務，ⓑそれ以外の場合には，すみやかに市町村に通報する努力義務がある．

5．高齢者虐待

　高齢者虐待が問題化したとき，介護者も心身ともに疲弊し追い詰められていることが多く，自分が虐待をしていることに気づいていても，自制することができなくなってしまっている状況がしばしばある．反対に，虐待してい

る人に「虐待の自覚がない」こともある．さらに，高齢者に対する虐待は，認知症などで被害者本人に確認することがむずかしいケースも多く，家族や介護施設も虐待の事実を表に出したがらない傾向にある．

　家族等の養護者による虐待は，「予防」と，（残念ながら虐待が起こってしまった場合には）「高齢者の保護」「再発防止」が重要である．虐待の徴候が疑われる場合には，関係者は家族とのコミュニケーションを密にし，その背景・原因についてアセスメントする必要がある．ときには，第三者の介入が有用なこともある．

　そして重大な危険が生じる前に，家族を責めるだけではなく，介護負担を軽減するなどして支援をしていく姿勢が大切になってくる．それは高齢者にとって，家族は今後も介護者・養護者として重要な役割を担うことになるため，家族と高齢者の関係を断ち切るのではなく，高齢者の保護者として機能していくというモチベーションを，できる限り高めるような支援をしていく必要があるからである．

VI．行動コントロールの倫理

【ケース】認知症のEさんは，腰痛のため病院に入院した．意識障害の症状もあり，何度もベッドから起き上がろうとしたので，看護師が紐つきの手袋を使って，約2時間にわたって拘束した．Eさんは手袋を外そうとして手首などに軽傷を負ったため，家族から訴えられた．

1．行動コントロールの倫理
　認知症の進行による行動障害（BPSD／攻撃性・興奮状態・徘徊など）が出現した場合，身体拘束や薬剤により認知症の人の行動をコントロールすることは倫理的に許されるのかという問題を扱うのが，「行動コントロールの倫理」である．「行動コントロールの倫理」においては，身体拘束によるコントロールと薬物によるコントロールとは異なるのか，あるいは「介護施設」における行動コントロールと「病院」における行動コントロールとは異なるのかなども重要な論点となる．

2．拘束の弊害と最小限の拘束

　本人の意に反した拘束をすることによって，身体的弊害（筋力低下・関節拘縮・打撲挫創など），精神的弊害（怒り・恐怖・不安・屈辱），さらには社会的弊害を引き起こすことになる．

　このような弊害をなくすためには，できる限り拘束をしないことが第一であるが，もし例外 3 原則「切迫性」「非代替性」「一時性」を満たし，やむを得ず拘束をする場合でも，できる限り最小限の拘束にとどめる必要がある．そのためには転倒・落下の原因分析を適切に評価したり，拘束の必要性と限界について検討したり，定期的な再評価を実施したりする必要がある．

3．一宮身体抑制事件判決

　本ケースは，介護施設ではなく病院の事例である．不必要な身体拘束で心身に苦痛を受けたとして，女性の家族が病院に損害賠償を求めた「一宮身体抑制事件」である．介護施設の場合には，介護保険法第 87 条の省令において，入所者等の生命又は身体を保護するため緊急やむを得ない場合を除き，身体的拘束や行動制限を禁じているが，病院においても同様な趣旨の判断がなされている．1 審・名古屋地裁一宮支部は 2006 年「拘束以外に危険を回避する手段はなかった」などとして違法性を否定．2008 年 2 審は「身体拘束ゼロへの手引き」が例外的に身体拘束が許される基準としている切迫性，非代替性，一時性の要件を考慮し，「重大な傷害を負う危険があったとは認められない」などとして，拘束を違法と判断した．2010 年最高裁判決は，看護師らが，転倒・転落により患者が重大な傷害を負う危険を避けるため緊急やむを得ず行った行為であって，必要最小限度のものであったとした．

Ⅶ．翻訳の倫理

【ケース】中等度認知症の F さんは，家族が目を離した隙に，しばしば仕事鞄を持って家を抜け出し，徘徊し，迷子になってしまう．最近ではたびたび警察の世話になり，家族は困っている．見つかったときには，家族はホッとすると同時に，F さんを叱ってしまう．

1.「翻訳の倫理」の概念

　認知症の人々には，"彼（女）らの現実の世界"があり，それは"われわれの現実の世界"と異なることがしばしばある．そして認知症の進行とともに，自身の考えを適切に表現できなくなってくるため，まわりの人々は認知症の人の行動や経験を翻訳して読み解くことになる．それをどのように解釈するのかが「翻訳の倫理」の論点である．

　軽度認知症の場合には自分自身の考えを明確に伝えることができることが多いが，中等度以上では自分の考えをうまく伝えることができなくなるため，介護者をはじめ周囲の人々は認知症の人々の言動を翻訳したり解釈したりして読み解くことになる．たとえば，Ｆさんのケースのように「認知症の人が徘徊している」ということを聞いたとき，「これは認知症による困ったBPSDだ．行動障害だ」と即断してしまいがちである．しかし，われわれは認知症の人の経験を「自分のフィルターを通してみている」，あるいは「自分自身の辞書を用いて翻訳している」にすぎない可能性がある．このように認知症の人の経験を「自分の価値観で翻訳し，解釈している」ことに自覚的・内省的になり，本人の想いに真摯に耳を傾け，本人の視点に立って考える必要があることを，翻訳の倫理という．

　Ｆさんのケースでは，仕事鞄を持って出かけていることを考えると，まだ現役で仕事をしていると勘違いし会社に行こうとしている可能性がある．Ｆさん自身，仕事に生きがいを感じていたであろうし，それが本人の大きな生きる支えであったかもしれない．そのようなＦさんの人生観や価値観に共感を示すことが，倫理的に適切な認知症ケアになるであろう．

2.「翻訳の倫理」とパーソン・センタード・ケア

　パーソン・センタード・ケアの具体的実践においても，翻訳の倫理にかかわるものがある．たとえば「スタッフや一般人の視点ではなく，本人の視点に立つこと」「行動障害（BPSD）は，感情の表現であるとみなすこと」「行動障害（BPSD）を，なにかを伝えたいという表れであるとみなすこと」「認知症の人々の世界に入り込み，たとえそれが理解に苦しむものであっても，すべての行動に意味があると考えること」「われわれの現実の世界と異なる，

認知症の人々の現実の世界を受け入れること」などである.

　さらに，認知症ケアマッピングにおける「個人の価値を低める行為（Personal Detraction；PD）」のなかで，「好ましくない区分け（レッテル付け）をすること」「侮辱すること」「騙したり，欺くこと」「非難すること」などが，翻訳の倫理にかかわってくる.

Ⅷ. 倫理理論；義務論と功利主義

【ケース】認知症のGさんは，家族が多忙なため，施設入所の予定である．しかし，本人は施設見学時に「いまはまだ入りたくないけれど，将来はお願いします」と言い，現在は自宅にいることを希望している．そこで家族は「買い物に行こう」とだまして施設に連れて行き，そのまま預けて帰ってしまった.

1.「嘘をつくことはいけないこと」対「嘘も方便」

　Gさんのケースのように，だまされて施設に入所させられた認知症の人をみると，われわれは直観的に「嘘をつくことはいけないこと」であると感じる．ケアスタッフもだまされて入所させられた人をみて，気の毒に思ったり，罪悪感をもったりしている．このケースにおいては，Gさんにとっての倫理的価値は「家にいること」「嘘をつかれないこと」であり，家族にとっては「Gさんが施設で安心して暮らすこと」「嘘も方便」が倫理的価値になり，ここに倫理的価値の対立，すなわち倫理的ジレンマが生じる.

2.「義務論」と「功利主義理論（結果尊重主義）」

　「嘘をつくことはいけないこと」ということと，「嘘も方便」ということの倫理的意味の違いは，倫理理論である義務論と功利主義理論との対立としてとらえることができる[5].

　義務論（Deontology）は，ほかの人々に対する，われわれの基本的義務，たとえば「……すべきである」「……すべきでない」を支持するものである．このGさんのケースでいうと「嘘をついてはならない」「だましてはならな

い」ということになる.

　それに対して，功利主義（Utilitarianism）は結果尊重主義ともいわれ，行為の結果に基づいてその行為を倫理的に正当化するものである．このケースでは，「嘘やごまかしによって，よりよい結果が得られるのであれば，その嘘は正当化される」ということになる．つまり，功利主義理論は「結果よければすべてよし」「嘘も方便」を正当化する理論になる．しかし，「なにがよい結果なのか」が，常に問題になってくる．具体的には，ケースごとの病気の状態，本人の願望，家族の意向，周囲の状況などさまざまな要素を考慮して，「なにがよい結果なのか」を判断しなければならない．

3．義務論とパーソン・センタード・ケア

　パーソン・センタード・ケアにおいて「個人の価値を低める行為（Personal Detraction；PD）」として記載されている行為，たとえば，騙したり，欺くこと・能力を使わせないこと・好ましくない区分け（レッテル付け）をすること・差別をすること・無視すること・強制することなどの 17 の行為は，尊厳に反する行為であるというだけでなく，倫理的義務に反する行為でもある．

Ⅸ．リスクマネジメント；施設内での転倒事故

【ケース】認知症の H さんは，施設の自室のポータブルトイレで用をすませたあと，排泄物を自分で捨てようとして，トイレの仕切りにつまずいて骨折した．入院と通院治療後，1 人で歩行することが困難になり，要介護 2 から 3 になったため，施設が訴えられた．

1．「法」は倫理の最低限；「過失」を犯さないことは，倫理的になる第一歩

　転倒事故は，日常ケアにおいて一定の割合で起こっている．そして，最近はこの H さんのように施設側に高額な損害賠償が請求されるケースも多い．

　一所懸命ケアをして転倒を防ぐ努力をしていたのに，転倒事故が起こり，高齢者に被害が生じた際に感じる責任は，道徳的・倫理的な自責の念である．しかし，法的責任はそれだけではなく，その結果発生のプロセスに「過失」

が必要である．つまり，「過失」がなければ，仮に被害が起きても，法的責任はないということになる．

「過失」は，その結果を予見することができたにもかかわらず，不注意でそれをせず（予見義務違反），悪い結果を回避することができなかったこと（回避義務違反）を指す[6]．このケースでは，H さんがトイレでの汚物処理に際して仕切りにつまずくことがあるかもしれないと予見できたのに，その仕切りの存在に注意を促したり，仕切りに転ばないように目印をつけたりして，転ぶことを回避する努力をしなかった場合に過失があるとみなされる．実際の裁判のケースでも，室内に置かれたポータブルトイレの中身が残っていれば，身体の不自由な高齢者であってもその不快さからトイレまで運んで処理しようと考えるのは当然であるとして，ポータブルトイレの清掃をしていなかった施設側に介護サービス上の義務違反があったとしている．

2．医療（介護）事故とアクシデント・インシデント

「過失」＝「予見義務違反」＋「回避義務違反」である．以下，リスクマネジメントにかかわる混乱しやすい用語を解説する．

- ・医療事故：医療行為や医療施設が原因の，すべての有害結果を指す．「過失」＋「不可抗力」
- ・医療過誤：医療事故のうち，過失に基づくものを指す
- ・アクシデント：医療行為や医療施設が原因の，不可抗力による有害結果を指す
- ・インシデント：有害結果は生じなかったが，危うく医療事故を生じそうになった事態を指す

3．事故が起こってしまったあとの対応

実際，単に事故が起こっただけで裁判となるのではなく，多くの被害者や家族がわざわざ裁判を起こすにはそれなりの理由がある．

この H さんのケースにおいても，事故の連絡に施設側がとまどい，また，家族が駆けつけた際に責任者が不在で説明が十分でなかったため，家族が怒ったという経緯があった．このように，裁判となる事例には，事故という

被害にコミュニケーションの不備の問題が加わっていることが多い. 原因の究明とそのていねいな説明が大切である. そして施設側に問題があれば, その点の説明と謝罪を「迅速に」「繰り返し」「誠実に」行っていくことに尽きるのであり, まさに倫理的に適切な振る舞いが要求されるのである.

X. 告　知

【ケース】会社員のKさんは, もの忘れ外来を受診し, アルツハイマー型認知症の診断を受けたが, 主治医は本人に告知せず, 妻のみに病名を告げた. 本人は不安を感じているも, 病気のことを言い出せないでいる.

1. 告知は意思決定能力があるときに

このKさんのケースのように, 「告知によって感情的に混乱をきたし認知症が悪化する」「早期には告知によって自殺も多い」と心配し, 認知症の告知がなされないこともしばしばある. しかし, 現代の医療現場では, 患者の自律尊重の視点から, 本人に意思決定能力があれば告知をすることは一般的になっている.

告知をするのは, 原則として本人に意思決定能力がある場合になる. アルツハイマー型認知症が進行して意思決定能力がなくなってしまった場合には, 本人は情報を理解・認識・保持できず, かえって混乱をきたすだけで, 告知のデメリットのみが前面に出てしまう. そのような場合には家族に告知することになる.

Kさんの場合には, 最近もの忘れが多くなったとはいえ, 会社でもいままでどおり仕事をしている. 今後の生活や仕事のことが心配であるから, これからの生活設計をするためにも, 自分の病名と今後の予想される経過を知りたいと考えている.

2. 告知のメリット・デメリット

告知は, 認知症の人々の自律(Autonomy／自己決定権)を尊重するために, 倫理的視点からもたいへん重要なことである. 現在の自分の病気のこと

について知ることができれば，これからの生活や医療，ケアについて，自身の価値観に沿った自分らしい選択をすることができる.

　告知は，その当人にとってのメリット・デメリットを比較衡量し，ケースごとに実施するかどうかを判断する.

- ・メリット：①感情的に安定する，②早期治療によって症状の改善や進行を遅らせることができる，③治療・ケアの方針を自分で決めることができる，④事前指示においてリビングウィル（医療内容の指示）を書くことができる，⑤事前指示において医療に関する代理判断者を指名することができる，⑥生活に関する任意後見人を指名できる，⑦新薬治験の被験者になることができる（研究参加に関する事前指示）
- ・デメリット：①感情的に不安定になる，②自殺企図があることもある

3．告知（後）に際しての配慮

　告知に際しては，告知内容，タイミング，心理的配慮について考えることが重要である．告知の内容としては，病名だけではなく今後の日常生活を支えるために必要な情報も提供する必要がある．心理的配慮としては，もの忘れを自覚することのつらさや将来の不安を理解し，思いやりの気持ち・共感をもって真実告知（truth telling）をすることである.

　「告知をする」ということは，認知症を患った人の人生について，共感をもって共に考える「出発点」であり，今後も継続して支援するための責任が伴う．したがって告知後には，心理的ケア・カウンセリング等によって感情的混乱への対処を行い，孤独や絶望感に陥らないように寄り添う姿勢が大切である．また，日常生活や医療に関する Advance Care Planning（ACP）についても考えておくことが望ましい.

XI．終末期（看取り）の倫理

【ケース】施設入所中の M さんは高度認知症である．最近，食事量が減少し，担当医からは胃ろうを勧められている．しかし，家族は「齢にとって不足はない」と，施設での自然の看取りを希望している.

1. 適切な「看取り」は,「看取りの意思確認」を適切な意思決定プロセスを踏んで実施することから始まる

「看取り」を実施する施設が増加し,高齢者にとって介護施設やグループホームは終の棲家になることが多くなってきている.また,今後は在宅看取りも増加すると予測されている.本人のためによりよい「看取り」をするためには,よいケアを実践することはもちろんのこと,まず「看取りの意思確認」を適切な意思決定プロセスを踏んで実施することが重要である[7].

「看取りの意思確認」に関しては,「家族は代理判断者（キーパーソン）として適切か」「本人は本当に延命治療を望んでいなかったのか」「家族の代理判断は適切か」「医学的に本当に終末期なのか,治療は役立たない（無益）のか」「家族内で意見が対立した場合はどうすべきか」などの倫理的問題がある.これらの倫理的論点のなかで,本人の意思の問題・家族の意思の問題・手続き的公正性の問題について概説する.

1）本人の意思を尊重することの重要性

（1）本人に意思能力があれば,「看取りの意思確認」は,本人の意向に沿って作成する

医療やケアを受けるときには,自分の病状などについて適切な説明を受け,それらの情報を踏まえて,自分自身の価値観に沿って自己決定をすることができる.この自己決定の権利は,倫理原則である自律尊重原則や,インフォームドコンセントの法理として法的にも保障されている.

（2）意思決定能力のない人の自己決定権を尊重するために；事前指示の重要性

認知症が進行したり,終末期に近づいたりすると,意思表明できない高齢者が増えてくる.このような意思表明できない人々の「自己決定権」を尊重するためには,「事前指示」が重要である.事前指示とは,本人が意思能力があるうちに,自分自身で将来の看取り（終末期医療ケア）などについて,前もって指示をしておくことである[8].事前指示は,意思能力が正常であった「かつてのその人」の自己決定権を延長することになるため,「看取りの意思確認」をする際にもたいへん役立つ.

とくに事前指示書を作成するプロセスそのものが,医療ケア専門家と,患

者や家族とのコミュニケーションを促進させ，本人の生き方に共感しながら寄り添うことに貢献できる．事前指示を作成することは，「その人の人生の最期の生き方」を決めることにほかならず，事前指示作成のプロセスにおけるコミュニケーション・対話を通じて，本人・家族・医療ケア専門家などの関係者が，さらなる信頼関係を構築することができるようになる．

２）本人が意思表明できない場合の，家族による代理判断

（1）だれが代理判断者になるのか

「看取りの意思確認」をする際には，キーパーソンと思われる家族にいくつかの選択肢を提示し，家族の決定を尊重している現状がある．しかし，「だれが代理判断者になるのか」は，決定内容が大きく変わってくるため大きな問題である．「適切な家族」が代理判断をすることによって，はじめて「よい判断」ができることになる．わが国では，自己決定といっても，現実には「家族という関係性のなかでの自己決定」になってくる．そして，実際，家族の治療やケアへの協力や配慮が，結果として患者本人の利益ともなる．しかし反対に，高齢者に対する虐待や利益相反，介護負担などが問題となっている現状もあり，家族が必ずしも患者本人の意思や願望を反映・代弁していない場合，あるいは本人の「最善の利益」を推測できるのか疑問の場合もある．

代理判断者としては，本人が指名した代理判断者（Proxy）がより理想的である[9]．なぜなら，本人がまだ意思能力があるうちに代理判断者（Proxy）を自分で指名しておけば，自分自身の自己決定権（Autonomy）を尊重してもらうことになるからである．また，原則として，医療・ケア提供者は，代理判断者になることはできない．それは，もし医療・ケア提供者が終末期医療ケア（看取り）に関する意思決定の最終判断者になれば，自己決定権はお題目にすぎなくなり，かつての旧態依然たるパターナリズムへ逆行してしまうことになるからである．

家族が本人に代わって終末期医療についての決定ができるのは，①家族が，患者の性格・価値観・人生観等について十分に知り，その意思を的確に推定しうる立場にある，②家族が，患者の病状・治療内容・予後等について，十分な情報と正確な認識をもっている，③家族の意思表示が，患者の立場に立ったうえで，真摯な考慮に基づいたものである場合である（1995 年の東海

大学事件判決より著者抜粋）．このような条件を満たす家族であれば，本人の看取りについて適切な意思決定（看取りの意思確認）をすることができるであろう．

　(2) 代理判断の手順

　上記の条件を満たす「適切な家族」が，代理判断において「適切な代理判断の手順」を踏むことが必要である．「適切な代理判断の手順」とは，①事前指示の尊重，②代行判断（本人意思を適切に推定すること），③最善の利益判断，となる．医療・ケア専門家は，この手順に沿って家族（代理判断者）に対して看取りの意思確認を実施することが重要である．

3）「本人が決めること」と「家族が決めること」の倫理的違い

　正しい「看取りの意思確認」をするためには，家族が適切な代理判断をすることが必要である．実際，長年その高齢者とともに暮らしてきたたいていの家族は，適切な代理判断をすることができるであろう．しかし，さまざまな事情で，家族の代理判断は常に適切とは限らない．ここでは，「家族の代理判断」の意味するところを考えてみたい．

　また，家族の意見や代諾・同意は，当然のように受け入れなければならないと思われがちであるが，法的には必ずしもそうとはいえない．それは「医療同意」は，法的には「一身専属的法益への侵害に対する承認」であり，「法律行為ではない」と考えられているからである．したがって，「家族等による同意は，本人の同意権の代行にすぎず，第三者（家族）に同意権を付与しているものではない」とされている．つまり，家族などによる代諾は，本人に意思決定能力がないケースで，あくまで本人の利益のためになされる，あるいは本人の不利益にならないようになされる場合のみ正当化されるのである．

2. 手続き的公正性

　終末期の看取りの問題は，それぞれのケースごと，個性・特徴があるため，結論は必ずしも同じにはならない．したがって「胃ろうをする・しない」「蘇生処置をする・しない」「人工呼吸器を使う・使わない」「自然に看取る・救命処置をする」という二者択一的な結論ではなく，問題なのは「その結論を出すためのプロセス」ということである．

　それぞれのケースに則した適切な結論を導くために，「適切な意思決定の
プロセス」を踏むことが重要であり，具体的には，前述のごとく「適切な代
理判断者」によって，「適切な代理判断の手順」を踏むことである[10].
　そして，この意思決定の手続きにおいて，「対話のプロセス」はたいへん重
要である．手続き的公正性を確保するためには，十分なコミュニケーショ
ン・透明性・中立性に留意することである．対話の内容として，医学的事項
だけでなく，倫理的価値に関する事項の両者が必要となる[11].医学的事項と
しては，現在の病状・将来起こり得ること・治療法・その治療法による治癒
の可能性などに関する情報を適切に伝える必要がある．また，倫理的価値に
関する事項としては，「なにを治療目標としているのか」「どのような QOL を
望んでいるのか」など患者本人の価値観・人生観を十分考慮する必要があ
る[12].

3．Advance Care Planning の重要性＝対話・コミュニケーションの重要性

　ACP は，人生の最終段階の医療ケアについて，本人が家族等や医療ケア
チームと事前に繰り返し話し合うプロセスを指す．ACP は，「本人は，本当
に延命治療を望んでいないのか」「その治療方針は患者本人の意向を反映して
いるのか」「家族は代理判断者（キーパーソン）として適切か」「家族の代理
判断は適切か」「家族間・関係者間の意見の対立があった場合はどうしよう
か」など終末期医療におけるさまざまな倫理的問題をどうやって解決すれば
よいのかという医療介護現場の苦悩に満ちた悩みを解決する手段として，熟
慮・発展してきたものである[13].ACP は，人生の最終段階における医療・ケ
アの決定プロセスに関するガイドライン（厚生労働省）の 2018 年 3 月の改訂
の際に示されたが，決して，突然にできたものでもなく，ましてや諸外国の
真似をしたわけでもない．前もって，本人の意思を繰り返し確認することが
できれば，今後の治療ケア方針の決定に関する倫理的悩みも軽減することに
なる．
　事前指示作成においては，患者に寄り添い，臨床倫理的思考のプロセスを
してきた医療者は，事前指示をコミュニケーションツールとして用いてきた
ため，それはすでに，ACP を臨床実践してきたことになる．また，DNAR

44

（蘇生不要）指示においては，本人・関係者間の繰り返すコミュニケーションを尽くせば，それは医療分野におけるもっとも重要な ACP となり得る．さらに，介護施設における「看取りの意思確認」も，本人を中心とした関係者間のコミュニケーションを重視すれば，それは介護分野におけるもっとも重要な ACP となり得るのである．

注
(1) タラソフ事件とは，精神科の患者が，ある美しい女性を殺すと医療者に打ち明けたが，守秘義務を理由に，本人や両親に危険を警告せず，結局女性は殺害されてしまった事件のこと．

文 献
1) 箕岡真子：認知症ケアの倫理. 16, ワールドプランニング, 東京 (2010).
2) 箕岡真子：人間の尊厳の保持；尊厳と生命倫理. （白澤政和編）人間の尊厳と自立, 23, ミネルヴァ書房, 京都 (2010).
3) 日本臨床倫理学会監, 箕岡真子著：臨床倫理入門. 15, へるす出版, 東京 (2017).
4) 箕岡真子編著：医療倫理/臨床倫理；医療人としての基礎知識. 34, 日本医療企画, 東京 (2018).
5) 箕岡真子, 稲葉一人：わかりやすい倫理；日常ケアに潜む倫理的ジレンマを解決するために. 16, ワールドプランニング, 東京 (2011).
6) 箕岡真子, 稲葉一人：ケースから学ぶ高齢者ケアにおける介護倫理. 第2版, 70, 医歯薬出版, 東京 (2019).
7) 箕岡真子：正しい看取りの意思確認. 59, ワールドプランニング, 東京 (2015).
8) 箕岡真子：「私の四つのお願い」の書き方；医療のための事前指示書. ワールドプランニング, 東京 (2011).
9) 箕岡真子：バイオエシックスの視点よりみた認知症高齢者における自己決定と代理判断. （新井 誠編）成年後見制度と医療行為, 174-175, 日本評論社, 東京 (2007).
10) 箕岡真子：蘇生不要指示のゆくえ；医療者のための DNAR 指示. 89, ワールドプランニング, 東京 (2012).
11) 箕岡真子, 藤島一郎：摂食嚥下障害の倫理. 71, ワールドプランニング, 東京 (2014).
12) 箕岡真子：亡き後への支援；喪失感と看取りの満足度. （新田國夫編著）家で死ぬための医療とケア；在宅看取り学の実践, 119-120, 医歯薬出版, 東京 (2007).
13) 箕岡真子：エンドオブライフケアの臨床倫理. 37, 日総研出版, 愛知 (2020).

第3章

認知症の人との
コミュニケーション

Ⅰ. 認知症の人とのコミュニケーションのための基本的視点

1. よいコミュニケーションとは

　認知症の有無にかかわらず，よい雰囲気の人の話には耳を傾けようと思い，なにかを勧められたら試してみようかと思うが，反対に，いやな雰囲気の人の話は聞きたくないし，誘いに従う気にはならない．つまり，他者とよいコミュニケーションをとるためには，自分が醸し出す雰囲気を自覚し，それが相手にとって好感をもてるものになるように配慮しなければならない．

　とくに，認知症の原因疾患のうちもっとも多いアルツハイマー型認知症の場合，記憶障害が初期から生じるため，過去の記憶から目の前の人のことを想起し，過去の情報を鑑みて，目の前の人の善し悪しを判断することが困難になる．家族など，つき合いの長い人は比較的覚えていられるが，入院して1週間や，サービスを利用し始めてから数週間といった状況では，その間に何度もかかわりがあったとしても，多数いる専門職のなかの個々人を記憶することはむずかしく，毎回新たな人に会ったかのような態度をとられることがある．だからこそ，ケアする人が，いま，相手に与えている印象をよくする努力をして，"よい人"と認識してもらうことが重要なのである．つまり，あいさつの段階でどのような印象を与えるかによって，ケアする人とケアを受ける人のその後の関係性が左右されることになる．よい関係性を築くことができれば，ケアや処置が必要なときに受け入れてもらいやすくなるが，関係性が悪化すると，ケアや処置を受け入れてもらえないだけでなく，認知症の行動・心理症状（Behavioral and Psychological Symptoms of Dementia；BPSD）の悪化につながることもある．

　図 3-1 の BPSD の背景因子と予防・治療[1]に示すように，BPSD を発生・悪化させる背景因子にはさまざまなものがあり，そのなかに，ケア技術・関係性が含まれている．コミュニケーションのあり方によって関係性が変化するということは，コミュニケーションのあり方を工夫してよい関係性を築くことができれば BPSD を予防できる可能性があるということであり，日々のコミュニケーションの重要性を理解する必要がある．

　しかし，配慮すべきポイントもある．よいコミュニケーションによって，

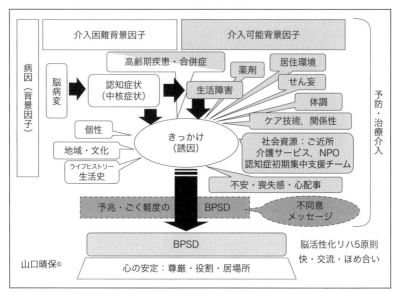

出典）山口晴保，伊東美緒，藤生大我：認知症ケアの達人をめざす；予兆に気づき BPSD を予防して効果を見える化しよう. 31-33, 協同医書出版社，東京（2021）.

図3-1　BPSD の背景因子と予防・治療

　よい関係性を築くことができれば，ケアや処置の受け入れがよくなるが，"ケアや処置を行うこと"をはじめから目標に据えるべきではない．実際には，そのため認知症の人に近づいたとしても，意識からいったんケアや処置を離し，"あいさつ"による関係性構築に集中することが求められる．なぜなら，ケアや処置を目標にしてしまうと，もはやコミュニケーションではなく，"いかにうまく相手を誘導するか"という意図をもった無意識の強制につながるためである．そしてそれが，認知症の人たちの不信感をあおり，ケアの受け入れだけでなく，ケア専門職とのかかわり自体を拒絶する態度につながりかねない．ケアや処置などの目的はいったん置いておき，あいさつの段階でよい印象をもってもらうこと，そして，よいコミュニケーションを図れていると感じたら，ケアや処置を提案するという順序を意識することが求められる．

　また，図3-1の BPSD の背景因子と予防・治療の下部に不同意メッセージという言葉がある．これは，よい関係を築くためのコミュニケーションを図

れたとしても，その提案が本人にとって望ましいことでなければ，"いや"という意思を表出することを示している．不同意メッセージとは，"あなたの言うことに同意していません"というメッセージが，言葉だけでなくしぐさや態度に現れることを示しており，不同意メッセージが認められた際には，かかわり方を変更することが望ましい[2]．不同意メッセージを無視して，同じケアを提案し続けることによって，ストレスが増強しBPSDに至ることがあるためである．これは長年の観察調査から見いだされたものであり，たとえば，"服従"と命名した不同意メッセージでは，ケア専門職の働きかけに対して，本当はいやであるがあまりに熱心に勧められるので仕方なく従うけれども，ケア専門職は認知症の人ががまんしていやいや従っていることに気づかず，次々にトイレや入浴などの誘導を重ねるため，がまんの限界を迎えたときにBPSDに至るというものである．

　認知症の人とのコミュニケーションにおいて，すべてを推察して相手が望む提案をすることは困難である．試しに提案してみたときに，相手の態度や行動を観察する習慣をつけ，相手がいやそうにしているときには，次の誘導は少し時間を空ける，やめるといったケアの方向性の変容が求められる．

２．会話の時間を意識的につくることの重要性

　オックスフォード大学が出版する『DEMENTIA（認知症）』というハンドブックに，コミュニケーションについての章があり，第1文には，"よいコミュニケーションは，よい認知症ケアの核心である"と記載されている[3]．そして，認知症の人とのコミュニケーションのテクニックを列挙しており，治療できるものは対応すること，メガネや補聴器など感覚器の障害を補うものを活用すること，痛みのアセスメントとコントロールを行うことに続いて，"少しでよいから認知症の人との会話の時間をつくること，シンプルな言葉を用いること，アイコンタクトを維持し，10〜15秒待つ時間をつくることでこれまで無反応であった認知症の人が反応することがあること，静かな環境でリラックスして会話を続けること，患者と同じ高さもしくはケアする人が低い位置に座ること"などが記載されている．

　"少しでよいから認知症の人との会話の時間をつくること"という記載の意

味を理解するために，食事への誘導で訪室した場面を例に考えてみよう．

「○○さん，ごはんです」と声をかけることが多いが，これはコミュニケーションではない．食事を勧めるために声をかけただけである．本人が言葉を理解していすから立ち上がりダイニングに移動する際には，「ここを持ってください」と転倒予防のために手すりを持つよう声をかけ，「あっちです」と移動すべき方向を伝える．これもコミュニケーションではなく，安全のための声かけである．そして，座席に到着すると，「はい，こちらに座ってください」といすに座るのを確認して配膳の準備に取りかかる．つまり，ある一定時間いっしょにすごしていても，この間に発せられるケア専門職の言葉は，コミュニケーションを構築するものではなく，"食事への安全な誘導"という目的を達成するための声かけの連続でしかないのである．だからこそ，"少しでもよいから会話の時間をつくること"を意識し，"目を合わせて，シンプルな言葉で話しかけ，相手の返答を 10〜15 秒待つ"という実践を行うことで，コミュニケーションを成立させる必要があると指摘しているのである．

　ケア専門職：「今日のごはんは何でしょうね？」

　入居者：「分からん」

　ケア専門職：「なにか食べたい物ありますか？」

　入居者：「とくにない」

　ケア専門職：「お腹は減りましたか？」

　入居者：「まぁまぁ」

　ケア専門職：「お腹が減るのは元気な証拠ですね，安心しました」

といった言葉のやり取りがダイニングまで歩く際になされることで，言葉が交互に発せられ，投げやりな患者／入居者の返答のなかからポジティブにとらえられるワードを探し，相手への配慮や気遣いを含めた言葉を返すことができれば，その入居者は，座って配膳を待つ間，少し落ち着いた気分ですごすことができる可能性がある．

3．認識しやすいことと認識しにくいこと

　認知症の人とコミュニケーションを図るとき，相手がどのような能力を保っているのかを見極める必要がある．まず，言語力においては，言語を理

解すること，自分の考えをまとめること，自分の意見を言語によって他者に
伝えることなど，どの能力が残され，また低下しているのかを日常会話のあ
り方から理解する．こちらの言うことを理解することはできるが，判断を下
すことがむずかしい場合には，Yes／No で答えられる問いかけを選択するこ
とが好ましい．自分の意見はありそうでも，言語では伝えられない（ケアす
る人が理解することができない）場合には，トイレやおやつの絵や文字が印
字されたカードをみせれば意思表示ができるかを試す必要がある．さらに，
他者の言うことを理解することも，自分の意見を伝えることもむずかしい場
合には，言語に頼らず，視覚・聴覚・触覚からのメッセージを最大限に活用
して，厳密にはなにを言われているのかは理解できない状態であっても，（よ
い人のようなのでついて行ってみよう）と思ってもらえるかかわり方を目指
すことになる．この視覚・聴覚・触覚からのメッセージを最大限に活用する
手法は，ユマニチュード®というケア技法の部分で後述する．

　つまり，言語理解や言語の活用が困難になると，視覚・聴覚・触覚などの
感覚のうち，本人が理解しやすい部分にアプローチすると理解が促進される
可能性がある．しかし，高齢者の場合，白内障，緑内障などにより視界が不
明瞭である人や，認知機能の低下に伴い情報処理に限界のある（認知できる
視野が狭い）人，また難聴によって聴力が低下している人は少なくない．そ
のため，視覚・聴覚のどちらが認識しやすいのか，どのような情報提示をす
れば理解しやすいのかを，本人の反応から判断することが求められる．

　さまざまな要因で言語理解が困難な状況にある認知症の人に対して，言語
のみで説得しようとしていないかを振り返る必要がある．たとえば，夜中に
荷物をまとめて，「帰らせていただきます」と繰り返す認知症の人に，「いま
は外が真っ暗だから明るくなったら帰りましょう」などと同じ説明を繰り返
した経験をもつ人は少なくないであろう．職員の説明を理解できない場合
や，一瞬は納得してもその記憶を保持することができず訴えを繰り返す人
に，言語のみで対応しても解決しないのである．そればかりか，繰り返す過
程において，ケアする人がいらだち，口調が強くなると，その雰囲気を察知
して混乱し，BPSD につながることがあるため，数回説明しても理解しても
らえない場合には，言語での説明以外の方法に切り替える判断をする必要が

ある．たとえば，アルツハイマー型認知症の場合は，初期から不安を訴える．
個室に1人でいることが不安になり，何度廊下に出てもベッドに戻される経
過から，帰宅願望につながっていると考えられる場合には，ナースステー
ションや職員の記録スペースの長いすやソファに腰かけてもらい，ひざ掛け
をかけてお茶を飲んでもらっているうちに，明るい電気の下で職員の気配を
感じながら安心して眠ることもある．コミュニケーションとは，会話だけで
成り立つものではなく，言語化しにくい認知症の人の困りごとを推測し，そ
の困りごとを少しでも軽減するための提案を行うことでも成立する．

　認知症の人のネガティブな感情を少しでも軽減し，ポジティブな感情につ
なげられるような包括的なかかわり方が求められる．

Ⅱ．ユマニチュード

1．ユマニチュードとは

　仏国の体育学教師であるイヴ・ジネスト（Gineste Y）とロゼット・マレス
コッティ（Marescotti R）が，「人とはなにか」「ケアする人とはなに者か」
という哲学的な問いに沿い，40年以上かけて創造してきたケア技法であり，
ケアを必要とするあらゆる人に対して用いることができる．

　ユマニチュードとはフランス語で「人間らしさ」を意味し，ネグリチュー
ドという，フランスの黒人の詩人エメ・セゼール（Césaire A）が提唱した概
念に由来する．黒人奴隷を意味する侮辱的な「ネグル」という言葉から，「ア
フリカらしさ，黒人らしさ」を意味する「ネグリチュード」という言葉が創
造され，さらに，「黒人の文化がどれだけ人類に多くのものをもたらしている
か」を誇りに感じてほしいという思いや，「アフリカらしさ，黒人らしさ」を
「取り戻す」という意も含んでいる．「ネグリチュード」という言葉によって，
黒人が尊厳を感じることができる状況を目指している[4]．ユマニチュードは
これにならい，「人間らしさ」というどういう状況であっても自分に誇りを感
じてほしいという思いと，「人間らしさを取り戻す」という意を含み，無反
応，大声で叫ぶ，ケアする人の手を振り払うといった状況にある人が，人間
らしさを取り戻すためのケアのあり方を探求してきた．

ケア技法の基本形を提示しているが，ジネストとマレスコッティは，相手の状況や反応に合わせて臨機応変に調整しており，そのつど新たな提案を生み出している．ユマニチュードはいまあるものが完成形ではなく，相手の状況に合わせて変化し続けている．

2．ケアする人とはなに者か

ケアする人は職業人であり，健康に問題のある人が必要とするケアのレベルを評価し，正しいレベルのケアを実施することが求められる．

ケアのレベルとは，以下の3つに分類される[5,6]．

①回復を目指す

②現在の機能を保つ

③回復を目指すことも，現在の機能を保つことも困難な場合は，最期まで側に寄り添う

この3つのケアのレベルは，真新しい言葉ではない．しかし，日々のあらゆるケアの際に意識し，実践しているかを問うことが求められる．なぜなら，回復を目指すためにも，現在の機能を保つためにも，現存する機能や能力を活用する機会をできる限り多くもつ必要があるためである．腕を上に上げる，スプーンを口に運ぶ，座位を保つ，立位をとるなど，あらゆる動きが本人の機能や能力を活用する機会になる．しかし，介助したほうが効率的であり，座位・立位をとらないほうが転倒転落を防止できるという観点から，本人の機能や能力よりも介助量が大きくなっていることに気づかなければならない．本人の力をほとんど活用しない"全介助"を選択している場合，本人は現存する機能や能力を活用する機会がないため，これは看取りの段階のケアを意味する（レベル③）．まだ看取りの段階でないのであれば，さまざまなケアの場面で本人の機能や能力を活用する機会をつくり，機能を保つ（レベル②），もしくは回復を目指す（レベル①）必要がある．

本人の現存する機能や能力に対して介助量が大きすぎる場合には，安全を重視しているが，実質的には本人が動く機会を奪っており，結果的に寝たきりの状態に追いやってしまうことを意識しなければならない．こうしたケア方法の選択は，適切なアセスメントがなされておらず，リスク回避を優先し

ている場合に起こりうる．ケアのレベルが本人の実情に合っていない場合には，よかれと思って実践していることが"害を与える"ケアになることを注意しなければならない．

　また，ユマニチュードは，"ユマニチュードのための時間"を必要としない．食事ケア，排泄ケア，清潔ケアなどのあらゆる場面で実践するためである．たとえば，いつも車いすでトイレまで移動する人の機能をアセスメントし，1〜2mであれば歩行できそうであれば，車いすをいすから1〜2m離れたところに置き，「あそこまでがんばって歩いてみませんか」と声をかけることで，機能を保つ，もしくは回復を目指すことにつながる．しかし，その際にも，栄養摂取や清潔保持，機能維持といった専門職としての目標を第一優先にして，「足のリハビリにあそこまで歩きましょう」と伝えてしまうと，本人は（またなにかやらされる）と思い抵抗を示す．抵抗する人に対して，手を引っ張ったり背中を軽く押したりして立ち上がってもらおうとする努力は，相手のためを思っていても，本人の意思に即していないため，"強制的なケア"に当たる．強制的なケアを提供してしまうと，人間としての尊厳を保つことがむずかしくなり，かたくなにケアを受け入れなくなってしまう．ケアを受け入れてもらえないことが続けば，結果的に機能や能力が低下してしまうため，本末転倒の結果をもたらす．

　こうした事態を回避するために，コミュニケーション技法としての4つの柱と5つのステップがある．

3．4つの柱

ユマニチュードの実践的な技術として，4つの柱と5つのステップがある．

4つの柱[7]は，コミュニケーションの取り方を具体的に示している．

①見つめる

②話しかける

③触れる

④立つことの支援

この4つの柱の言葉も聞き慣れた言葉であるが，それぞれに細かなポイントが示されている．たとえば，①の「見つめる」では，以下のような配慮事項

がある.

- ・相手と同じ目の高さ, もしくはケアする人が相手よりも下に位置する
- ・正面から向き合い, 左右の目の位置がお互いに平行になるよう心がける
- ・あいさつしてもまったく反応がない場合にはゆっくりと距離を縮めて, もっとも近い距離の場合, 相手の顔と自分の顔が20 cm程度の位置まで近づく
- ・相手の目を見続けながら②の「話しかける」に移行する

これらの技法は, 相手に威圧感を与えず, 認知機能などが低下している状態でもケアする人の存在を認識しやすくするために推奨している. 人によっては, 正面からみられること, 近づかれること, 目を合わせ続けられることをいやがる場合があるが, いやがるしぐさがあった場合にはすぐにやめるということもルール化されている. ユマニチュードでは, 基本的な技法を提案するが, いやがるしぐさや言動があれば, 無理強いは絶対に行わない. ケアを受ける人がケアする人の存在を認識し, よい人であると思ってもらえる(優しさを伝える)工夫として提案しているのであって, 関係性を崩すようなかかわり方は推奨されない.

②の「話しかける」では, 優しい口調で, できる限りポジティブな言葉を使う. よく「痛くないですか?」と聞くが, これでは“痛い”というネガティブな感覚に意識を向けさせてしまう. そのため, 「お話しできてうれしいです」など, ポジティブな言葉を用いて会話を開始し, ケアを提供するときには, たとえば清拭であれば, 「手を上げられますか?」「手を上げてくださってありがとうございます」「高く上がっていますよ」「がんばってくださるからうれしいです」など, 手を上げるという単純な行為についても可能な限りポジティブな言葉で返すようにする. たくさんのポジティブな言葉をかけ続けることによって, ケアの間に自尊心を取り戻してもらうことにつながる.

③の「触れる」では, 広い範囲で(手のひらで触れるときには指を広げて), ゆっくりとなでるように(しかしある程度の重みはかけて)触れる. 会話の際に相手に触れる場合には, 手のひらを大きく広げて, 相手の肩や座位の場合には膝などに手を当てておくと安心感が増す.

①〜③は, 視覚・聴覚・触覚に働きかけるものであるが, ユマニチュード

で特徴的なのは，視覚・聴覚・触覚からの刺激を同時に提供することを推奨
している点である．しっかり目を合わせて，優しいトーンの声でポジティブ
な言葉を投げかけ，指をしっかりと開いた手のひらを相手の肩に乗せること
を同時に行うことにより，目の前にいる人がだれなのかは分からなくても，
（自分に関心をもってくれるよい人）と認識される可能性が高まるのである．
包括的に各感覚器を刺激することが，よい関係性を築くうえでとても重要な
役割を担う．

　④の「立つことの支援」については，寝たきりですごしてきた人であって
も，担当者がアセスメントを行い，ユマニチュードの立位支援の技術を用い
れば立てると判断されれば，立つ支援を行う．決して無理強いはせず，①〜
③の感覚器からのポジティブな刺激による関係性構築に努めたのちに，電動
ベッドを活用したり，ユマニチュードの技術を使ったりして，必要に応じて
1〜2人のスタッフの介助により，本人に不安や苦痛を感じさせない支援を行
う．不安や苦痛なく立ち上がることができれば，それは本人にとっての自信
につながり，（もっと動きたいという）モチベーションにつながる．

　このように，4つの柱を包括的に用いることによって，よい関係性を築き，
本人の自尊心が取り戻され，そこで生まれた意欲が，ケアする人の喜びにつ
ながる．

4．5つのステップ

　5つのステップ[8]とは，ケアする人がケアされる人に近づいて，ケアを実施
して，離れるところまでの時系列の場面別に配慮事項を明記している．

　①出会いの準備（だれかが近づいてきていることを伝える）

　②ケアの準備（よい関係性を築くためのあいさつ）

　③知覚の連結（ケアの実践中に意識すべきこと）

　④感情の固定（ケア終了後に，よい印象を感情記憶に残す）

　⑤再会の約束（この人はまた来てくれる，という記憶を残す）

　病院や施設では，ベッドに寝ている人に対して，「失礼します」と小さな声
で言ってベッドサイドに立ち，「○○さん！」と突然呼びかけることが多々あ
る．うとうとしている人は突然の大声に驚き，なかには「何だよ！」と怒り

出す場合もある．こうした突然の声かけで驚きいらだつことを回避するために，①の出会いの準備を行う．これは，ドアやベッド柵，車いすのアームレストなどをノックすることで，声をかける前に，だれかが近づいてきたことを音や振動で知らせるための配慮である．3回ノックして3秒待つ，これを返事があるまで3回繰り返し，それでも反応がなければ声をかける．たいへん手間がかかるように思えるが，ノックにより目を開けてもらえれば，相手の視野に入ることができ，相手がこちらの存在を認識してから声をかけるため，いらだたせることが減るのである．

　ケアを受ける人がケアする人の存在を認識したら，②のケアの準備に入る．この段階でもっとも重要なことは，"トイレ""薬""食事"などのケアする人の要件を言わないということである．「○○と申します．会いに来ました」「いまお話ししてもよいですか？」など，通常の会話のあいさつを毎回行う．何度も訪室している場合でも，認知症が進行している人はすでに忘れている可能性もあるため，「○○です．さきほども来ましたが，また来ました」と声をかけることができる．自分がだれであるかを名乗り，"会いに来た""話をしに来た"と伝えるだけで，受け入れてもらえる可能性は高まる．逆に，近寄ってきて，すぐに「薬です」と言われると，またなにかされると警戒心を強めて，拒絶するのである．②の段階では，4つの柱の①～③をすべて使って視覚・聴覚・触覚から，ポジティブな情報を伝える．しかし，どんなに配慮してアプローチしても断られることはある．3分間（目安），声をかけても断られるのであれば，いったん退くというルールがある．3分を超えるとその後よい感情に変化することはむずかしく，逆に関係性を悪化させるためである．この，いったん退く（ケアをいったんあきらめる）という行為は，ケアを受ける人の意思を尊重することを示す．自分の意見を聞いてくれた人と認識されれば，次に声をかけたときに受け入れてくれる可能性が高まる．相手の状況に合わせて「あきらめる」ことも，重要なケアの技術である．

　②でケアを受ける人のよい反応を得られたら，すぐに③のケアの実践に移行する．「せっかくだから体を起こしてお話しませんか？」と座位をとり，「今日は天気がよいから，少し散歩しませんか？」と部屋から出る．「ちょうどお昼の時間だから，ついでに食べて行きませんか？」と"食事"を"つい

で"のこととして扱い，洗面台で食事前の手洗いを行い，食事が準備された席に座ると，いつもは食べないのに自然に食べ始めることがある．③が知覚の連結といわれるゆえんは，ケアを実践する際に，視覚・聴覚・触覚のいずれの感覚からもポジティブな情報にすることで，食事などのケアそのものがよいものであるという印象につながるためである．たとえば，食事の合間に，肩に手を当てて（触覚），笑顔をみせながら（視覚），「今日は○○さんの食が進んでうれしいです」とケアする人のポジティブな感情を伝える（聴覚）ことで，本人がうれしいと感じてくれればさらに食が進むのである．「食べてください！」と大きな声で伝えるのは逆効果なのである．

　ケアが終了したら，たいていは「お疲れさまでした」と言って本人の側から離れてしまうが，ユマニチュードでは，④の感情の固定を行う．感情の固定とは，いま行ったことが楽しいもの，幸せなものであったことを感情記憶にとどめてもらうための段階である．「お食事をたくさん食べてくださってうれしかったです」「お薬をしっかり飲めたから元気になりますね」「いっしょにゆっくりお風呂に入れて楽しかったですね」など，行ったことを振り返り，ケアする人と本人の時間がとてもよいものであったことを伝える．感情記憶は認知症が進行した状態でも残るといわれており，楽しい，うれしい，幸せといった言葉を交えて表現することでよい印象を残すのである．感情の固定を行うことで次回のケアの受け入れがよいものになる．

　最後に，ケアを受ける人の側を離れるときには，⑤の再会の約束を行う．「また午後伺いますね」「明日，伺いますね」と予定を伝える．もし1回限りの訪問であれば，「私はしばらく来られないのですが，こちらの△△さんが同じようにお手伝いしてくれますので」と今後のケアを担当する人が仲間としてかかわってくれることを伝える．再会の約束によって，また，このよい人（その仲間）が来てくれると印象づけることができ，再会を楽しみにしてもらえれば，次回のケアの際には②のケアの準備では時間をかけることなくよい関係性を築くことができる．

5．おわりに

　ユマニチュードは，優しさを伝えるための哲学と技術である．心で相手の

ことを大切に思っていても，声が鋭かったり，腕をつかんでしまったり，視線が合わなかったりする状況では，相手はケアする人のことを優しいと感じられない．ケアの際に重要なことは，ケアを受ける人がケアを受ける間ずっと，自分は大事にされていると感じることであり，それを可能にするのが4つの柱と5つのステップである．同時に，ケアのレベルを意識して，少しでも本人の能力や機能を活用するためのケア方法を模索することも求められる．

　ユマニチュードは，ケアする人とはなに者かを哲学的に問い，ケアに携わる専門職がもつべき考え方と，コミュニケーション・ケア技術を提唱するものである．

文　献

1) 山口晴保，伊東美緒，藤生大我：認知症ケアの達人をめざす；予兆に気づき BPSD を予防して効果を見える化しよう．31-33，協同医書出版社，東京（2021）.
2) 伊東美緒，宮本真巳，高橋龍太郎：不同意メッセージへの気づき；介護職員とのかかわりの中で出現する認知症の行動・心理症状の回避にむけたケア．老年看護学，15(1):5-12（2011）.
3) Pace V, Treloar A, Scott S：DEMENTIA from advanced disease to bereavement. 286-289, Oxford University press, New York（2011）.
4) イヴ・ジネスト，ロゼット・マレスコッティ，（日本語訳監修）本田美和子：「ユマニチュード」という革命；なぜ，このケアで認知症高齢者と心が通うのか．4-5，誠文堂新光社，東京（2016）.
5) 本田美和子，イヴ・ジネスト，ロゼット・マレスコッティ：ユマニチュード入門．17-19，医学書院，東京（2014）.
6) イヴ・ジネスト，ロゼット・マレスコッティ，（日本語訳監修）本田美和子：「ユマニチュード」という革命；なぜ，このケアで認知症高齢者と心が通うのか．138-143，誠文堂新光社，東京（2016）.
7) 本田美和子，イヴ・ジネスト，ロゼット・マレスコッティ：ユマニチュード入門．40-87，医学書院，東京（2014）.
8) 本田美和子，イヴ・ジネスト，ロゼット・マレスコッティ：ユマニチュード入門．89-133，医学書院，東京（2014）.

第4章

情報収集とアセスメントの
ためのツールの活用

　認知症は単なる病名ではなく，症状が集まった状態「症候群」でもある．認知症は認知機能障害が主となる生活障害，さらには周囲の人や環境などから認知症の行動・心理症状（Behavioral and Psychological Symptoms of Dementia；BPSD）などの症状が起こることで，認知症と診断されることが多い．そのため，アセスメントではできないことに着目しがちであるが，できることにも着目してケアプランにつなげる必要がある．ケアプランは，認知症の人に起こりやすい BPSD などを解決するためにアセスメントするだけでなく，認知症と診断されても 1 人の人として価値が認められ，いかに主体的に 1 人の人として生きることができるのかを目的に立案する．

　アセスメントでは認知症の人の情報を収集・分析・統合して，ケアプランを検討していく．そして，言葉ではうまく表現できない認知症の人本人の想いを引き出し，個人の背景である過去の人生経験なども現在のその人の行動に影響していることから，その人の行動を本人の視点からアセスメントしながら原因を分析し，統合する必要がある．また，周囲の人との人間関係が現在の BPSD の原因になっていることもある．認知症の人のアセスメントにおける情報の分析に対しては，本人の行動や表情，想い（主観的情報），周囲の人や介護保険サービスに関連した客観的情報などを収集して分析し，なにが理由でどのようなことが起きているのかを明確にする（図 4-1）．さらに，ケアの立案，実践，評価を行うにあたり，課題が改善されていない場合には，ケアプランやアセスメントを再検討し，認知症の人の課題をアセスメントする際には，ツールなどを活用すればさらに客観的な情報を得ることができ，ケア上の課題から専門的なアプローチが可能となる．

　アセスメントでは，認知症の人に起きている症状を一方的に問題として決めつけたり，「認知症の症状だから」「認知症だからなにも分からない」と考えたりした場合，認知症の人が苦しんでいる本質的な解決や根本的な対応ができなくなってしまう．周囲の人が問題であることのみを取り上げてアセスメントするのではなく，1 人の人としてとらえて考えることで解決できることも多い．認知症の症状として考えていたものが，実は認知機能障害の影響だけではなく，身体的な痛みや苦痛が原因であることも多く，多職種で包括的に検討する必要がある．

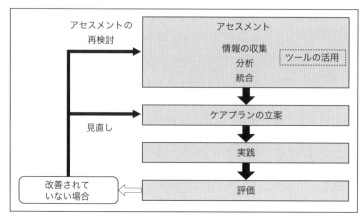

図4-1 認知症ケアにおける情報の収集とアセスメント

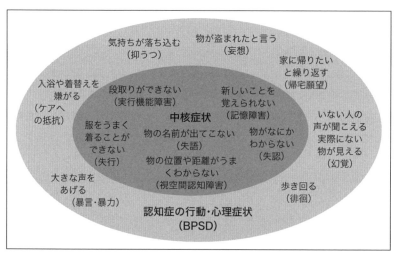

図4-2 認知症の認知機能障害と行動・心理症状（BPSD）

　図4-2に認知症の認知機能障害とBPSDを示したが，「帰宅願望」とすると認知症の症状としてとらえられて原因が分析できなくなる．しかし，「家に帰りたいと繰り返す」と記録に記載したり，ケアスタッフ間での申し送りなどにより，その行動理由について考えることが重要である．たとえば，レクリエーションが終わった夕方にその行動が繰り返される原因として，レクリ

エーションをしたことは忘れるが，夕食が近くなると家族団らんですごして
いたことが思い出され，家族に会いたい気持ちが強くなるという理由が分
かった．そして，家族とどのようにすごしていたのか，家族との思い出を聞
くことで徐々に落ち着いてきた．

Ⅰ．アセスメントのために必要な情報

　認知症の人をアセスメントすることは，認知症の人の想いを聞いたり，考
えたりすることから始まる．ここでは，パーソン・センタード・モデルを参
考に，認知症の人の視点からのアセスメントに必要な情報を示す．

1．認知症の人の想いを聞く

　認知症の人は認知機能障害の影響から思ったように行動ができにくくな
り，周囲の人とトラブルを起こすことで人間関係が悪化しやすく，BPSD の
原因になっていることも多い．自尊感情の低下や情けないなどの気持ちを
もっている人も多く，また，自らの気持ちを語らなくなっている人も多い．
そのような認知症の人の気持ちを引き出すように，その人の障害も含めて，
すべての想いを受け止める必要がある．コミュニケーションの障害はあって
も，1 対 1 の静かな環境であれば話すことができる人も多い．たとえ言語的
なコミュニケーションができなくても，認知症の人は行動や表情で想いを訴
えることから，認知症の人の視点から本人の想いを考える必要がある．認知
症の人の BPSD や危険な行動にも理由があるにもかかわらず，その想いを聞
かずに，ケアスタッフなど周囲の人が本人を抜きに対策を検討していること
が多々見受けられる．本章では，パーソン・センタード・ケアの考え方を基
盤としたアセスメントを紹介し，本人の想いをまずは聞くことが重要である
ことを伝えたい[1]．

2．パーソン・センタード・モデルに関するアセスメント

　トム・キットウッド（Kitwood T）は，パーソン・センタード・モデルで
認知症の人の行動を脳の障害，身体の健康状態，生活歴，性格傾向，社会心

66

理の5つの要因からアセスメントすると[2]，認知症の人の現在の行動の原因が分析でき，ケアプランにつなげることができることを提唱した.

1）脳の障害

- 記憶障害：新しいことを覚えられない.
- 失認：物がなにか分からない.
- 失行：服をうまく着ることができない.
- 失語：物の名前が出てこない.
- 実行機能障害：段取りができない.
- 視空間認知障害：空間的な位置関係が分からない.

2）身体の健康状態

認知症の人は身体的な苦痛があっても伝えられないことが多く，身体的健康状態に関しては訴えがない場合でもていねいな情報収集が必要である. また，活動については本人といっしょに行動することで，その人の歩行機能や身体機能，行動の特性，生活のペースを知ることができる.

認知症の人の場合，転倒しても痛みの訴えをせず，少しすると動かなくなったために病院を受診すると大腿骨頸部骨折を受傷していたということもある. 高齢者の場合は骨粗鬆症，変形性膝関節症，便秘や尿路感染症，肺炎などを起こしやすいが，典型的な痛みや苦痛を言語的に訴えることが少ないために，進行して手遅れとなるケースもある. いつもと異なり，なにかおかしいという変化は，実は病気の進行を示していることも多い. スタッフの直感も重要であり，本人にとっての以下のようなベースライン（通常の状態）を知っておく必要がある.

- 身体的疾患：治療，リハビリテーション
- 活動：日常生活動作（Activities of Daily Living；ADL），手段的日常生活動作（Instrumental Activities of Daily Living；IADL）の状態に関連してできること，できないこと
- 認知症の人に起こりやすい身体疾患と痛みや苦痛：骨粗鬆症，変形性膝関節症など痛み，便秘や尿路感染症，肺炎など
- 排泄障害：排尿・排便の手順や回数，時間
- せん妄の有無

・生活リズム（睡眠障害）

3）生活歴

　高齢者はこれまで歩んできた人生によって，物事の考え方やとらえ方など
が大きく異なる．現在の生活のようすや行動を理解するために，過去の出来
事を知ることは認知症の人を知るための大きな手がかりとなる．

　　・家族構成（家族の人数，最近いっしょに暮らしていた人たち）

　　・育った生活の文化

　　・誇りに思っていた人生の転機となるような出来事

　　・輝いていた時代や職業

　　・生活習慣や好み，生活のこだわり，価値観

　　・好きな物，嫌いな物，過去のつらい体験

　　・宗教に関する考え方　　など

　過去の情報と現在の生活にずれはないか，現在の行動の原因が過去の生活
を継続しようとしているのではないかなど，現在の行動と結びつけて考える
と，ケアの工夫ができる．

4）性格傾向

　同じ出来事が起こっても本来の性格傾向によって対処方法は異なる．たと
えば，内気で人づき合いが苦手な人を無理やり他の高齢者に紹介すると，そ
れが激しい拒否行動となるなどが考えられる．このような性格特性を踏まえ
てその人の強みと弱みを情報収集し，強みを引き出すケアプランにつなげる．

　　・社交的⇔人づき合いが苦手

　　・他人の世話になりたくない⇔人に頼りたい

　　・気が短い⇔気が長い

　正反対の性格の人では現れる行動もまったく異なる．

5）社会心理（人間関係・物理的環境）

　認知症の人を取り巻く周囲の人との人間関係や物理的環境との関係が，認
知症の人のBPSDに深く関係する．そのため，認知症の人との関係や満足度
が非常に重要である．

　　・周囲の人や家族との人間関係（BPSDは人間関係が原因で起こる場合も
　　　多い）

・介護の状況(家族の認知症や本人に対する理解，介護の考え方や実践力，家族の健康状態)

・介護保険制度（要介護度，使用している介護保険サービスとその使用状況）

・住環境，生活している居住環境（自室の状況，音や明るさ，ベッドの高さや配置，物の配置や段差など）

認知症になると，もの忘れや時間・場所が分からないなどの知的な能力の低下があっても，感情やプライドは豊かに残っており，周囲の人が自分をどのように思っているかを，これまでよりも敏感に感じている場合がある．そのため，社会心理が認知症の人の現在の症状の原因になっていることも多い．

3．観察のポイント
1）「認知症」という偏見でなく，ありのままのその人をみる

認知症の人のようすをありのままに観察し，そのまま，すべてを受け止めることができる観察力が必要である．「徘徊」「帰宅願望」という言葉を使用することでそれらの行動が認知症の症状としてとらえられてしまい，その原因を考えることができなくなる．「家に帰りたいと言いながら，廊下を行ったり来たりする」などの記載により，本人が施設では居心地が悪かったり，居場所がないと感じていたりすることなどが考えられることから，どのように感じているのかを本人に確認する必要がある．認知症の人は周囲の人が自分をどのように思っているのかを，これまでよりも敏感に感じ取っている．そのため，本人の気持ちをすべて受け止めて，認知症の人を「1人の人」として理解する姿勢が重要である．

2）認知症の人の自尊感情や自己効力感に関するアセスメントを行う

認知症の人の自尊感情や自己効力感の状況をアセスメントする．認知症の人は実行機能の低下から日常生活が困難となりやすく，周囲の人との人間関係が悪化しやすい．認知症の初期の段階では，本人に対する期待が大きいことから，家族などは間違いを正したり，必要以上の介助をしたりすることがあるが，これらは自尊感情や自己効力感に影響を与える．自尊感情や自己効力感の低下は，認知症の人を抑うつ状態や閉じこもりの状態にさせ，認知症

や要介護状態の悪化につながることが多い．これは，認知症の診断に対する家族の受け止めや反応を，敏感に認知症の人は察知しているからである．

3）普段の会話から記憶障害や認知機能障害のアセスメントを行う

認知機能のスクリーニング検査などを行う前に，自然な会話から認知機能をアセスメントする．記憶障害の状況や程度を日常会話からアセスメントして，どのように補えば記憶が定着できるか，生活動作ができるかを工夫する．本人の不安や苦痛はどのようなことなのかを引き出しながら，認知機能障害のアセスメントを行う．日常生活における短期記憶，長期記憶の状況，昔の仕事，好きなこと，嫌いなことなどを本人から情報収集することで，ケアプランに生かせる情報が得られる．

4）行動・心理症状（BPSD）の原因を探る

BPSD は認知機能障害に関連して，認知症の人のニーズが満たされていないこと，周囲の人との人間関係や生活環境，身体の健康状態である痛みや苦痛などが原因で引き起こされることが多い．認知症の人は，身体の健康状態である便秘，尿路感染症，排尿障害，脱水，痛みや苦痛などを適切に訴える言語的コミュニケーションに困難を抱えることから，これらの症状が見逃されていることが多い．担当スタッフのみで判断せずに多職種で情報を収集して，ディスカッションして分析・統合していく必要がある．

5）いっしょに行動して行動状況や活動レベルをアセスメントする

認知症の人がどのように行動するのか，どのように支援すれば行動できるのか，その人独自のできる行動や行動障害をアセスメントする必要がある．その行動が，時間によってはできるときとできないときがあり，どのような時間帯であればできるのかをアセスメントする．生活障害につながる実行機能障害をアセスメントして，なにを補えばよいのかを考えながらアセスメントする．たとえば，アルツハイマー型認知症にみられる視空間認知障害では，物と物の距離を認識しにくいことから衣服の着脱に時間がかかったり，物にぶつかりやすかったりするなど，さまざまなアセスメントが必要となる．

6）いつもの状況，ベースラインを明らかにして，状況の変化，いつもと違う状況をアセスメントにつなげる

認知症の人は体の苦痛や痛みを訴えることができない傾向にあり，骨折し

ていても痛みを訴えない場合がある．訴えたとしても，痛みや苦痛の部位が明らかでないこともある．そのため，高齢者のいつもの状態を把握し，「元気がない」「顔色が悪い」「いつもなら起きているのに起き上がれない」「食事が食べられない」「寝てばかりいる」などの現在の状況と比較し，身体疾患の発見につなげることが重要である．

７）行動や行動・心理症状（BPSD）を一連の流れとしてとらえる

　認知症の人の行動や BPSD には理由があり，その前後の出来事が原因であることが多い．たとえば，いつもならば午後のレクリエーションに参加している認知症の人が部屋に閉じこもってベッドで寝込んでしまっていたが，その原因が昼食後のトイレ介助が遅れてトイレに間に合わず排泄の失敗をしてしまったことであったなどである．

４．心身の観察の実際
１）コミュニケーション

　コミュニケーションには，言語的コミュニケーション，非言語的コミュニケーションの方法があり，周囲の人からのコミュニケーションがどのような方法であれば，どの程度理解できるのかを観察する．表 4-1 に，認知機能障害を踏まえたコミュニケーションの配慮を示した．認知症の進行度に伴ってコミュニケーションは困難になるが，このような認知領域の障害を踏まえて，コミュニケーションの配慮[3]を行うことで，言語的なコミュニケーションが可能となる人がほとんどである．認知症の人は注意力に障害があり，周囲の雑音により集中できない場合がある．また，重度の難聴では認知症と誤診される場合もある．高度の認知症の人の場合では，コミュニケーションができると信じて根気よくかかわるなど，対応する人の技術が必要とされる．コミュニケーションの観察では，日常生活での落ち着いた場面の会話や１対１のコミュニケーションを通して，表情や行動などの反応や言動も含めて観察を行う．認知症の人の日常生活での集団におけるコミュニケーション，あるいはケアスタッフとの１対１のコミュニケーションの理解の内容や程度も含めて，ようすをていねいに観察し，認知症の人のコミュニケーションの強みを生かしたケアプランにつなげる．

表 4-1　認知機能障害を踏まえたコミュニケーションの配慮

認知領域	
複雑性注意	視線をあわせる，視覚的・聴覚的刺激の少ない環境を作る
実行機能	応答を急かさない，一度に多くのことを尋ねない，抽象的な表現を避ける
学習と記憶	繰り返し伝える，言葉を言い換える，手がかりを用いる
言語	ボディランゲージを用いる，質問の仕方を工夫する，推測して尋ねる
知覚―運動	補聴器を使う，低めのはっきりとした声で話す（大きい声とは異なる）
社会的認知	笑顔で話す，比喩の使用を控える

出典）大庭　輝：コミュニケーションを通した認知症のアセスメント．高齢者のケアと行動科学，
　　23:2-10（2018）.

（1）観察のポイント

①言語的コミュニケーション

　自発的な発言，言葉の内容，言葉の使い方，意思表示の仕方，対話への意欲，対話の内容，言葉の理解，本人にとって興味・関心のあること，人への関心や気配り，反応の敏感さ，繰り返しの表現内容など，コミュニケーションだけではなく，字を読むこと・書くこと，絵を描くことなども合わせて観察すると，コミュニケーション方法を検討する際の参考になる．

②非言語的コミュニケーション

　認知症の人の表情，行動，ジェスチャー，視覚，聴覚，理解力，判断力など，普段の状態との違いや変化，さらには，表情や行動の変化に注意する．それらの変化には，ケアの拒否などは言語的には説明できないが，ケアを受けたくないなどの何らかの訴えが含まれている場合があり，その原因も含めてアセスメントする必要がある．

2）日常生活リズムと生活の活動や行動

　認知症の人の日常生活のリズムや24時間のすごし方などについては，認知症の人のためのケアマネジメント センター方式（以下，センター方式）の24時間生活変化シート[4]などを用いて日常生活をありのままに観察し，記録することが必要である（表4-2）．睡眠障害や排泄障害，BPSDに関しては，生活リズムが分かるとケアプランにつなげることができ，1日の生活時間の調整によって，本人にとっても無理のない充実した1日になる．これらの事柄は，その人にとっての生活の質（Quality of Life；QOL）を向上させるた

72

表4-2　24時間生活変化シート

D-4　焦点情報（24時間生活変化シート）　　　名前　　　　　　　記入日：20　年　　月　　日／記入者

◎私の今日の気分の変化です．24時間の変化に何が影響を与えていたのかを把握して，予防的に関わるタイミングや内容を見つけてください．
※本人の気分が「非常によい」から「非常に悪い」までの，どのあたりにあるのか思った所に点を付け，線で結んでいこう．（1日の変化を知ろう）
※その時の本人の様子や場面を具体的に記入しよう．
※数日間記入して並べて見ることで，1日の変化のパターンを発見したり，気分を左右する要因を見つけてみよう．

気分／時間	非常に悪い	悪い	悪い兆し	どちらでもない	よい兆し	よい	非常によい	その時の具体的な様子や場面	影響を与えていると考えられる事	私の願いや，支援してほしいこと ●私が言ったこと △家族が言ったこと ○支援者が気づいたこと，支援のヒントやアイデア	記入者
	-3	-2	-1	0	1	2	3				
4											
5											
6											
7											
8											
9											
10											
11											
12											
13											
14											
15											
16											
17											
18											
19											
20											
21											
22											
23											
24											
1											
2											
3											

※支援者とは，本人を支える人（介護職，医療職，福祉職，法律関係者，地域で支える人，家族・親戚等）であり，立場や職種を問わない．

★プライバシー・個人情報の保護を徹底してください．　　　D-4　　　　©認知症介護研究・研修東京センター（1305）

出典）認知症介護情報ネットワーク「認知症の人のためのケアマネジメント　センター方式関連」（https://test.dcnet.gr.jp/study/centermethod/center01.php）．

めにも必要な情報である.

（1）観察のポイント

趣味活動の内容や頻度，参加しているアクティビティケアの状況，排便・排尿スケジュール（夜間のトイレの回数），入眠・覚醒時間，睡眠時間など.

3）日常生活動作（ADL）の観察

ADL では，日常生活の場面を観察し，日常生活で発揮している機能と保持している機能，潜在している機能，喪失している機能などを行動を共にしながらきめ細かく確認していく必要がある. 日常生活場面では，次のような内容を観察し，総合的に機能評価する.

（1）移動に関する観察内容

歩行状況，ベッドからの移乗動作などの移動能力を生活場面から観察する. 排泄，清潔など個々の ADL とともに関連させて観察したり，移動に障害がある場合は，関節に拘縮・変形，痛み，関節可動域を確認して拘縮・変形・痛みの程度を記録したりする.

a）観察のポイント

①歩行・移動動作：ベッドからの寝返り，起き上がり，座位，座位保持，立ち上がり，移乗動作，歩行の状態，歩行距離，階段昇降，段差の越え方，スロープの歩行など実際の移動場面から観察する.

②歩行補助具の使用：歩行器，杖，車いすなど，歩行補助具の使用方法などを観察する. 移動に関しては，ベッド柵・移動介助バー・手すりの使い方，履物，衣服の状態なども観察しながら，移動に関する機能を確認する.

（2）食事に関する観察内容

食事は生活上の楽しみでもあるが，認知症の人は認知症の中等度以降に摂食嚥下障害や栄養不良などを起こしやすく，適切な体重を維持する必要がある. 適切な食事は健康状態の指標になり，食事摂取の自立や食事への楽しみは QOL とも密接であり，生きる喜びにも関係する内容である.

a）観察のポイント

食事への関心や満足感，食物の認識，楽しく食事の摂取ができているか，異食・過食の有無，食欲，摂食動作（食物の口への運び，手の機能，食器の扱い），食事への集中力，食事・水分摂取量，栄養バランス，嚥下機能，咀嚼

機能，誤嚥などの状況を観察する．

(3) 清潔に関する観察内容

清潔に関連した動作は，気分を爽快にし，生きる意欲をもたらし，その人らしく身だしなみを整えるだけでなく，感染症対策としても重要である．入浴が楽しみのひとつとなる場合もあるが，入浴に関する説明やプライバシーへの配慮を本人が理解できるように十分に行わないといやがる人もいる．

a) 観察のポイント

清潔に関する本人の想い・関心・意欲，清潔方法の理解，清潔動作の自立の状態（洗面，手洗い，口腔ケア，入浴，洗髪など清潔行為の自発性，必要に応じた清潔行為を適切な時間に適切な方法で実施できるか，達成状況，清潔効果の確認ができるかなど），身だしなみへの関心，身だしなみを整える行動，自分らしくあるための身だしなみの認識，衣服の清潔・不潔の認識など．

(4) 排泄に関する観察内容

排泄に対する本人の想い，排泄の失敗への対処，羞恥心への配慮など，認知症の人は排泄面でのトラブルが多く，失禁，便秘などにより精神的不穏の状態を誘発しやすく，排泄の失敗により自尊心が傷つき，自信の喪失，生活意欲の減退にもつながりやすい．

a) 観察のポイント

排泄障害を誘発する疾患・服薬の有無，排泄の認識，尿意の有無，排尿間隔，排尿回数，排尿量（1回1日），排尿後の違和感（残尿感，痛み），排泄行動の状態（トイレの認識，排泄場所の認識，トイレまでの移動能力，排泄方法の認識，手の機能，下着の着脱，排泄姿勢の保持，排泄後の後始末，手洗い），便意，排便行動の自立の状態，排泄後の清潔，排泄物の認識，不潔行為の有無，失禁の有無，便秘の有無，排泄に関する苦痛の有無など．

(5) 睡眠に関する観察内容

日常生活において，睡眠は身体の疲労の回復のためにも重要である．認知症の人には睡眠障害が現れやすく，睡眠リズム障害や昼夜逆転の状態がみられる場合も多い．十分な睡眠がとれない場合は，抑うつ，せん妄を合併しやすく，日常生活の活動性を含めた1日の生活リズムを踏まえたケアプランが必要である．

a）観察のポイント

　入眠時間，中途覚醒回数，中途覚醒の理由，中途覚醒の時間とその後の入眠状況，夜間不穏の有無，朝の覚醒状態，自分から起きてくるか，夜間の睡眠時間，睡眠の満足感，日中の活動状態，日中の睡眠状態，睡眠導入薬服用の有無，睡眠導入薬への依存などである．

（6）日常生活における活動状態の観察内容

　日常生活のようすをセンター方式の24時間シートなどに記載する．毎日のすごし方への本人の希望など，日々のすごし方の内容が個別の心身の活動状態，生活リズム，QOL に影響する．食事，排泄，清潔などと，それ以外の時間のすごし方や本人の強みや弱みを観察してケアプランに活用する．

a）観察のポイント

　活動に対する興味・関心，自発性，言葉，表情などの反応，満足感，精神的安定，対人関係，行動の広がりなど．

5．アセスメントの視点

　認知症の人のケアに関するアセスメントは，認知症の人の想いをアセスメントしてから，コミュニケーション，日常生活から心身機能，自立や安全，日常生活の活性化や主体的な活動への支援，家族介護や QOL 向上，倫理的な側面についても考慮する．適切なアセスメントを個別の援助方針やケアプランにつなげていくために，できないことばかりを評価するのではなく，できることや強みを評価し，認知症の人の想いを尊重したアセスメントをすることが必要である．適切なアセスメントによってケアプランの根拠が明確になり，また，ケアプランの内容が個別性を反映したものになる．実際の生活場面から具体的に継続して情報収集することで，現実の状態に沿ったアセスメントになると考える．

II．アセスメントツールの活用

1．アセスメントツールの種類と特徴

　認知症のアセスメントツールを使用すると，認知症の人の基本的な状態を

把握することができ，かつケアの効果判定の際にも重要な評価を得ることができる．認知症のアセスメントの領域は，大きく3つに分けられる．第1に，認知機能といわれるもの，第2に，ADLとIADLに関する評価のことであり，認知症の症状が日常生活にどのように影響しているかが把握できるもの，第3に，BPSDの領域である．国際的にはBPSDという用語を用いることで合意がなされている．少なくともこの3領域のアセスメントを経て，初めて認知症のアセスメントが実現されたことになる．次に，認知症ケアで使用されている代表的な認知症のアセスメントスケールを紹介する．

2．認知機能評価

　記憶障害を中心とした認知機能障害のアセスメントには，質問式と観察式の2つの方法がある．質問式は，与えられた形式に沿って対象者に質問し，算出された得点から判断する方法であり，対象者の記憶，見当識などの障害の程度を直接アセスメントする．そのためには，対象者が協力的であり，質問に対して回答できることが重要となる．ただし，視聴覚障害や失語が顕著な人は，得点が低くなる危険性が高いため適当ではない．一方，観察式は対象者の行動を観察して行う方法である．この場合は，対象者が非協力的であったり，回答できなかったりしても，日常生活の行動の状況の観察を通してアセスメントすることができる．

　以下では，2つの方法の代表的なスケールを紹介する．

1）質問式の認知機能を測定するスケール

　(1) 改訂長谷川式簡易知能評価スケール（HDS-R）

　わが国でもっとも用いられてきた認知機能障害に関する質問式スケールがHDS-Rである[5]．HDS-Rは時間や場所の見当識，記憶，計算，言葉の流暢性などの9項目からなり，総得点は30点で，20点以下で認知症が疑われることになる（表4-3）．

　(2) Mini-Mental State Examination（MMSE）

　国際的にもっとも広く用いられている認知機能障害に関する質問式のスケールであり，質問は記憶や見当識，計算のほか，認知，図形模写など11項目からなる（表4-4）．HDS-Rよりもやや複雑な質問が含まれており，総得

表4-3　改訂長谷川式簡易知能評価スケール（HDS-R）

（検査日：　　年　　月　　日）			（検査者：　　　　　　　　）
氏名：	生年月日：　　年　　月　　日		年齢：　　　歳
性別：男／女	教育年数（年数で記入）：　　　年	検査場所	
DIAG：	（備考）		

1	お歳はいくつですか？（2年までの誤差は正解）		0　1
2	今日は何年の何月何日ですか？　何曜日ですか？ （年月日，曜日が正解でそれぞれ1点ずつ）	年 月 日 曜日	0　1 0　1 0　1 0　1
3	私たちがいまいるところはどこですか？ （自発的に出れば2点，5秒おいて家ですか？　病院ですか？　施設ですか？　のなかから正しい選択をすれば1点）		0　1　2
4	これから言う3つの言葉を言ってみてください．あとでまた聞きますのでよく覚えておいてください． （以下の系列のいずれか1つで，採用した系列に○印をつけておく） 1：a）桜　b）猫　c）電車　2：a）梅　b）犬　c）自動車		0　1 0　1 0　1
5	100から7を順番に引いてください． （100-7は？，それからまた7を引くと？　と質問する． 最初の答が不正解の場合，打ち切る）	（93） （86）	0　1 0　1
6	私がこれから言う数字を逆から言ってください．（6-8-2, 3-5-2-9を逆に言ってもらう，3桁逆唱に失敗したら，打ち切る）	2-8-6 9-2-5-3	0　1 0　1
7	先ほど覚えてもらった言葉をもう一度言ってみてください． （自発的に回答があれば各2点，もし回答がない場合以下のヒントを与え正解であれば1点）a）植物　b）動物　c）乗り物		a：0　1　2 b：0　1　2 c：0　1　2
8	これから5つの物品を見せます．それを隠しますのでなにがあったか言ってください．（時計，鍵，タバコ，ペン，硬貨など必ず相互に無関係なもの）		0　1　2 3　4　5
9	知っている野菜の名前をできるだけ多く言ってください．（答えた野菜の名前を右欄に記入する．途中で詰まり，約10秒待ってもでない場合にはそこで打ち切る） 0～5＝0点，6＝1点，7＝2点，8＝3点，9＝4点，10＝5点		0　1　2 3　4　5
		合計得点	

出典）加藤伸司：改訂長谷川式簡易知能評価スケール（HDS-R）．（大塚俊男，本間　昭監）高齢者のための知的機能検査の手引き，9-13，ワールドプランニング，東京（1991）．

表4-4 Mini-Mental State Examination (MMSE)

	質問内容	回　答	得　点
1（5点）	今年は何年ですか.	年	
	いまの季節は何ですか.	曜日	
	今日は何曜日ですか.	月	
	今日は何月何日ですか.	日	
2（5点）	ここはなに県ですか.	県	
	ここはなに市ですか.	市	
	ここはなに病院ですか.		
	ここは何階ですか.	階	
	ここはなに地方ですか.（例：関東地方）		
3（3点）	物品名3個（相互に無関係） 検者はものの名前を1秒間に1個ずつ言う, その後, 被検者に繰り返させる. 正答1個につき1点与える, 3個すべて言うまで繰り返す（6回まで）. 何回繰り返したかを記せ＿＿＿＿回		
4（5点）	100から順に7を引く（5回まで）. あるいは「フジノヤマ」を逆唱させる.		
5（3点）	3で提示した物品名を再度復唱させる.		
6（2点）	（時計をみせながら）これは何ですか. （鉛筆をみせながら）これは何ですか.		
7（1点）	次の文章を繰り返す. 「みんなで, 力を合わせて綱を引きます」		
8（3点）	（3段階の命令） 「右手にこの紙を持ってください」 「それを半分に折りたたんでください」 「机の上に置いてください」		
9（1点）	（次の文章を読んで, その指示に従ってください）「眼を閉じなさい」		
10（1点）	（なにか文章を書いてください）		
11（1点）	（次の図形を書いてください）		
		得点合計	

出典）北村俊則：Mini Mental State（MMS）.（大塚俊男, 本間　昭監）高齢者のための知的機能検査の手引き, 35-38, ワールドプランニング, 東京（1991）.

点は 30 点，23 ／ 24 点が認知症を疑うカットオフポイントであるが[6]，あくまでも認知機能のスクリーニング検査であり，得点のみで認知機能全般の評価や認知症の診断はできない．

2）観察式の認知機能を測定するスケール

(1) Functional Assessment Staging（FAST）

国際的に用いられているアルツハイマー型認知症の観察式の重度評価表である．認知機能障害なしの stage 1 から高度のアルツハイマー型認知症の stage 7 までの 7 段階で分類されており，それぞれの段階に応じた具体例が示してある[7]（表 4-5）．認知症の人の症状の進行の状況が明確に示されているため，現在の病気の進行度や，今後どのように症状が進んでいくかを予想することが可能である．

3．認知症に関連した日常生活動作（ADL）の障害を評価する尺度

認知症の人の ADL は，主に脳血管障害などや認知症の進行に影響することも多く，BPSD や失行・失認，視空間認知障害などの認知機能障害とも関係して生活を困難にしている．日常生活を支援するためには，認知機能のアセスメントと同様に，ADL のレベルを経時的にアセスメントすることが重要である．ADL には，基本的日常生活動作（Basic Activities of Daily Living；BADL）と IADL がある．BADL は，日常生活を送るために最低限必要な動作で，起居，移乗，移動，食事，更衣，排泄，入浴，整容の動作のことである．IADL は，掃除，料理，洗濯，買い物などの家事や交通機関の利用，電話対応などのコミュニケーション，服薬管理，金銭管理，趣味などの複雑な ADL のことであり，自立して生活したり，役割をもったりするなどして，生活することが重要である．

ADL や IADL のアセスメントスケールにも，質問法と観察法の 2 つの方法がある．現在，もっとも多く用いられているのは，本人の日常生活を十分に把握している家族などに対する質問法（インタビュー法）であり，本項においては質問法から 3 つのアセスメントスケールを紹介する．観察法は，実際に日常生活のようすを観察して評価する方法である．

表4-5 Functional Assessment Staging (FAST)

FAST stage	臨床診断	FASTにおける特徴	臨床的特徴
1. 認知機能の障害なし	正常	主観的にも客観的機能低下は認められない。	5～10年前と比較して社会生活上、主観的および客観的にも変化はまったく認められず支障をきたすこともない。
2. 非常に軽度の認知機能の低下	年齢相応	ものの置き忘れを訴える。喚語困難	名前やもの場所、約束を忘れることがあるが通常は気づかれない。複雑な仕事を遂行したり、込み入った社会生活に適応していくうえで支障はない。多くの場合、正常な老化以外の状態は認められない。
3. 軽度の認知機能低下	境界状態	熟練を要する仕事の場面では機能低下が同僚によって認められる。新しい場所に旅行することは困難	重要な約束を忘れてしまうことがある。はじめての土地への旅行のような複雑な作業を遂行する場合には機能低下が明らかになる。買い物や家計の管理をするうえでは支障はないが、それ以外の仕事を行っていることもあるが、その後の日常生活のなかには障害は明らかにならず、臨床的には軽度である。
4. 中等度の認知機能低下	軽度のアルツハイマー型認知症	夕食に客を招く段取りをつけたり、買い物をしたり、家計を管理したりする程度の仕事をこなす	買い物で必要なものを必要な量だけ買うことができない。自分で洋服を選んで着たり、入浴したり、行き慣れている所へ行ったりすることには支障はないが、社会生活では支障をきたすことがある。単身でアパート生活している高齢者の場合、家賃の額で大家とトラブルを起こすこともある。
5. やや重度の認知機能低下	中等度のアルツハイマー型認知症	介助なしでは適切な洋服を選んで着ることができなくなることもあるし、入浴させるときにもなにかと説得することが必要なこともある	家庭での日常生活でも自立ができない。買い物をひとりですることはできない。季節に合った服が選べず、きちんと服を着られない。明らかにつり合わされていない組合せで服を着るために、きちんと服を着られるように介助しなければならない。毎日の入浴を忘れることがあるし、なだめすかして入浴させることもできる。お湯の調節もできる。自動車を適切かつ安全に運転できなくなり、不適切にスピードを上げたり下げたりする。信号を無視する。まだ信号を無視したり、故に入った人がはじめて不適切な事故を起こすこともある。大声を上げるような感情障害や多動、睡眠障害になる。
6. 重度の認知機能低下	やや高度のアルツハイマー型認知症	a) 不適切な着衣	寝まきの上に普段着を重ねて着てしまう。靴ひもをきちんと結べなかったり、ボタンをかけられなかったり、左右間違えずに靴を抜くことができない。
		b) 入浴に介助を要する入浴をいやがる	お湯の温度や量が調節できなくなり、体もうまく洗えなくなる。浴槽への出入りにできなくなり、風呂から出たあともきちんと体を拭くことができない。いやがるという行動がみられることもある。

	c) トイレの水を流せなくなる	用をすませたあとの水を流すのを忘れたり、きちんと拭くのを忘れたり、あるいはすませたあとの服をきちんと直せなかったりする。
	d) 尿失禁	ときに (c) の段階と同時に起こるが、これらの段階の間には数か月間の間隔があることが多い。この時期に起こる尿失禁は尿路系器系感染やほかの生殖泌尿器系の障害がなく起こる。この時期の尿失禁は適切な排泄行動を行ううえでの認知機能の低下によって起こる。
	e) 便失禁	この時期の障害は (c) や (d) の段階でみられることもあるが、通常は一時的にしろ別々にみられることが多い。焦燥や不明らかな精神病様症状のために医療施設に受診することも多い、攻撃的行為や失禁のために施設入所が考慮されることが多い。
7. 非常に重度の認知機能低下 高度のアルツハイマー型認知症	a) 最大限約6語に限定された言語機能の低下	語彙と言語能力の貧困化はアルツハイマー型認知症の特徴であるが、発語量の減少と話し言葉の失語がしだいに失われる。失語がみられるようにしばしば認められる。さらに進行する能力を話す能力はしだいに失われ、完全な文章あるいは短い文節に限られ、語彙は2、3の単語のみに限られてしまう。
	b) 理解しうる語彙はただ1つの単語となる	最後に残される単語には個人差があり、逆に "いいえ" という返事が... ある患者では "はい" という言葉が肯定と否定の両方の意志を示すこともあり、逆に "いいえ" という言葉を失うこともある。するにしたがってこの1つの言葉の意味合いを...病気が進行する。一度言葉が完全に失われてしまう。われてから数か月後に突然最後に残っていた単語を一時的に発語することがあるが、理解しうる言葉が失われたあとには、叫び声や意味不明のアラブツいウツの声のみとなる。
	c) 歩行能力の喪失	歩行障害が出現する。ゆっくりとした小刻みの歩行となり階段の上り下りに介助を要するようになる。歩行ができなくなる時期は個人差があるが、しだいに歩行がゆっくりになる。歩幅が小さくなっていく場合もあり、歩くときには前方あるいは後方や側方に傾いたりする。寝たきりとなって数か月すると拘縮が出現する。
	d) 着座能力の喪失	寝たきり状態であっても、はじめのうちは介助なしにいずに座ることは可能である。しかし、しだいに介助なしでいすに座っていることもできなくなる。この時期にはまだ笑ったり、噛んだり、握ったりすることはできる。
	e) 笑う能力の喪失	この時期では刺激に対して眼球をゆっくりと動かすことは可能である。多くの患者では把握反射は維持される。
	f) 混迷および昏睡	アルツハイマー型認知症の末期ともいえるこの時期は、本疾患に付随する代謝機能の低下と関連する。

出典) 石井徹郎：Functional Assessment scale (FAST). (大塚俊男，本間　昭監) 高齢者のための知的機能検査の手引き，59-64，ワールドプランニング，東京 (1991).

1）N式老年者用日常生活動作能力評価尺度（N-ADL）

N-ADLは基本的なADLをアセスメントするスケールであり，歩行・起坐，生活圏，着脱衣・入浴，摂食，排泄といった5項目ごとに7段階の重症度評価を行うスケール[8]である（表4-6）．各項目が10〜0点までであり，総得点が50点である．得点が減少するほど障害が重くなる．N-ADLは基本的なADL尺度であり，N式老年者用精神状態尺度（NMスケール）[9]との併用が推奨されているが，もちろん単独で用いることもできる．

2）Disability Assessment for Dementia（DAD）

DADは，在宅のアルツハイマー型認知症の人の介護者に対するインタビューからADL障害をアセスメントするスケール[10]である（表4-7）．具体的には，衛生，着衣，排泄，摂食，食事の用意，電話の使用，外出，金銭管理，服薬，余暇と家事の10領域の実行機能障害に関連する「行動の開始」「計画・段取り」「有効な遂行」をそれぞれ評価することで，動作のどの部分が障害されているかを評価する．

3）Instrumental Activities of Daily Living Scale（IADL）

IADLは1989年にパウエル・ロートン（Lawton MP）が開発したものであるが，電話の使用，買い物，食事のしたくなど高次のIADLを8領域に分けてアセスメントしていく[11]（表4-8）．各領域に3〜5段階のチェック項目があり，「できる・できない」場合に応じて，できるときは1点，できないときは0点と配点する．得点は，女性は0〜8点，男性は食事のしたく，家事，洗濯については評価しないため，0〜5点となる．

4．行動・心理症状（BPSD）

BPSDは生活環境の変化，身体の健康状態，周囲の人の対応の仕方などから出現することも多い．効果的なケアを実践してケアの効果を評価するためにも，BPSDの種類や程度をアセスメントすることは重要である．BPSDをアセスメントするスケールのうち，認知症ケアで使用されているものを示す．

1）NPIアンケート版（NPI-Brief Questionnaire Form；NPI-Q）

NPI-Qは，認知症の人のBPSDの頻度，重症度，介護者の負担度を数量化できる評価方法であり，「妄想」「幻覚」「興奮」「うつ」「不安」「多幸」「無関

表4-6　N式老年者用日常生活動作能力評価尺度（N-ADL）

項目＼評価	0点	1点	3点	5点	7点	9点	10点	評価
歩行・起坐	寝たきり（坐位不能）	寝たきり（坐位可能）	寝たり、起きたり、押し車などの支えがいる	つたい歩き 階段昇降不能	杖歩行 階段昇降困難	短時間の独歩可能	正常	
生活圏	寝床上（寝たきり）	寝床周辺	室内	屋内	屋外	近隣	正常	
着脱衣入浴	全面介助 特殊浴槽入浴	ほぼ全面介助（指示に多く従える）全面介助入浴	着衣困難 脱衣も部分介助を要する。入浴も部分介助を要する	脱衣可能、着衣は部分介助を要する。自分で部分的に洗える	遅くて、時にに不正確。頭髪・足等洗えない。	ほぼ自立、やや遅い、体は洗えるが洗髪に要介助。	正常	
摂食	経口摂食不能	経口全面介助	介助を多く要する（途中でやめる、全部細かくきざむ必要あり）	部分介助を要す（食べにくいものをきざむ必要あり）	配膳を整えてもらうとほぼ自立	ほぼ自立	正常	
排泄	常時、大小便失禁（便意・尿意・尿意が認められない）	常時、大小便失禁（便意・尿意・禁あり、失禁後不快感を示す）	失禁することが多い（尿意・便意を伝えることも可能、常時おむつ）	時々失禁する（気を配って介助すればほとんど失禁しない）	ポータブルトイレ・しびん使用後始末不十分	トイレして可能。後始末は不十分なことがある	正常	

N-ADL 得点（　　点）

重症度評価点

10点	正常	自立して日常生活が営める
9点	境界	自立して日常生活を営むことが困難になり始めた初期状態
7点	軽度	日常生活に軽度の介助または観察を必要とする
5点・3点	中等度	日常生活に部分介助を要する
1点・0点	重度	全面介助を要する（0点は活動性や反応性はまったく失われた最重度の状態）

出典　小林敏子：N式老年者用日常生活動作能力評価尺度（N-ADL）．（大塚俊男，本間　昭監）高齢者のための知的機能検査の手引き，89-94．ワールドプランニング，東京（1991）．

表4-7 認知症のための障害評価票（DAD）

氏名: _____ File No._____

施行日: _____ MMS: _____ GDS: _____ DAD: _____

情報提供者: _____ 続柄: _____

すべての運動および感覚機能障害を記録すること: _____

採点：はい＝1　いいえ＝0　該当せず＝N／A

過去2週間に被検者は手助けをしたり，指示したりすることなしに以下の行為ができたか？

	行動の開始	計画段取り	有効な遂行
衛　生			
・体を洗おうとする，あるいは入浴する，シャワーを浴びようとする	☐		
・歯を磨こう，あるいは入れ歯の手入れをしようとする	☐		
・髪の手入れ（洗髪および整髪）をしようとする	☐		
・体を洗ったり，入浴したりするためにお湯を入れ，タオルや石けんを用意する		☐	
・体を洗って確実に体のすべての部分を完全に乾かす			☐
・歯磨きあるいは義歯の手入れを適切にする			☐
・髪の手入れをきちんとする（洗髪と整髪）			☐
着　衣			
・自分で服を着ようとする	☐		
・適切な服を選ぶ（時期，身ぎれい，天候および色の組み合わせに関して）		☐	
・適切な順番で服を着る（下着，衣服および靴）		☐	
・完全に自分で服を着る			☐
・完全に自分で脱衣する			☐
排　泄			
・適切なときにトイレを使おうとする	☐		
・失敗なしにトイレを使う			☐
摂　食			
・食べようとする	☐		
・食べるときに適切な食器と調味料を選ぶ		☐	
・普通のペースで適切なマナーで食べる			☐
食事の用意			
・自分用の簡単な軽い食事を用意しようとする	☐		
・簡単な軽い食事の献立を考える（献立の内容，料理器具）		☐	
・簡単な軽い食事をきちんと用意するあるいは料理する			☐

	行動の開始	計画段取り	有効な遂行
電話をかける			
・適切なときに電話をかけようとする.	☐		
・正しく番号を見つけてダイヤルする		☐	
・電話で適切な会話をする			☐
・きちんと伝言を書いて伝える			☐
外に出かける			
・適切な時間に外に出かけようとする（散歩，訪問，買い物）	☐		
・交通手段，鍵，目的地，天候，必要なお金，買い物リストなどを考えて外出する		☐	
・慣れた目的地に迷子にならずに着く			☐
・適切な交通手段をきちんととる			☐
・適切な品物を買って店からもどる			☐
金銭の取り扱いと通信			
・金銭の取り扱いや手紙のやりとりなどの個人的なことに関心を示す	☐		
・勘定の支払いをする（小切手，銀行の通帳，つけ）		☐	
・文房具，住所，切手などを考えてきちんと手紙を書く		☐	
・お金をきちんと取り扱う（くずす）			☐
服　薬			
・正しい時間に服薬しようとする	☐		
・処方されたように服薬する（正しい用量に従って）		☐	
余暇と家事			
・余暇活動に関心を示す	☐		
・以前していた家事に関心を示す	☐		
・以前していた家事の段取りをきちんとつける		☐	
・以前していた家事をきちんとこなす			☐
・必要なときにはきちんと家にいられる			☐
小計	☐	☐	☐

DAD 総得点：＿＿＿＿＿＿
採点者：＿＿＿＿＿＿

出典）本間　昭，甘利雅邦，植木昭紀，ほか：老年期痴呆の全般臨床評価法；CIBIC plus-J の下位尺度評価実施上の留意点とワークシート補遺版の作成．老年精神医学雑誌，13(8)：939-959，(2002)．

86

表4-8　Instrumental Activities of Daily Living Scale（IADL）

項　　目	得点
A．電話の使い方	
1．自由に電話をかけることができる．	1
2．いくつかのよく知っている番号であればかけることができる．	1
3．電話で応対できるが電話をかけることはできない．	1
4．まったく電話を使うことはできない．	0
B．買い物	
1．ひとりで買い物ができる．	1
2．少額の買い物であればひとりでできる．	0
3．だれかがつき添っていれば買い物ができる．	0
4．まったく買い物ができない．	0
C．食事のしたく	
1．人数に合ったしたくをして必要十分な用意ができる．	1
2．材料が用意してあれば食事のしたくができる．	0
3．食事をつくることはできるが，人数に合った用意ができない．	0
4．他人にしたくをしてもらう．	0
D．家　事	
1．力仕事など以外はひとりで家事をすることができる．	1
2．食事のあとの食器を洗う，布団を敷くなどの簡単なことはできる．	1
3．簡単な家事はできるが，きちんとあるいは清潔に維持できない．	1
4．他人の手助けがなければ家事をすることができない．	1
5．まったく家事をすることができない．	0
E．洗　濯	
1．ひとりで洗濯できる．	1
2．靴下など小さなものは洗濯できる．	1
3．他人に洗濯してもらう．	0
F．移動・外出	
1．自動車を運転したり，電車・バスを利用して出かけることができる．	1
2．タクシーを自分で頼んで出かけられるが，電車やバスは利用できない．	1
3．つき添いがあれば電車やバスを利用することができる．	1
4．つき添われてタクシーや自動車で出かけることができる．	1
5．まったく出かけることができない．	0
G．服薬の管理	
1．きちんとできる．	1
2．前もって飲む薬が用意されていれば自分で服薬できる．	0
3．自分ではまったく服薬できない．	0
H．金銭の管理	
1．自分でできる（家計簿，家賃，請求書の支払い，銀行での用事など）．	1
2．日常の買い物は管理できるが，大きな買い物や銀行へはつき添いが必要．	1
3．金銭を扱うことはできない．	0

※得点は，男では0〜5点，女では0〜8点．

出典）本間　昭：Instrumental Activities of Daily Living Scale（IADL）．（大塚俊男，本間　昭監）高齢者のための知的機能検査の手引き，95-97，ワールドプランニング，東京（1991）.

心」「脱抑制」「易怒性」「異常行動」「夜間行動」「食行動」の計 12 項目から構成されている．妥当性と信頼性が実証され，認知症の人の BPSD の状況だけでなく，介護者負担度の評価に有用なツールである[12]（表 4-9）．

2）認知症行動障害尺度（Dementia Behavior Disturbance Scale ; DBD)

　DBD13 は BPSD の評価指標であり，認知症の軽度から高度に観察される項目について 5 段階評価を行うものである[13]．2021（令和 3）年 4 月 1 日から厚生労働省での LIFE（科学的介護情報システム／Long-term care Information system For Evidence）では，BPSD の評価項目として DBD13 が採用されている（表 4-10）．

5．認知症ケアに関する総合アセスメント評価

1）認知症の人のためのケアマネジメント センター方式

　センター方式の特徴は，本人を主語にして書き込む方式であり，本人のありのままの発言と行動などの場面を観察し，実際の状況から本人の視点に立って考えながら記載することである（図 4-3）．センター方式では，本人本位の視点をより具体化するために，「共通の 5 つの視点」を基盤にシートや項目がつくられている．シートの記入を通じて，本人がよりよく暮らしていくためのさまざまな可能性やケアのヒントをアセスメントすることができる[4]．

　センター方式は A〜E までの 5 領域で 16 枚のシートを準備しているが，すべてを活用しなければならないのではなく，普段使用しているアセスメントツールに必要なシートを 1 人に 1 枚ずつ追加して記載することから導入できる．センター方式は，本人を共に支えている多職種での連携を具体的に推進するためのツールであり，センター方式シートを活用することで，視点や情報，気づきを共有できる仲間が増え，「その人のための連携」を通じて，認知症の人がよりよい状態で暮らせるようになった多数の成功事例がある．

2）認知症ケアマッピング（Dementia Care Mapping ; DCM)

　DCM はパーソン・センタード・ケアを推奨したキットウッドが開発したツールであり，認知症の人の内面を分かろうとする気持ちと観察の技能とを用いて，認知症の人の立場に立とうとする真摯な取り組みといわれている[2]．

表4-9 NPI アンケート版 NPI-Brief Questionnaire Form（NPI-Q）

BPSD評価(NPI-Q)

フリガナ		生年月日	住所
本人氏名	様 □男 □女	□M □T □S □西暦 年 月 日 歳	

BPSD（認知症に伴う行動障害・精神症状）の評価　　　　検査日＿＿＿＿＿＿年＿＿＿月＿＿＿日

※過去1カ月以内に、1〜10の症状が認められた場合に下記の基準に従って評価し、☑します。
　病前から認められるものが増悪せずに認められる場合、1か月以上前にはあったが、過去1か月以内には
　認められなかった場合には、「0」に☑してください。

※a)症状の重症度(本人にどれほど影響しているか)
　　0 ··· 全くなし
　　1 ··· 軽度　　症状の存在は感じられるが、はっきりとした変化ではない
　　2 ··· 中等度　症状ははっきりと存在するが、劇的な変化ではない
　　3 ··· 重度　　症状は非常に著明であり、劇的な変化を認める

※b)この症状について介護者等が感じている負担度(介護者等にどれほど影響しているか)
　　0 ··· 全くなし
　　1 ···ごく軽度　ごく軽く負担には感じるが、処理するのに問題はない
　　2 ··· 軽度　　それほど大きな負担ではなく、通常は大きな問題なく処理できる
　　3 ··· 中等度　かなり負担で、時に処理するのが難しい
　　4 ··· 重度　　非常に負担で、処理するのが難しい
　　5 ··· 非常に重度あるいは極度　極度に負担で処理できない

	症状		a)症状の重症度	b)介護者等が感じている負担度
1	妄　想	事実でないとわかっていることを信じ込んでいる。	□0 □1 □2 □3	□0 □1 □2 □3 □4 □5
2	幻　覚	実際にないものが聞こえたり見えたりする。	□0 □1 □2 □3	□0 □1 □2 □3 □4 □5
3	興　奮	介助を拒んだり、扱いにくくなるときがある。	□0 □1 □2 □3	□0 □1 □2 □3 □4 □5
4	う　つ	悲しそうであったり、落ち込んでいるように見えたり、そのように言ったりする。	□0 □1 □2 □3	□0 □1 □2 □3 □4 □5
5	不　安	落ち着かない、息苦しさやため息、リラックスできない、過度に緊張している等の神経質さを示す。	□0 □1 □2 □3	□0 □1 □2 □3 □4 □5
6	多　幸	過度に機嫌がよかったり、幸せそうであることがある。	□0 □1 □2 □3	□0 □1 □2 □3 □4 □5
7	無関心	自身の日常生活や、他人の活動や計画に関心がなくなってきているように見受けられる。	□0 □1 □2 □3	□0 □1 □2 □3 □4 □5
8	脱抑制	見ず知らずの人にあたかも知人のように話しかけたり、他人の感情を傷つけることを言ったりする。	□0 □1 □2 □3	□0 □1 □2 □3 □4 □5
9	易怒性	気難しく怒りっぽい、計画が遅れたり待たされたりすることが、我慢できなくなったりする。	□0 □1 □2 □3	□0 □1 □2 □3 □4 □5
10	異常行動	家の周囲を歩いたり、ボタンやひもを弄んだりなど、同じ行為を繰り返すことがある。	□0 □1 □2 □3	□0 □1 □2 □3 □4 □5
合計			(　　　) /30点	(　　　) /50点
BPSDの程度(参考値)			□なし　　　0点 □軽　度　1〜5点 □中等度　6〜14点 □重　度　15〜19点 □最重度　20〜30点	□なし　　　0点 □軽　度　1〜9点 □中等度　10〜19点 □重　度　20〜29点 □最重度　30〜50点

※保険請求可
臨床心理・神経心理検査D285認知機能検査その他の心理検査
操作の容易なもの ··· 80点（平成24年改正）

出典) 松本直美, 池田　学, 福原竜治, ほか：日本語版 NPI-D と NPI-Q の妥当性と信頼性
の検討. 脳と神経, 58(9):785-790 (2006).

表4-10　認知症行動障害尺度（Dementia Behavior Disturbance Scale；DBD13）

認知症行動障害尺度（Dementia Behavior Disturbance Scale：DBD13）認知症初期集中支援チーム版

ID		回答者氏名					
本人氏名		記入日			年　月　日		
生年月日		記入者氏名					

		0点	1点	2点	3点	4点	留意点
No.	質問内容	0.まったくない	1.ほとんどない	2.ときどきある	3.よくある	4.常にある	
1	同じことを何度も聞く	0.まったくない	1.ほとんどない	2.ときどきある	3.よくある	4.常にある	記憶障害（軽度～中等度で顕著）
2	よく物をなくしたり、置場所を間違えたり、隠したりしている	0.まったくない	1.ほとんどない	2.ときどきある	3.よくある	4.常にある	記憶障害と一部取り扱い
3	日常的な物事に関心を示さない	0.まったくない	1.ほとんどない	2.ときどきある	3.よくある	4.常にある	アパシー
4	特別な理由がないのに夜中起き出す	0.まったくない	1.ほとんどない	2.ときどきある	3.よくある	4.常にある	睡眠障害
5	特別な根拠もないのに人に言いがかりをつける	0.まったくない	1.ほとんどない	2.ときどきある	3.よくある	4.常にある	興奮、易怒性
6	昼間、寝てばかりいる	0.まったくない	1.ほとんどない	2.ときどきある	3.よくある	4.常にある	睡眠障害
7	やたらに歩き回る	0.まったくない	1.ほとんどない	2.ときどきある	3.よくある	4.常にある	多動
8	同じ動作をいつまでも繰り返す	0.まったくない	1.ほとんどない	2.ときどきある	3.よくある	4.常にある	多動
9	口汚くののしる	0.まったくない	1.ほとんどない	2.ときどきある	3.よくある	4.常にある	興奮、易怒性
10	場違いあるいは季節に合わない不適切な服装をする	0.まったくない	1.ほとんどない	2.ときどきある	3.よくある	4.常にある	時間の見当識障害、実行機能障害、自己評価の障害
11	世話をされるのを拒否する	0.まったくない	1.ほとんどない	2.ときどきある	3.よくある	4.常にある	病識のなさ、自己評価の障害
12	明らかな理由なしに物を貯め込む	0.まったくない	1.ほとんどない	2.ときどきある	3.よくある	4.常にある	実行機能障害、記憶障害、潜在的な不安
13	引き出しやタンスの中身を全部だしてしまう	0.まったくない	1.ほとんどない	2.ときどきある	3.よくある	4.常にある	多動、実行機能障害、時に興奮、易怒性
	小計						
	合計					点	

出典）町田綾子：Dementia Behavior Disturbance Scale（DBD）短縮版の作成および信頼性，妥当性の検討；ケア感受性の高い行動障害スケールの作成を目指して．日本老年医学会雑誌，49(4)：463-467（2012）．

　パーソン・センタード・ケアをケア現場で実践するためのDCMは観察法であると同時に，現場で使用してスタッフにフィードバックすることでケアスタッフの研修にもなり，施設のケア評価システムという側面も含まれている．

　DCMは通常，6時間以上連続してその人の視点に立って認知症の人を観察し，5分ごとに行動や活動に携わり，どのような状態かを記録する．その人の心理的ニーズに影響するような出来事やかかわりについても記録し，結果はケアスタッフにフィードバックされる．

　DCMの評価では，認知症高齢者によくみられる行動特性カテゴリコード（A〜Zの23個）を，QOLの側面であるME値は気分・感情（M：MOOD）とかかわり（E：engagement）で＋5（きわめてよい状態）から−5（極度の苦痛が認められる状態）の6段階（−5，−3，−1，＋1，＋3，＋5）で評価する．さらに，認知症の人とケアスタッフのかかわりにおいて，5つの心理的ニーズに分類される．それぞれ17個の個人の価値を高める行為（PD：認知症の人の個人のニーズを高め尊重する行為）や個人の価値を低める行為

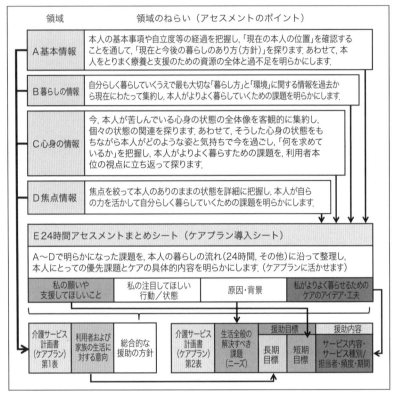

領域	領域のねらい（アセスメントのポイント）
A 基本情報	本人の基本事項や自立度等の経過を把握し、「現在の本人の位置」を確認することを通して、「現在と今後の暮らしのあり方（方針）」を探ります。あわせて、本人をとりまく療養と支援のための資源の全体と過不足を明らかにします。
B 暮らしの情報	自分らしく暮らしていくうえで最も大切な「暮らし方」と「環境」に関する情報を過去から現在にわたって集約し、本人がよりよく暮らしていくための課題を明らかにします。
C 心身の情報	今、本人が苦しんでいる心身の状態の全体像を客観的に集約し、個々の状態の関連を探ります。あわせて、そうした心身の状態をもちながら本人がどのような姿と気持ちで今を過ごし、「何を求めているか」を把握し、本人がよりよく暮らすための課題を、利用者本位の視点に立ち返って探ります。
D 焦点情報	焦点を絞って本人のありのままの状態を詳細に把握し、本人が自らの力を活かして自分らしく暮らしていくための課題を明らかにします。

E 24時間アセスメントまとめシート（ケアプラン導入シート）

A〜Dで明らかになった課題を、本人の暮らしの流れ（24時間、その他）に沿って整理し、本人にとっての優先課題とケアの具体的内容を明らかにします。（ケアプランに活かせます）

私の願いや支援してほしいこと	私の注目してほしい行動／状態	原因・背景	私がよりよく暮らせるためのケアのアイデア・工夫

介護サービス計画書（ケアプラン）第1表	利用者および家族の生活に対する意向	総合的な援助の方針	介護サービス計画書（ケアプラン）第2表	生活全般の解決すべき課題（ニーズ）	援助目標 長期目標	短期目標	援助内容 サービス内容・サービス種別／担当者・頻度・期間

出典）認知症介護情報ネットワーク「認知症の人のためのケアマネジメント　センター方式関連」（https://test.dcnet.gr.jp/study/centermethod/center01.php）.

図 4-3　センター方式シートの全体構成

（PE：認知症の人の価値を低めて傷つける可能性のある行為）（図 4-4）について評価を行い、これらをスタッフにフィードバックすることで、認知症の人の ME 値やカテゴリコードをよい状態にするために、認知症の人の視点から、いまの状態の原因や PE をできる限り PD にする工夫についてフィードバックし、話し合う。

　DCM は認知症ケアの質や認知症の人の QOL の評価という側面もあるが、観察で得られた情報をもとにケア現場のスタッフと話し合い、具体的にケア向上のための行動計画を立てて実践することを繰り返し行うことで、パーソ

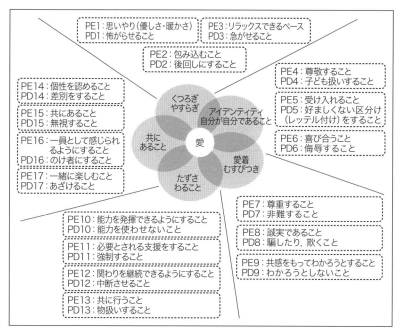

PE1：思いやり（優しさ・暖かさ）
PD1：怖がらせること

PE3：リラックスできるペース
PD3：急がせること

PE2：包み込むこと
PD2：後回しにすること

PE14：個性を認めること
PD14：差別をすること

PE15：共にあること
PD15：無視すること

PE16：一員として感じられ
　　　るようにすること
PD16：のけ者にすること

PE17：一緒に楽しむこと
PD17：あざけること

PE4：尊敬すること
PD4：子ども扱いすること

PE5：受け入れること
PD5：好ましくない区分け
　　　（レッテル付け）をすること

PE6：喜び合うこと
PD6：侮辱すること

くつろぎ
やすらぎ

アイデンティティ
自分が自分であること

共に
あること

愛

たずさ
わること

愛着
むすびつき

PE10：能力を発揮できるようにすること
PD10：能力を使わせないこと

PE11：必要とされる支援をすること
PD11：強制すること

PE12：関わりを継続できるようにすること
PD12：中断させること

PE13：共に行うこと
PD13：物扱いすること

PE7：尊重すること
PD7：非難すること

PE8：誠実であること
PD8：騙したり，欺くこと

PE9：共感をもってわかろうとすること
PD9：わかろうとしないこと

出典）ブラッドフォード大学認知症ケアグループ（水野　裕ほか訳）：DCM（認知症ケアマッピ
　　　ング）マニュアル．第8版，認知症介護研究・研修大府センター，愛知（2012）．

図4−4　個人の価値を低める行為（PD）と個人の価値を高める行為（PE）

ン・センタード・ケアの実践を目指す"発展的評価"として用いられている．
　DCMを使用するマッパーという認定された評価者になるには，講習を受けることが必要である．わが国では，認知症介護研究・研修大府センターとシルバー総合研究所が協力して，年に数回，DCM講習会を開催している．

6．認知症に関連する領域のアセスメントスケール

　認知症と混乱される症状として，うつ状態やせん妄がある．うつ状態から認知症への移行もあり判断はむずかしいが，それぞれの治療やケアは異なるため早期に対応する必要がある．せん妄は病院だけでなく，高齢者施設や在宅などでも認められ，症状が変化しやすく認知症も進行しやすいことから，疑いのある場合はスケールで評価して受診につなげる．

表4-11 老年期うつ病評価尺度（Geriatric depression scale 15；GDS15）

No.	質問事項	回答	
1	毎日の生活に満足していますか	いいえ	はい
2	毎日の活動力や周囲に対する興味が低下したと思いますか	はい	いいえ
3	生活が空虚だと思いますか	はい	いいえ
4	毎日が退屈だと思うことが多いですか	はい	いいえ
5	大抵は機嫌よく過ごすことが多いですか	いいえ	はい
6	将来の漠然とした不安に駆られることが多いですか	はい	いいえ
7	多くの場合は自分が幸福だと思いますか	いいえ	はい
8	自分が無力だなあと思うことが多いですか	はい	いいえ
9	外出したり何か新しいことをするより家にいたいと思いますか	はい	いいえ
10	何よりもまず，もの忘れが気になりますか	はい	いいえ
11	いま生きていることが素晴らしいと思いますか	いいえ	はい
12	生きていても仕方がないと思う気持ちになることがありますか	はい	いいえ
13	自分が活気にあふれていると思いますか	いいえ	はい
14	希望がないと思うことがありますか	はい	いいえ
15	周りの人があなたより幸せそうに見えますか	はい	いいえ

1，5，7，11，13 には「はい」0 点，「いいえ」に1 点を，
2，3，4，6，8，9，10，12，14，15 にはその逆を配点し合計する．
5 点以上がうつ傾向，10 点以上がうつ状態とされている．

出典）松林公蔵，小澤利男：評価の方法d. 老年者の情緒に関する評価. *Geriatric Medicine*, 32(5):541-546（1994）.

1）老年うつ病スケール（Geriatric Depression Scale；GDS）

　GDS は高齢者用に作成された，質問式のアセスメントツールであり，うつ状態の重症度や経過をみる[14]．質問内容は，「自分の生活に満足していますか」「自分の人生はむなしいものと感じますか」など30 項目であり，「はい・いいえ」で回答し，うつ症状を示す回答に1 点を与える．11 点以上をうつ状態とする（表 4-11）．

```
CAM日本語版

① 急性発症と変動性の経過 (Acute onset and fluctuating course)
・患者さんの精神状態は，ベースライン時と比べて急激な変化が見られましたか？
・異常な行動が日内で変動しますか？
  ┌ 例えば ・異常な行動が現れたり消える            左記内容が当てはまる
  │        ・あるいは程度が増減しがちである          (Yes, No)
  └
                                    （ご家族や看護師さんから情報を得てください）

② 注意散漫 (Inattention)
・患者さんは集中することが困難ですか？
  ┌ 例えば ・他の事に気を取られやすい              左記内容が当てはまる
  │        ・人の話を理解することが難しい              (Yes, No)
  └

③ 支離滅裂な思考 (Disorganized thinking)
・患者さんの思考はまとまりのない，あるいは支離滅裂でしたか？
  ┌ 例えば ・とりとめのない話や無関係な話をする         左記内容が当てはまる
  │        ・不明瞭，または筋の通らない考え方をする         (Yes, No)
  │        ・意図が予測できず，変化についていけない
  └

④ 意識レベルの変化 (Altered level of consciousness)
・全体的に見て，この患者さんの意識レベルをどう評価しますか？
        意識清明              （正常）
        過覚醒（過度に敏感）
        傾眠（すぐに覚醒する）   （異常）      意識状態は（異常）である
        昏迷（覚醒困難）                    (Yes, No)
        昏睡（覚醒不能）

  ①②両方とも YES  ⇒  ③④どちらか YES  ⇒  せん妄と判断
```

出典）渡邉　明：The Confusion Assessment Method（CAM）日本語版の妥当性．総合病院精神医学，25(2)：165-170（2013）．

図 4 - 5　せん妄評価法（The Confusion Assessment Method；CAM）日本語版

2 ）せん妄評価法（The Confusion Assessment Method；CAM）日本語版

　せん妄は脳機能障害に関連した身体的状態の悪化や環境の変化などが原因で，一時的な意識障害や注意力の障害が起こる状態であり，「いつもとようすが違う」「認知症が進んだ」と思われることも多いが，状態が改善すれば症状も安定する．CAM日本語版は特徴的な症状を，①急性発症と変動性の経過

94

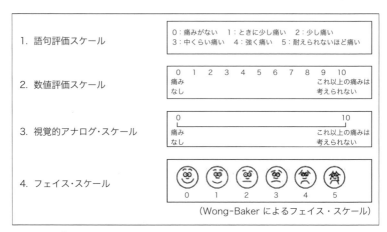

図4-6 痛みのスケール

（Acute onset and fluctuating course），②注意散漫（Inattention），③支離滅裂な思考（Disorganized thinking），④意識レベルの変化（Altered level of consciousness）の4項目に分けて，①②をともに満たし，加えて③もしくは④のどちらかを満たすとせん妄と判断している[15]（図4-5）．

3）認知症の人の痛みの評価

　通常のケア場面の痛みのアセスメントには，直接本人に痛みの有無をたずねるほか，図4-6に示したように，語句評価スケール，数字評価スケール（Numerical Rating Scale；NRS），数値視覚的アナログスケール（Visual Analogue Scale；VAS）やフェイススケール（Verbal Rating Scale；VRS）など簡便なスケールが臨床現場で広く使われている．これらは痛みの評価におけるコールドスタンダードといわれており，痛みを感じている本人の言語的な痛みの訴えが基本である．

　認知症の人は病状の進行に伴いコミュニケーション能力が低下するため，言語的な訴えができにくいことから，痛みが放置されたり，痛みに関係した興奮状態がBPSDと誤解されたりと，本人が訴えないために痛みに対する治療が受けられないことも多い．しかし，高齢者は加齢変化に伴う筋骨格系疾患などの影響から，6割以上が腰痛などを抱えていると指摘されている．ま

日本語版アビー痛みスケール

言葉で表現することができない認知症の方の疼痛測定のために
スケールの用い方：入所者を観察しながら問1から6に点数をつける

入所者名：＿＿＿＿＿＿＿＿＿＿＿＿＿＿＿＿
スケールに記入した観察者とその職種：＿＿＿＿＿＿＿＿＿＿＿＿＿
日付：＿＿年＿＿月＿＿日　時間：＿＿＿＿＿＿＿＿
最後の疼痛緩和は　　　年　　　月　　　日　特に＿＿＿＿＿＿＿＿＿＿＿＿を実施した

問1　声をあげる
　　例：しくしく泣いている，うめい声をあげる，泣きわめいている
　　0：なし　　　1：軽度　　　2：中程度　　　3：重度

問2.　表情
　　例：緊張して見える，顔をしかめる，苦悶の表情をしている，おびえて見える
　　0：なし　　　1：軽度　　　2：中程度　　　3：重度

問3.　ボディランゲージの変化
　　例：落ち着かずそわそわしている，体をゆらす，体の一部をかばう，体をよける
　　0：なし　　　1：軽度　　　2：中程度　　　3：重度

問4.　行動の変化
　　例：混乱状態の増強，食事の拒否，通常の状態からの変化
　　0：なし　　　1：軽度　　　2：中程度　　　3：重度

問5.　生理学的変化
　　例：体温，脈拍または血圧が正常な範囲外，発汗，顔面紅潮または蒼白
　　0：なし　　　1：軽度　　　2：中程度　　　3：重度

問6.　身体的変化
　　例：皮膚の損傷，圧迫されている局所がある，関節炎，拘縮，傷害の既往
　　0：なし　　　1：軽度　　　2：中程度　　　3：重度

問1から6の得点を合計し，記入する　　　　　　　総合疼痛得点

総合疼痛得点にしるしをつける

0-2 痛みなし	3-7 軽度	8-13 中程度	14以上 重度

最後に疼痛のタイプにしるしをつける

慢性	急性	慢性疼痛の急性増悪

出典）Takai Y, Yamamoto-Mitani N, Chiba Y, et al.：Abbey Pain Scale；Development and validation of the Japanese version. *Geriatrics & Gerontology International*, 10 (2)：145-153（2010）.

図4-7　日本語版アビー痛みスケール

た，痛みが行動や活動だけではなく，QOL を大きく左右するにもかかわらず，認知症の人の痛みに関心が向けられることは少なかった．2004 年に発表された Abbey ペインスケール（Abbey Pain Scale）[16]は，ベッドから車いす，車いすからベッドの移動時の痛みを評価するスケールであり，①声を上げ

96

る，②表情，③ボディランゲージの変化，④行動の変化，⑤生理的変化，⑥
身体的変化の6項目を，0（なし），1（軽度），2（中等度），3（重度）で評価
する（図4-7）．合計得点（painスコア）を算出し，0〜2点を「痛みなし」，
3〜7点を「痛み軽度」，8〜13点を「痛み中等度」，14点以上を「痛み重度」
とする評価基準が明示されている．本尺度は移動時の痛みを評価しているこ
とから，慢性痛を十分評価しにくい傾向もあるが，日常生活の移動の際の状
況から痛みのアセスメントができることから，高齢者施設においても日常生
活からアセスメントできるスケールである．

文　献

1) 鈴木みずえ：認知症の看護・介護に役立つ；よくわかる パーソン・センタード・
　ケア．池田書店，東京（2017）．
2) ブラッドフォード大学認知症ケアグループ（水野　裕ほか訳）：DCM（認知症ケア
　マッピング）マニュアル．第8版，認知症介護研究・研修大府センター，愛知
　（2012）．
3) 大庭　輝：コミュニケーションを通した認知症のアセスメント．高齢者のケアと
　行動科学，23:2-10（2018）．
4) 認知症介護情報ネットワーク「認知症の人のためのケアマネジメント　センター
　方式関連」（https://test.dcnet.gr.jp/study/centermethod/center01.php）．
5) 加藤伸司：改訂長谷川式簡易知能評価スケール（HDS-R）．（大塚俊男，本間　昭
　監）高齢者のための知的機能検査の手引き，9-13，ワールドプランニング，東京
　（1991）．
6) 北村俊則：Mini Mental State（MMS）．（大塚俊男，本間　昭監）高齢者のための
　知的機能検査の手引き，35-38，ワールドプランニング，東京（1991）．
7) 石井徹郎：Functional Assessment scale（FAST）．（大塚俊男，本間　昭監）高
　齢者のための知的機能検査の手引き，59-64，ワールドプランニング，東京（1991）．
8) 小林敏子：N式老年者用日常生活動作能力評価尺度（N-ADL）．（大塚俊男，本間
　昭監）高齢者のための知的機能検査の手引き，89-94，ワールドプランニング，東
　京（1991）．
9) 小林敏子：N式老年者用精神状態尺度（NMスケール）．（大塚俊男，本間　昭監）
　高齢者のための知的機能検査の手引き，81-86，ワールドプランニング，東京
　（1991）．
10) 本間　昭，朝田　隆，新井平伊，ほか：老年期痴呆の全般臨床評価法；Clinician's
　Interview-Based Impression of Change plus-Japan（CIBIC plus-J）解説と評価
　マニュアル．老年精神医学雑誌，8(8):855-869（1997）．
11) 本間　昭：Instrumental Activities of Daily Living Scale（IADL）．（大塚俊男，

本間　昭監）高齢者のための知的機能検査の手引き，95-97，ワールドプランニング，東京（1991）．

12) 松本直美，池田　学，福原竜治，ほか：日本語版 NPI-D と NPI-Q の妥当性と信頼性の検討．脳と神経，58(9):785-790（2006）．

13) 町田綾子：Dementia Behavior Disturbance Scale（DBD）短縮版の作成および信頼性，妥当性の検討；ケア感受性の高い行動障害スケールの作成を目指して．日本老年医学会雑誌，49(4):463-467（2012）．

14) 松林公蔵，小澤利男：評価の方法 d．老年者の情緒に関する評価．*Geriatric Medicine*，32(5):541-546（1994）．

15) 渡邉　明：The Confusion Assessment Method（CAM）日本語版の妥当性．総合病院精神医学，25(2):165-170（2013）．

16) Takai Y, Yamamoto-Mitani N, Chiba Y, et al.：Abbey Pain Scale；Development and validation of the Japanese version. *Geriatrics & Gerontology International*, 10(2):145-153（2010）．

第5章

認知症のアセスメント・ケアプランと実践

Ⅰ．認知症ケアのアセスメント

　認知症の人だけではなく家族など周囲の状態をも観察し，収集した情報を統合し判断することをアセスメントという．アセスメントによって，認知症の人の個別の課題を見つけ，ケアプランを立案する．その人に合ったケアプランを立案するためには，その人の全体像を把握するためにていねいなアセスメントを行うことが重要である．また，認知症の人や家族の要望を取り入れながらアセスメントを行うことで，本人や家族の希望に沿った個別性のあるケアプランが立案できる．

1．アセスメントの際に重視すること
1）物事の原因を認知症の症状や行動・心理症状（BPSD）と決めつけな
　　　い；原因は1つとは限らない，ありとあらゆる原因を考える

　認知症になると記憶力や判断力が低下する．そのため，いままでできていたことにも介助が必要になったり，われわれからすると一見不可解な行動をとったりすることがある．認知症は脳の器質的な障害であり，進行性の疾患であるため，認知機能の低下を防ぐことはむずかしい．しかし，できないことの原因は本当に認知症なのであろうか．認知症以外の原因は考えられないのであろうか．認知症の人の多くは高齢者である．そのため，加齢変化や廃用症候群，認知症以外の疾患が原因でできないことも増えてくる．また，その人のおかれている環境が合っていない場合，もっている能力をうまく活用できず，一見できないようにみえてしまう場合もある．認知症以外の原因でできない場合であっても，「認知症が原因」と決めつけてしまうと，「認知症だから仕方がない」とあきらめてしまいがちとなる．あきらめてしまった結果，その人に合った対応策が考えられず，解決できるはずの問題が解決できなかったり，その人のもっている力を活用できなかったりしてしまうのである．

　(1) 言動の理由を考える

　認知症の人の言動は，一見不可解に感じることがあるかもしれないが，認知症であってもわれわれと同じように，行動や発言には理由がある．それにもかかわらず，認知症の人の言動を症状に当てはめてみてしまうことがある．

　たとえば，家から出て外をうろうろしている認知症の人がいるとする．認知症の行動・心理症状（Behavioral and Psychological Symptoms of Dementia；BPSD）の徘徊であるように思えるが，その人なりにうろうろしている理由がある．認知症であるからうろうろしているわけではない．たとえば，散歩に行きたいがどのように行けばよいのか分からない，家に帰りたくても家までの道順を忘れてしまった，なにか物や人を探している，行きたい場所があるがそこにたどり着けない，などの理由が考えられる．ほかにも，家でなにか不快な出来事があり居心地が悪くて家から出てしまった可能性や，単にストレス発散や運動のためにうろうろしているのかもしれない．

　このように，われわれからみると「徘徊」ととらえがちな行動であっても，認知症の人にとっては理由がある．「徘徊」「BPSD」ととらえてしまうと，「認知症だから」とケアを提供する側の思考が停止し，そのさきのケアへ結びつけることが困難となる．反対に，行動の理由が明らかになると，その理由に沿った対応（ケアプランの立案）が可能となる．

　たとえば，なにか物を探してうろうろしているのであれば，いっしょに探し，探し物が見つかることでうろうろする行動は落ち着く．このように，認知症の人の行動の理由をアセスメントすることは理にかなったケアにつながり，結果として認知症の人は穏やかな生活を送ることが可能となる．

（2）ライフヒストリーと BPSD の関係

　認知症の人の生きてきた過程（以下，ライフヒストリー）は，アセスメントやケアを行ううえで重要なヒントとなる．認知症の症状，とくに BPSD にはライフヒストリーが大きく影響する．以前，植木鉢の土を食べている認知症の人に出会ったことがある．この人は長い間農業に携わっていた．一見すると，「土を食べる＝異食（BPSD）」ととらえかねないが，家族にたずねたところ，農業に従事していたころは土を食べて土の栄養分を見極めていたと知った．土を食べる行為は，認知症ではなく過去の習慣（ライフヒストリー）が大きく影響していたのである．この人のライフヒストリーを知らなければ，認知症だから食べられる物と食べられない物の区別がつかなくなったと判断していたかもしれない．このように，ライフヒストリーは認知症の人のアセスメントを行ううえで避けることができない大切な情報である．

(3) 体調の変化も大きな原因

認知症の人は高齢者が圧倒的に多い．高齢になると心身の機能が低下し，予備力や免疫力，適応力，回復力の低下を招く．そのため，高齢者はささいなことで病気になりやすい．そのうえ，病気によって生じる症状は，若年成人とは異なり，非定型的な症状をみせる．病気が回復する経過も，回復力が低下しているため慢性的な経過をたどり，遅延しやすい．さらに，病気やそれに伴う治療によって安静臥床が必要となると廃用症候群になりやすく，合併症も起こしやすくなる．合併症を起こせばさらに回復が遅延する．このように，高齢者は容易に身体症状が悪化しやすく，症状も非定型的であるため，身体症状の悪化に周囲の人が気づきにくい．体調の悪化に気づいた際には，症状がかなり進行していることも考えられる．

また，認知症，とくにアルツハイマー型認知症と血管性認知症には生活習慣病の関与が指摘されている．そのため，認知症の人は認知症以外の生活習慣病を抱えている可能性が高い．生活習慣病のコントロールが悪化すると，生活習慣病が原因となる疾患(脳梗塞や心筋梗塞など)を発症しやすくなる．

このように，認知症の人は容易に体調が悪化しやすい．そのうえ，認知症によって側頭葉が障害されると，失語が出現する．うまく言葉が出てこない，言葉の言い換え，言葉の理解が困難になる．そのため，自分の言いたいことを周囲の人に伝えることがむずかしくなる．さらに，周囲の人が話している内容の理解もむずかしくなる．

同じく，脳の器質的障害として失認も出現する．失認とは，視覚機能が損なわれていないにもかかわらず，視覚でとらえたものを脳で認識できなくなる症状をいう．失認には，自分の身体の部分への認識がむずかしくなる身体失認がある．身体失認を生じると，疼痛を生じても，自分の身体のどの部分に疼痛が生じているのか把握しにくくなる．

そして，認知機能の低下とともに判断能力も低下するため，疾患や症状に対する効果的な予防行動をとれなくなり，疾患や症状が軽度のうちに自ら対処することがむずかしくなる．たとえば，夏の気温が高い時期には，われわれは熱中症予防のために室温の調整や，水分をこまめにとるなどの行動をとる．しかし，認知症の人は上記のような熱中症を予防する行動をとることが

むずかしい．熱中症に罹患しても，軽度の段階で自分が熱中症であることを
理解し，休息をとる，頭部や腋窩を冷やし体温を下げる，水分をとるなどの
対処行動をとることも困難である．そのため，周囲の人が熱中症であること
に気づき，何らかの対処行動を援助しなければ，症状は悪化する．

　このように，認知症の人はコミュニケーション能力が低下し，身体失認に
よって患部を把握することが困難であり，疾患や症状に対する予防や対処行
動をとることがむずかしい．自らの体調の変化を周囲の人に伝えることがむ
ずかしくなると，周囲の人が認知症の人の体調の変化に気づけなければ，症
状は容易に悪化する．

　体調の悪化はBPSDの原因となる．なぜなら，疼痛や倦怠感，不快感を自
己にて改善することがむずかしいからである．そして，自身の症状を的確に
伝えられないために，適切な援助を受けるまでに時間がかかる．症状が長期
化もしくは悪化することで精神的にもストレスとなり，暴言・暴力等といっ
たBPSDが発現する．認知症は緩徐に進行する疾患であるため，急激に症状
が進行しているようにみえたら何らかの身体疾患が潜んでおり，身体疾患に
伴う体調の悪化によってBPSDが出現し，認知症の症状が進行しているよう
にみえている可能性が高い．

２）できないこと（介助が必要なこと）にのみ注目するのではなく，できる こと（もてる力）にも注目する

　認知症になると，さまざまなことに困難をきたし，介助が必要となる．そ
のため，ケアを提供する側はできない部分に目が向きがちである．しかし，
認知症といっても人によって原因疾患が異なり，出現している症状もさまざ
まである．そのため，1人ひとりをていねいに観察し，なにができて，なに
ができないのかを適切に判断する必要がある．認知症の人のケアを行う際に
はできない部分のみを介助し，できる部分は見守ったり，いっしょに行った
りすることで，もてる力を奪わないようなかかわりが重要となる．過剰な介
助により，現存機能を低下させないためにも，できることとできないことを
適切にアセスメントする必要がある．また，できない原因をていねいに見つ
けることもアセスメントである．本章Ⅰ-1-1）にも記したが，できない原因
は認知症とは限らない．もし，できない原因が，その人に合わない環境で

あった場合，環境を整えることで，できないことはできることへと変化する．ケアを提供する人のかかわりしだいで，認知症の人のできることは増加する．できないと決めつけるのではなく，どうすればできるようになるかを考えることが重要である．そのためには，情報収集の際に認知症という疾患にとらわれず，その人のありのままを見つめること，ケアを提供する人のかかわり方とその際の認知症の人の反応もていねいに観察し，成功体験を積み重ね，どうすればその人がもてる力をうまく発揮できるかをアセスメントする必要がある．認知症は緩徐ではあるが進行性の疾患である．また，認知症の人の多くは高齢者であるため，加齢に伴い日常生活動作（Activities of Daily Living；ADL）は低下していく．そのため，現在できていることも徐々にできなくなっていく可能性が高い．できることができなくなるまでの期間をなるべく長くすることは，認知症の人がその人らしく生活することにつながる．そこで，現在のもてる力を維持するためにはどうすればよいのかを考える必要がある．

　もっとも重要なことは，認知症の人がどのような力をもっているのかていねいに観察すること，その力を発揮するためにはどのようにかかわればよいのか，どのようなケアが必要なのかを考え続けること，その人に合った環境調整を行うこと，そして認知症の人の力を最後まで信じることである．

3）アセスメントツールを活用する

　認知症は進行性の疾患であるため，定期的にアセスメントツールを用い評価することで，進行状態やADLの変化を客観的にとらえることが可能となる．また，施設等で複数のケア提供者が存在する場合，アセスメントツールを用いることで認知症の人の変化をイメージしやすい利点がある．

Ⅱ．認知症の人のケアプラン

　ケアプランは，認知症の人の心身・社会的状態やこれまでの生活歴，環境要因をきめ細かくアセスメントしたうえで，どのようなケアが必要か焦点化し，具体化したものである．ケアプランを立案するためには，認知症の人がその人らしく生活するためにはどのようになればよいのかという目標の立案

が重要であり，この目標を達成するためのケアがケアプランの内容となる．ケアプランは，ケアを提供するすべての人が統一したケアを行うためのものである．そのため，ケアを提供するだれがみても一目で分かるように細かくていねいに記載することが求められる．

　また，認知症といってもだれもが同じ症状を呈するわけではない．疾患や症状，生活のようすは1人ひとり異なる．そのため，個々人に合った，個別性のあるケアプランを立案しなければならない．

1．ケアプランを立案する際に重視すること
1）本人・家族の希望を重視する

　ケアを受ける認知症の人や家族の希望は，ケアプランを立案する際にもっとも重視すべきことである．家族からの希望は直接聴取することが可能なため，ケアプランに反映しやすい．しかし，認知症の人の希望はなかなかケアプランに反映しにくい現状がある．

　認知症になるとコミュニケーション能力が低下する．疾患によっては失語が出現し，自分の言葉を適切に伝えることや，相手の言葉を理解することがむずかしくなる．そのため，認知症であるから説明しても理解できないと思い込み，意思決定を行う際に認知症の人を除外する場合がある．認知症であってもなくても，自分にかかわる重要なことは自分で決定することが基本である．ケアを受ける人がその内容に納得ができないという状況は，認知症の人の尊厳を守っているとはいえない．認知症であっても理解できるようなその人に合わせた説明をする必要がある．また，認知症の人が自分の思いを伝えられないのであれば思いを読み取ることが重要となる．ケアを提供する側は，認知症の人の表情やしぐさ，行動から意思をくみ取れるよう努めなければならない．そして，認知症の人の思いに沿えるケアプランを立案することが求められる．

2）体調管理も重要なケアプラン

　認知症ケアのアセスメントでも述べたように，認知症の人は体調が変化しやすく，体調の悪化を適切に伝えることがむずかしい．そのため，ケアを提供する側は体調の管理を行う必要がある．その際には，異常を早期に発見す

ることが重要である．そのためには，認知症の人を普段からこまめに観察し，正常な状態を把握する必要がある．正常な状態が把握できると，「いつもと違う」異常時を見定めることができるようになる．

3）認知症の人のもてる力を引き出し，できない部分のみ介助する

　認知症の人のもてる力に注目する必要性は認知症ケアのアセスメントにも記したが，ケアプランにおいてもその人のもてる力を引き出すことが重要となる．そのためには，認知症の人が力を発揮できるように環境を整える必要がある．ケアプランでは，認知症の人にアプローチするだけではなく，周囲の環境にアプローチすることも効果的である．環境とは，建物などのハード面だけではなく，ケアを提供するわれわれも含まれる．介助を行う際の声のかけ方ひとつでも，認知症の人の力が発揮できるか変わることがある．そのため，ケアプランではどのように声をかければよいか，どのような状態のときにどこまで介助するべきなのか，ケアを提供するすべての人が統一したケアを行えるよう詳細に記載すべきである．

4）ライフヒストリーを活用する

　ライフヒストリーが認知症の人の言動の大きな原因となることはアセスメントでも述べた．しかし，ライフヒストリーはアセスメントだけでなく，さまざまなことに活用することができる．農業に従事していたというライフヒストリーを生かすと，レクリエーションとして野菜や植物とふれ合うことで，その人の楽しみや満足感につなげることができるかもしれない．また，毎日の水やりなど役割を設定することで，活動意欲を引き出すことも可能かもしれない．食事の際に季節や旬の野菜の話をすることで，食事がより楽しくなったり，食欲が増進したりするかもしれない．また，非薬物療法の一種である園芸療法を行うことで，情緒が安定するといった効果も考えられる．

　そして，ライフヒストリーは日常生活のケアにも活用することができる．認知症の男性をトイレに誘導しても，洋式便器に座ってもらえなかったことがある．誘導の仕方に問題があるのではないかと考えたが，配偶者から自宅には小便器があるとの情報を得た．そこで，排尿は小便器で行う習慣があったのではないかと考え，洋式便器に座らない際には小便器に誘導したところ，自ら排尿した．この情報をケアプランに盛り込んだところ，尿失禁も少

なくなった．このように，ライフヒストリーをケアプランに活用することで，その人のケアが効果的に行え，個別性のあるケアにつながる．

5）生活リズムを整える

　認知症の人は生活リズムが乱れやすい．見当識障害によって時間を把握することや時間の間隔を感じることがむずかしくなる．また，進行に伴いできないことが増えてくると，活動意欲が低下する．自分ができないことや以前とは異なった状態であることは認識できている場合が多いため，できないことを隠したいとの思いがあり自尊心を保つためにも外出の頻度や活動の機会が減少しやすい．さらに，症状が進行すれば，外出したくともだれかの手を借りないと外出できなくなる．そのため，認知症に罹患する以前に行っていた趣味や活動を継続することが困難となりやすい．人によってはいままでの職業や役割を遂行することが困難となり，結果としてそれらの職業や役割を喪失する場合もある．そうでなくても認知症の人の多くは高齢者であり，配偶者や身近な人の病気や死などにより交流の機会も減少する傾向にある．

　また，認知症以外の健康上の問題によって活動が困難となる場合もある．活動の機会が減少すると，日光を浴びることが少なくなるため，睡眠の仕組みがうまく働かなくなる．とくに，高齢者は深部体温リズムの平坦化やメラトニンの分泌量低下によって睡眠障害が起こりやすい．

　そこで，活動と睡眠のバランスがとれ，昼夜逆転の生活とならないよう，メリハリのある1日を送る支援が重要となる．生活リズムは食事や排泄，入浴など日常生活に欠かせない内容を1日のリズムとし，レクリエーションや他者との交流をバランスよく取り入れ，心身ともによい刺激となるような1日をすごせるよう計画する必要がある．

　また，見当識障害により，季節を感じることがむずかしくなるため，レクリエーションには季節を感じられるような内容を盛り込んだり，ときには季節の行事を行ったりすることも望ましい．散歩など外気にふれることも季節を感じる一助となり，植物を愛でることで過去のことを思い出す刺激となったり，意欲を引き出したりすることにもつながる．

6）役割を設定する

　認知症であってもできることがあることはこれまでに述べてきた．認知症

の人はできない自分を認識している．そのため，意欲や自尊心が低下しやすい．そのようななかで，「自分にもできることがある，人の役に立てる」ということは大きな励みとなる．役割を設定することは「人の役に立つ」ことにつながり，認知症の人の自尊心を満たし，不安の軽減や意欲低下の予防につながる可能性が高い．役割を設定するうえで重要なことは，失敗体験とならないようその人のできる力を見極めることである．そして，実際に役割を果たした際には，人の役に立ったと実感できるようなかかわりをもつことである．これらの役割を設定する際には，ライフヒストリーを活用するとよい．その人の得意なこと，長年行ってきたことはライフヒストリーからアセスメントできる．たとえば，長年農業に従事していた人は，野菜や植物に関する知識が豊富である．この知識を基に野菜や植物の育て方を教えたり，実際に水やり等を行ったりする役割を設定する．水やりの結果，育った野菜を収穫し「○○さんの育てた野菜は立派ですね」と声をかけることでこの人は嬉しい気持ちになり，自尊心も満たされる．また，日々の水やりはこの人の生活リズムとなり，生活リズムが整う．水やりを行うことで水くみや歩行などの活動の機会となり，ADL を維持することにもつながる．このように役割を設定することは，自尊心を満たすだけでなく，整った生活リズムや ADL の維持にもつながる．

Ⅲ．認知症ケアの実践

　認知症の人の情報を収集し，アセスメントをしてケアプランを立案する．この立案したケアプランを基に実践を重ねていくこととなる．ケアを実践する際には，認知症の人の反応やケアの影響をていねいに観察し，記録に残すことが重要である．そして，積み重ねたケアの内容を振り返り，本当にその人に合ったケアプランになるよう，内容を追加・修正し続けていく．

1．ケアを実践する際に重要なこと
1）認知症の人の尊厳を守る
　認知症の人は，いままでできていたことがむずかしくなってくる．しかし，

認知症になったからといってすべてのことに介助が必要となるわけではない．また，認知症になったからといって子どもに戻るわけではなく，いままでの人生を生き抜いてきた1人の人間として尊重されるべき人である．そのため，敬意をはらった対応が求められる．

認知症という診断名がつくと，「すべてできない人，なにも分からない人」と決めつけてしまう人がいる．認知症の人は癌の人と同様に，認知症という疾患に罹患しただけであり，認知症になったからといって，いままでの人生や人格が否定されるわけではない．われわれと同じ意思をもった1人の人である．そのため，認知症という疾患をみるのではなく，その人のありのままを見つめることが重要である．そして，ケアを提供する際には，「自分ならどう思うか，自分ならどのようなケアを受けたいか」と，自分に置き換えて考えることも重要である．

2）認知症の人の情緒が安定するようなケアを行う

認知症になったからといってすべてが分からないわけではない．記憶力や判断力は低下するが，感情は最後まで残っているといわれている．嬉しい気持ちや楽しい気持ちは，そのきっかけとなった出来事を忘れてしまっても，その瞬間は嬉しい感情を感じることができ，その感情は残る．反対に，不快な気持ちになったり，不快な感情が残ることもある．そのため，認知症だから分からないであろうとぞんざいな対応やケアを行うと，認知症の人のなかに不快な感情が生じ，BPSD につながることもある．

3）ゆっくりしたペースでかかわり，できることはいっしょに行う

認知症になると判断能力や理解力が低下するため，われわれと同じような速度で物事を進めると混乱をきたす．人によっては混乱が大きくなり，興奮することもある．人には人のペースがあるように，認知症の人にもその人に合ったペースがある．そのため，個人に合ったペースで急かさず穏やかに対応する必要がある．

また一連の動作のなかで，この部分はできる，この部分はできないということが生じてくる．その際，すべて介助してしまったほうが短時間ですむため，介助したほうが認知症の人もケアを提供する側も互いに楽であると考えるかもしれない．しかし，認知症の人もどのように行動すればよいか考えて

いる可能性がある．考えていても，どうしたらよいか分からず行動に時間がかかっているのかもしれない．認知症であっても，自分がなにかを行おうとしているときに先回りして介助されると不快な感情を抱く．そのため，できるかもしれないので少し待ってみる，見守る，いっしょに行うなど，認知症の人ができたと思えるようなかかわりが重要となる．

　以上を踏まえて事例をもとにアセスメント，ケアプランの立案，実践について考えてみることとする．

【事例紹介】
　Aさんは100歳の小柄な認知症の女性である．60代の息子と二人暮らしであり，普段は息子が自宅で介護を行っている．寒冷地に居住しているため，越冬目的で11〜4月まで施設に入所している．誤嚥性肺炎で数回入院歴があるが，それ以外の既往歴はなく，内服薬もない．移動は車いすであるが，手すりなどのつかまるものがあれば立位の保持と短距離の歩行が可能である．円背による前傾姿勢と車いす乗車時に体幹が右に傾くようすがみられている．麻痺や拘縮等はみられない．食事はやわらかくひと口大にした副食とおにぎりを摂取していた．Aさんは右利きであるが，食事の際は左手で手づかみで食べ，水分にはとろみが必要であった．精神的には安定しているが，時折「早く家に帰りたい」と泣いている姿がみられた．難聴があるが，正面からはっきりした口調で，口の動きがみえる状態で話しかけると通じることが多い．介助を行う際に時折抵抗することがみられ，「やめろ，なにするんだ」と大声を出すことがある．

　息子は2日に1回の頻度で面会にきており，面会時はシルバーカーを押して歩行訓練を行ったり，持参したバナナやどら焼きなどのおやつをいっしょに摂取していた．どら焼きは以前からAさんの好物で，お茶に湿らせることで問題なく摂取できていた．

　入所に際して，息子より「転倒を予防してほしい」との希望があった．
【Aさんのアセスメント】
①Aさんは加齢と度重なる入院により，筋力が低下している．そのため，長
　距離の歩行が困難となり，車いすを使用している．また，加齢による椎間

軟骨の退行性変化による円背と，筋力低下により姿勢の保持が困難であるため体幹の傾きが生じている．そのため，単独での歩行は前傾姿勢による前方への転倒や体幹のぐらつきによりバランスを崩しやすいことなどによってむずかしい．そこで，転倒を予防するために，移動時には必ず側につき添う必要がある．

②息子から，「転倒を予防してほしい」との希望があった．Aさんは女性であり，年齢的にも骨粗鬆症であると考えられる．そのため，転倒することで骨折，入院となってしまう可能性が高い．誤嚥性肺炎での入院歴もあり，息子は入院によってADLが低下することを理解していると思われる．立位の保持が困難になると，今後自宅でAさんの介護を行いながらいっしょに暮らすことは困難となる．自宅でいっしょに暮らすために，息子は面会時にAさんの歩行訓練を行い，移動能力の低下を予防している．「早く家に帰りたい」と泣いているAさんのようすからも，自宅で息子と暮らすことがAさんらしい生活であると思われる．そのため，転倒を予防するとともに，現在のADLを低下させないかかわりが重要となる．

③Aさんは左手を使用し，手づかみで食事を摂取している．これは，認知症による失行によって，箸やスプーンの使用方法が理解できないため生じている可能性がある．しかし，Aさんの食事の姿勢は車いす上で体幹が右に傾いている．これは，Aさんが小柄であり，通常サイズの車いすを使用することで体幹の左右にすき間があるため，円背と加齢による筋力低下から体幹が右に傾いていると考えられる．体幹が右に傾くと，右腕が車いすのアームレストと体幹の間に挟まり，テーブルの上に右腕を持ち上げることがむずかしくなる．また，小柄なAさんにはテーブルが高く，テーブルの上に出しやすい左手を持ち上げることで，さらに体幹は右に傾き，右腕を動かすことが困難となる．そこで，Aさんに合わせた環境に調整し，右腕をテーブルの上に出しやすくすることで，はしやスプーンを使用し食事が摂取できるかを検討する．本来であれば，いすで食事摂取することが望ましいが，ひじ掛けがないいすであると，右側に転落してしまう可能性が高い．また，ひじ掛けがあるいすはオーバーテーブルとの高さが合わないため，車いす上で食事摂取するほうがAさんにとって食事摂取しやすいと考

える．環境を整えても手づかみでの食事摂取がみられるようであれば，認
知症による失行が原因と考える．

④Aさんは，加齢と度重なる入院によって，嚥下に関する筋力も低下してい
る．そのため，誤嚥性肺炎を繰り返している．また，円背により胃が圧迫
されやすく，胃内容物が逆流しやすいことも誤嚥性肺炎の原因となってい
るかもしれない．現在の食事内容や息子とのおやつを楽しむためには，誤
嚥性肺炎を起こさないことが重要となる．

⑤Aさんには難聴があり，介助者の言葉が伝わっていないことがある．介助
者の説明が理解できないまま介助されることは，Aさんに不安や恐怖心を
与えることにつながる．そのため，介助時に抵抗していると考える．正面
から話しかければ伝わることも多いため，Aさんに何らかの介助を行う際
には，マスク等を外し，口を大きく動かして説明することとする．また，
場合によっては非言語的コミュニケーションや筆談なども活用していく．

【Aさんの生活全般の解決すべき課題（ニーズ）】

①転倒を予防し，日常生活のなかで立位や歩行を取り入れ，現在の移動能力
が低下しない（アセスメント①，②より）

②誤嚥性肺炎を起こさず，食事を楽しむことができる（アセスメント③，④
より）

③難聴により，介助者の言葉が伝わりにくいが，納得して穏やかに介助を受
けることができる（アセスメント⑤より）

【Aさんのケアプラン】

　ケアプランはすべての課題について立案するが，ここでは課題②のみ例示
する．

　②誤嚥性肺炎を起こさず，食事を楽しむことができる

　長期目標：誤嚥性肺炎を起こさない

　短期目標：現在の食形態を変更することなく，自力で食事摂取ができる

・ケアプラン

(1) 食事時はいちばん低い高さのオーバーテーブルを使用する．足底は床に
つける．

(2) 食事時は右側に枕を挿入し姿勢を整え，右腕をオーバーテーブルの上に

乗せる.

(3) 水分にはとろみをつける（とろみの濃度はソース状）.

(4) 食事のようすを観察し，手づかみで食べている場合は箸を視界に入りやすい場所に置く.

(5) 食後は必ず口腔ケアを行う（義歯を外す際は口唇を指でトントンとたたくと伝わりやすい）.

(6) 食後1時間は座位姿勢を保つ.

(7) 息子面会時にはどのようなおやつを摂取しているか確認する（バナナやどら焼きは摂取可能なので，それ以外の物を摂取している場合は摂取状況とともに記録に残す）.

(8) おやつ摂取時にいつもと違う状況があれば伝えてほしい旨を息子に説明する.

【ケアの実践とモニタリング】

　ケアプラン(1), (2)を行った結果，Aさんは右手で箸を使用し，食事を開始した. また，左手で皿を持つようになり，食べ物が皿に残ることがなくなった.

　このことから，Aさんが手づかみで食事を摂取する原因は認知症による失行ではなく，加齢による姿勢の崩れによって右腕をテーブルの上に持ち上げられないことと，Aさんに合わない車いすやテーブルといった環境であると判断し，ケアプラン(1), (2)は継続することとした.

　ケアプラン(3)の結果，水分でむせているようすはみられない. また，発熱等体調の変化もみられず，毎回食事を全量摂取できている. 今後. しばらくはとろみの濃度をソース状のままとし，状況をみて可能であれば栄養士や言語聴覚士と相談し，とろみの濃度を薄くできないか考えていきたい.

　口腔ケアに関しては，ケアプラン(5)を行ったところ，自ら義歯を外し，介助者に渡すようになった. 口唇を指でトントンとたたくことが義歯を外すサインであるとAさんが認識したと考える. この方法をとることで大きな混乱なく介助が行えているため，継続していく.

第6章

認知症の人への在宅支援

　2025年には，病的な「もの忘れ」である認知症を患う人が全国で700万人になろうかとする今日，もはや「認知症の人」とともに生きる世界を目指す動きは一般的な風景である．首都圏をはじめ大都市における今後の施設不足は，多くの人を在宅支援していかねばならないわが国の将来を予想させる．介護・福祉・医療どの領域でも「在宅ケアをどのように支えるか」が最優先課題であることは疑う余地がない．

　本稿では在宅支援を3つの観点から論じる．①認知症の人へのかかわり，②もう一方の当事者ともいえる家族介護者へのかかわり，そして③地域社会とのかかわりの3点である．地域社会とのかかわりのなかでは課題となる在宅支援の要因と解決につながる対応についても考える．

Ⅰ．在宅支援で認知症の人とどのように向き合うか

　2004年に京都で開催された国際アルツハイマー病協会で認知症の人本人のメッセージ[1]が伝えられて以来，認知症の人は「なにもできない人」などではなく，鮮やかな感性をもち，悩みや喜びをもっていることが理解されるにつれて，認知症の人の支援の大切さが認められるようになった．周囲にいるだれかが本人のようすから本人の声を推定するのではなく，当事者自身の視点で考えようとする当事者が集まり，日本認知症ワーキンググループを2014年10月に設立した[2]．2017年に再び京都で開催された国際アルツハイマー病協会の京都会議でも積極的にかかわり，当事者自身の活動が主流になりつつある．

　その視点をサポートする際に大切なことは，認知症ケア専門士など周囲の支援者がもつパーソン・センタード・ケアの考え方である．

1．パーソン・センタード・ケアとは

　かつて認知症の人はケアを「受けるのみ」の人であり，その人の希望に沿うよりもケアを行う側のつごうや段取りを中心にしたケア体制が行われていた時代があった．在宅支援の際にも「支援する側」のつごうが優先されていた．そこにはどこか施す側の傲慢さがあった．

　しかし英国のトム・キットウッド（Kitwood T）が提唱した，ケアを受ける人（パーソン）や家族の気持ちを中心（センター）に考え，支援者はそれを常に意識しながらケアを行うことの重要性が認識され，いまではパーソン・センタード・ケアはわが国におけるケアの中心的概念になっている．

　一方，現場ではときにパーソン・センタード・ケアの概念が誤解されていることがある．「本人の言うことは絶対的である」として何事も本人の発言どおり行わなければならないのがパーソン・センタード・ケアであるとの誤解が少数ながら認められる．たとえば認知症の人から「デイサービスには行きたくない」という意見を聞き，一方，介護家族から「デイサービスに行って生活リズムを回復してほしい」との要望があった場合，支援者が「本人がこのように言っていますからなにも言えません」と家族の意向をはねつけることにならないようにしたい．本人が言っていることのみが優先ではなく，家族の気持ちや本人に必要な状況も考えたうえで，どういったケアをすることが適切なのかを考えて支援が行われることが大切である．

　かつてカウンセリング・心理療法の世界でも，カウンセリングを受けにきた人（クライアント：顧客）を中心にすることの大切さが説かれた．カール・ロジャース（Rogers CR）によるクライアント中心療法である．ケアの世界においても「支援される側」の立場や気持ちに思いをはせることがケアの質を高める．

2．認知症の人の気持ちに寄り添うこと

　認知症の人を理解する場合に考えなければならないことがある．ひとくくりに認知症といっても，認知症による自身の記憶や判断力の低下を自覚している人（病識がある人）と自覚していない人（病識がない人）では，在宅支援のあり方が異なるからである．認知症の病感や病識の発現には個人差がある．初診の段階で自らの疾患に気づいている人がいる一方で，気づくまでに半年，1年と時間がかかる人，そして自覚がないままの人など多様性がある．

　「認知症」と診断された人が2人いたとしても，病識があり自らの姿や今後に思い悩む人と，同じように診断告知されても病識を欠く人とを比較するならば，その人への対応はおのずと異なってくる．

　認知症進行の程度により，病感，病識の出現には時間差があるため，一概に「認知症の人には病識がない」と決めつけるのではなく，目の前にいる人に病識があるのかないのかをしっかりと見定めてケアする姿勢が大切である．

　病識をもつ人の場合には，その人の絶望感や不安を分け取ることが大切であり，「心に傷を受けた人」として共感をもって傾聴する姿勢も求められる．自らがものを忘れるという実感は，やがて「友人や家族のことすら分からなくなるかもしれない」という恐怖を生む．その絶望感と向き合う人へのケアは限りない共感をもったものにならなければならない．

　認知症介護研究・研修東京センターが開発した，センター方式のなかにも「今の私の姿」としてケアを受けている人がどのように感じているか，支援者が協力しながら描くシートがある[3]．これを活用することで，その人にかかわっている周囲の人々が「本人の気持ちのありよう」に気づき，よりパーソン・センタード・ケアがきめ細かになる．

　一方，病識をもたない人もいる．病気の途中で病識が出てくる人もいるので一概に病識の有無だけで考えるのは危険であるが，一般的に病識がない人の支援には本人よりもむしろ，その人の病識のなさに苦しむ介護者・家族の心を支えることが大切である．本人と家族への対応は一見対立するかのように思えるかもしれないが，両者への視点を失うことなくバランスのよい支援を行うことこそ自信を支える大きな根幹となる．

3．本人が認知症を知ったあとのスティグマへの配慮

　慢性の経過をもつ認知症は脳の器質性疾患であり，しかもゆるやかな経過をもつものがある一方，悪化が早いこともあり病態は多様である．統合失調症やほかの精神面の疾患と比べてみても，認知症は「悪化すれば家族の顔さえ分からなくなる疾患」といったイメージや，「周囲を振り回した挙句，自分では気づかない」といったネガティブなイメージを伴うことが多い．疾患本来の課題やサポートのむずかしさに加えて，認知症になることのスティグマ（傷跡の意味／深刻な病気と診断されたことによる負のイメージ）の大きさから，「認知症にだけはなりたくない」といった印象を世間がもっている．そのマイナスイメージをもたれた本人と家族を支える気持ちが不可欠であろう．

　病識がある人の場合には，明らかにその人の心の状況がその後の認知症の予後にかかわってくる．たとえ認知症であっても安心できる環境で病気と向き合うことができれば，病状の悪化を遅らせることができるからである．その人がもつ不安を払拭できるか否かは病名告知やその後の定期的な通院，そして日々の生活を支援する福祉・介護職との信頼関係が大きく関与する．

　病識をもつ人の多くが自らの身のおき所のない不安感，いわゆる「よる辺なさ」を口にする．手元の資料（カルテ）では初期の段階でこういった不安を口にする人は100人中70人程度であった．気分の沈みややる気のなさが20人程度にあることと比べても，病識がある場合には不安感情が第一に生じてくることが分かる．

　一方，「それでも自分にはできることがある」と自尊感情がある人も40人いた．認知症と診断されても支援を受ける側に立つばかりではなく，なにかできることを希求するのは当然のことである．自尊心を傷つけないようにしながら疾患を説明し，理解しながら需要へと導くことが大切である．

　告知のタイミングも大切な要因である．筆者は初めてその人と会った際に告知希望の有無を確認しているが，希望しない告知を受けた人と，自ら希望して告知を受けた人とを比較すると，やはり希望したうえで告知を受け少しずつ受容するプロセスを経た人のほうが認知症の悪化がゆるやかになる．

４．認知症の人に残る力をエンパワーするために
１）日常における傾聴の時間

　では，これまでに述べてきたことに注意しながら，介護，福祉，医療としての支援にはどのようなことができるのかを書き進めたい．最初に考えるべき点は認知症の人が受診に際して「話を聞いてもらえた」と感じるにはどのぐらい時間が必要なのかである．2011年6月に外来通院者を対象とした質問で，質問の意味を理解したうえで答えることができた246人に「どの程度の時間をかけて診療を受けると，話を聞いてもらえたと思うか」と質問して答えた人の数をみると，15分程度時間をかけて対話することで「話を聞いてもらえた」と感じる人が47人ともっとも多かった．同時期にあるグループホームの入居者に対して同様の質問をしたところ，やはり15分程度は介護職と話

ができると入居者が納得する傾向が出ていた．自己達成感を得るためにまず
大切なことは，ある程度の時間をかけて認知症の人の言葉に耳を傾けること
なのであろう．

２）共感的理解と「伴走者」の視点

　次に大切なのは共感的理解である．認知症の人のさまざまな症状や行動を
理解し，それを説明することから始まり，共同作業は次に共感的理解の段階
に入る．認知症が自らをどのように変えてしまうのか，恐怖に満ちている人
から「できること」を見つけ出し，そのうえで「できないこと」を抽出して
理由を考え合う．その作業にもっとも必要なことは，われわれがその人を病
気の人としてだけではなく，共にいまを生きる存在として共感的に支える姿
勢である．認知症のように慢性の経過をもつ疾患においてわれわれ周囲の人
は「それでもできること」に目を配り，その人の力を後押しできるようなケア
アが必要である．福祉や介護領域とともに医療者にももっとその人の力を伸
ばすような試み，エンパワメントの視点が必要である．

　本人の立場に自らを重ね，その苦しみとともにあろうとするケアの姿は多
くの事例から考えるエビデンス（実証）に基づいたものでなければならない．
一方，それぞれの人や家族が経験してきたナラティブ（物語）な世界も大切
に考えられなければならない．実証を大切に考えながらも，それぞれの一例
一例に特有な背景や心にも配慮してこそ，それぞれの人に沿ったケアができ
るからである．

　しかしその視点があくまでも「支援する側の見方」である限り，認知症の
人の苦悩は他者に訪れた不幸にすぎない．われわれが共感をもち「伴走者」
として支援するところから，その悲しみを分け取る作業が始まる．

　いったん獲得された能力をもって一般的な知的レベルを獲得して活躍して
いた人，それ以上の力をもって社会に必要とされていた人が，認知症のため
に制約を受け，時間をかけながら能力が低下していく疾患であることをいま
一度思い返せば，彼らの傍らに寄り添う姿勢が欠かせない．

３）支援者に求められること

　(1) 当事者からの声を知ること

2009年6月に132人の認知症の人に任意で「どういった支援をしてほしい

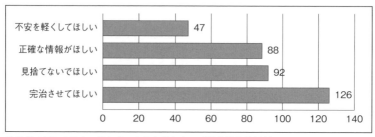

2009 年 6 月に 132 人の認知症の人から得たもの（松本診療所調査）
横軸は要望の実数を示す

図 6-1　認知症の人からの要望（重複あり）

か」と問いかけたことがある（図 6-1）．返ってきた答えで多かった順に挙げ
ると，「完治させてほしい」126 人，「見捨てないでほしい」92 人，「正確な情
報がほしい」88 人，「不安を軽くしてほしい」47 人と，認知症の人が自分と
伴走してくれる人を希望する意見が多かった．

　各地でカミングアウトしている認知症の人は社会にいつも希望を与えてく
れる．「あなたは支援者として，そのままでよい」という励ましが勇気を与え
てくれる．「私の病気は治せない．でも，あなたがいてくれるなら，私はこの
ままでも安心できる．あなたは変わらずにそのまま私を支えてほしい」と彼
らもまた伴走者の存在を求める．それならばわれわれが支援者の立場を続け
る限り，いかに誠実に認知症の人の心に沿うかを求められている．求められ
ているのは認知症の人が「それでも私は生きていてよいのだ」と思えるよう
に，誠実に向き合う態度であろう[4]．

Ⅱ．在宅介護における介護家族

　介護家族[5]について詳しくは認知症ケア標準テキスト「認知症ケアにおけ
る社会資源」にゆだねるが，ここではジークムント・フロイト（Freud S）に
よる対象喪失からの心の回復過程に沿って介護家族の心を考えてみたい[6]．

　いかに熱心に介護を遂げようとする介護者であっても，いや，むしろ熱心
に介護しようとする人ほど，何度も繰り返される本人からの質問や，事実無

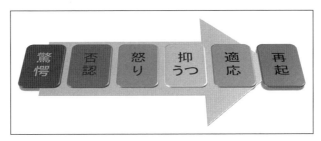

フロイトによる対象喪失と回復過程を介護家族の心の段階に適用
出典）後藤雅博編著：家族教室のすすめ方．14，金剛出版，東京（1998）.

図6-2　介護家族の心の傷とそこからの回復過程

根の疑いを向けられることが重なると介護家族の心は疲弊していく．介護者は日々繰り返される「心の傷：対象喪失」と向き合いながら介護を続けているといえよう．

1．介護家族の心の段階

　人はだれもが傷ついた心から回復していくプロセスをもっている（図6-2）．大切な家族が認知症と告げられたときに最初に迎えるのが「驚愕の時期」である．うすうす予想はしていても専門医療機関で病名を告知されたとき，介護家族の心は驚きで満たされる．

　この時期は長く続かず，あっという間に介護者の心は次の「否認の段階」に移行する．だれでも聞きたくないことは聞かなかったことにするように無意識が働く．その結果が「否認の段階」となる．

　たとえば，専門病院でアルツハイマー型認知症であることを告知された父親と息子が自宅に戻ってきた場合，息子は家族に「お父さんの病気は何であった？」と聞かれるであろう．そのとき，息子は担当の専門医から「アルツハイマー型認知症」と聞かされていたにもかかわらず，自宅へ帰ったとたん「医者はなにか言っていたけれど，歳相応のもの忘れらしい」と告知の事実を無意識のうちに忘れ去る．その息子は「なにも分かっていないダメな息子」であろうか．だれにでも「認めたくないことは，なかったことにする」という防衛の心理メカニズムが働くのである．

　介護者がいくら本人の病気を否認しようとしても，否認できなくなる時期がくる．これが中核症状により何度も同じことを聞かれる場合や，否認しようとしてもしきれないような激しい症状のためにゆっくりと介護家族は傷つき，「怒りの段階」に移行していく．

　介護者が「怒り」のプロセスに入ると，怒りが外に向けられる場合と内面に向けられる場合の2通りが考えられる．外に怒りが向けられる対象はもちろん介護職や看護職，福祉や医療のように認知症の人と家族を支援したいと願っている人々であることが多い．せっかく「本人と家族を支えよう」と思ったのに，思ってもみなかった家族の怒りが向けられて，その後の支援がしづらくなった支援職は多いであろう．しかしそのような「怒り」の時期に怒りを発する瞬間こそ，周囲の支援者が家族の心をつかむことができるチャンスでもある．それまで「否認」のプロセスにあったためにいくら説明しても説得することができなかった家族への共感を，この怒りの時期に示すことによって，家族が「理解された」と思えた場合には，ほかのどの時期よりも家族から信頼を得ることができる．

　このような家族の心の段階を理解することは在宅支援に不可欠なことである．周囲や地域が認知症の人と家族を受け入れて支援するためには，いま，どの時期に介護者の心があるのかを把握し，その時々に合った支援をすることが大切である．

2．在宅介護と「善意の加害者」

　一方，「怒り」が内面に向けられるときに気をつけなければならないのは，介護者による本人への「不適切な行為（虐待）」である．虐待といわれても仕方がないことをしてしまったとしても，そこに悪意や敵意がある場合と，在宅介護に追い詰められた結果として思ってもみなかった行為に及ぶのとでは大きな違いがある．

　やり場のない「怒り」を，それでもなお抑えながら日々の介護に没頭することで，介護者はいつの間にか「抑うつの段階」に追い込まれ，多くの場合には介護者自身さえ気づかないうちに，不適切な行為に至ることがある．虐待行為について詳しくは別の項にゆだねるが，もっとも注意しなければなら

ないのは多くを占める「悪意ある虐待」ではなく，認知症の人を善意にあふれてケアしていたが，日々の過重負担に耐え切れず，ふと気がつくと不適切行為に至るケース（善意の加害者）をつくらないようにすることである．認知症ケア専門士を筆頭に，周囲の人が傾聴と共感による理解で介護者を支えることで，介護家族は追いつめられることから逃れられる．

　傷ついた介護者の心に耳を傾け，その声に共感する「伴走者の存在」は介護家族の心を支え，介護の傷から立ち直るとともに「適応の段階」に移行することができる．家族会は同じ立場に立つ介護家族が共感のなかで情報を分かち合い，それぞれを支えてきた．認知症ケア専門士はそのような人々の熱意と努力を理解し，協力することが大切である．

　本人を看取り終えたのち，時間がかかるかもしれないが傷ついた介護者の心が「再起」する．われわれの認知症ケアは介護を終えた家族の心が時間をかけて「再起の段階」になるまで見守る姿勢が大切である．

　多くの事故や疾患ではこれら一連のプロセスは一度だけのものであるが，認知症の症状は少しずつ変化する．これまでみられなかった症状が出るたびに介護者の心は再び傷つき，喪失のプロセスが繰り返されるため，何度も「行ったり戻ったり」しているという事実を忘れないことが大切である．一度「適応した」ようにみえても，介護者の心はなにか次の困難に出会うたびに何度でも否認や怒りの段階に容易に戻っていくことを知らなければならない．くじけそうになる介護者の心は「だれにでもある，当たり前のこと」として何度でも受け止め，継続的に支援する認知症ケア専門士の存在が大切である．

Ⅲ．在宅支援で地域とどのように向き合うか

1．地域住民とともに多職種連携で心がけること

　認知症には多くの職種がかかわっており，認知症施策推進総合戦略（新オレンジプラン）に基づく地域包括ケアを実践すべく医療，介護，福祉を地域の人々とともに展開していく（表6-1）．不可欠なのは地域住民とともに多職種が連携する姿勢である．しかし連携には限界もある．それならばせめて認知症の人が「見捨てられ感」をもつことを防ぎたい．そのためには，やはり

表6-1　認知症施策推進総合戦略（新オレンジプラン）；認知症高齢者等にやさ
　　　　しい地域づくりに向けて

1．認知症への理解を深めるための普及・啓発の推進
2．認知症の容態に応じた適時・適切な医療・介護等の提供
3．若年性認知症施策の強化
4．認知症の人の介護者への支援
5．認知症の人を含む高齢者にやさしい地域づくりの推進
6．認知症の予防法，診断法，治療法，リハビリテーションモデル，介護モデル
　　等の研究開発及びその成果の普及の推進
7．認知症の人やその家族の視点の重視

地域住民や多職種のなかで，心に寄り添う「要」となる役割を演じるだれか
が必要である．認知症ケア専門士となった人は多職種と連携しながら「要」
となる役割を担える人材となる．

2．在宅ケアをおびやかすリスク

　在宅ケアを続けるとき，なにが認知症の人とともに地域で暮らす際の安心
をおびやかすリスクであろうか．認知症の人と家族の安心感の確保を最優先
として，このさき，地域連携に基づく認知症への施策が求められる．
　新オレンジプランにおいて，地域支援事業のなかに在宅医療・介護連携の
推進，地域ケア会議の開催，日常生活支援総合事業の実施が盛り込まれ，在
宅支援に力を入れている．しかし現実の在宅介護では認知症の特性ゆえに多
くの困難と向き合わなければならない．その代表的なものが認知症による
BPSD（Behavioral and Psychological Symptoms of Dementia；認知症の行
動・心理症状）のために在宅介護が困難になることや，中核症状の悪化から
判断力が低下した結果，思わぬ事故に巻き込まれてしまうことなどが挙げら
れる．ここでBPSDという表現についてコメントしたい．認知症の人の混乱
などを何でもBPSDととらえ，薬物で鎮静するような行為は避けなければな
らない．ケアを受ける際の認知症の人の気持ちに寄り添うことが大切であ
る．日本認知症ケア学会でもそのような考え方の必要性がうたわれている．
周囲からみると「混乱」でも，本人からすれば「理解できないことを周囲の
人がする」ととらえ，その恐怖から逃げているのかもしれない．本章では，

その点に配慮しながらもあえて BPSD という言葉を残した.

３．精神運動性興奮や他者への攻撃性

　在宅での認知症ケアにおいて介護に行き詰まる原因のひとつが精神運動性興奮や他者に対する暴力的行為である．在宅ですべてのそのような行為をコントロールすることはむずかしく，それゆえ，介護家族は地域のさまざまな資源を利用して在宅ケアを補う．興奮や攻撃性などは認知症の人自身が恐怖を感じた場合や，了解の悪さから「相手が自分を攻撃してきた」と勘違いして，それに対する防衛であることもある．向こうからやってきた介護職の手ぬぐいをみて，認知症の人が「自分は縛られる」と思い込んでしまえば，当然のように抵抗を示すであろう．興奮や攻撃性といっても悪意をもって攻撃するのではない．その人の恐怖や驚きに理解を示しながら介護をすることが求められる．場合によっては医療が密接に協力して BPSD としての興奮や攻撃性を抑えることが必要なときもある．認知症の人の世界に起きていることを理解したとしても，どうしても脳の生物学的な混乱のために，そのような症状が起きていることがあるからである．必要最低限にしながらも薬物療法が行われるのはそのような場合である．注意すべき点として，安易な精神病薬の処方は，認知症の人の突然死の可能性を大きくする．それゆえ，慎重のうえにも慎重に処方し，少しずつ BPSD を鎮静しながら，また他者への行きすぎた行為を穏やかにしつつ，その人の日常生活動作が保てるように努める．もちろん，パーソン・センタード・ケアによって BPSD が改善できるように努めるのがなによりも大切なかかわりであり，ケアによって認知症の人と家族が落ち着いてすごせるようにする努力が最優先であることを忘れてはならない．

４．「無頓着さ」や社会性を欠く行為

　ときに誤解されて「反社会行為」などといわれる BPSD も，脳機能の局在を考えると，障害を受けた部分の働きが低下するために出てくる症状であることが理解できる．「無頓着さ」や「無関心な状態」も脳が状況を吟味して判断する働きを失っているからである．

　たとえ社会的規範に反することでも，そこに社会に対する「うらみ」や「反感」があるわけではないため「反」社会的行動ではない．目の前で起きていることに対して頓着しないために，ある方向からみると社会規範から逸脱したように映る行為につながってしまう「非」社会的行為になるだけである．これらのことを正しく理解して，なぜこのような行為になるのかを理解することが，認知症の人と介護家族の人権を守ることにつながる．

1）異　　食

　本来であれば食べることができない物を口にする異食は，側頭葉の変化がもたらす行為のひとつである．側頭の変化とともに何でも口に運ぶ行動が出る．石けんや消しゴムのような一見すると食べ物と間違えてしまう異食，きれいな容器に入っていても飲んではならない液体（たとえば洗剤）の誤飲，トイレットペーパーを口に入れて噛み続けることなど，多くの異食行為がある．ボトル入りの液体洗剤を飲んでしまった人は，洗剤であることが理解できずに，目の前にあるきれいな色の液体を飲んでしまったが，認知症による絶望感から自死（自殺）に至ったわけではない．

　このような場合，われわれに求められるのは，異食しそうな物を側に置かないことである．完全に異食行為が治まる人もいれば，長く続く人もいる．また，トイレットペーパーを食べてしまう場合には，気がつけば口のなかに含んで咀嚼し続けているようなこともあれば，それを嚥下しようとしてのどに詰まり，大騒ぎになった例もある．いずれの場合にも，完全に防止することはできなくても，周囲の人が異食という行為があることを知り，目の前の認知症の人にその可能性がないかどうか，常に気をつけておくことが大切であり，家族教室などでそのような情報を提供することも大切である．

2）目にとまった物を持ち帰る（万引きと誤解される）

　これもある種の「無頓着さ」からきている．目の前にある品物をみたとたんにそれを手にとり，何の判断もなくポケットに入れてしまうような場合にも，その人に「盗む」といった感情があるわけではなく，気がつくとポケットにいくつもその品物を入れていた，というようなことが多い．

　かつて前頭側頭型認知症の男性の妻が「夫に私が一家の経済的な支えになり努力している姿をみせたい」と思い，自らが勤務するスーパーマーケット

によんだことがあった. なに気なく店内を回っていた夫が, 突然, なにを思ったのか練り歯磨きのチューブを何本かポケットに詰め込んで外に出ようとして, 店長に呼び止められてしまった. 店長に「おまえらは恩をあだで返すのか」と言われ妻の心には大きな傷が残った.

　もう25年も前の出来事であるため, 認知症への理解が広がった現在ではそのようなことにはならないと願いたい. 疾患への理解が広がることでこのような誤解は氷解する. 認知症ケア専門士としてこのような行為には悪意がなく, 認知症の BPSD として発現することがあるという事実を地域に向かって発信し続けることが求められる.

3) 性的逸脱行為

　判断力が低下して自らの性器を露出するような行為や, 介護を受けている最中に物事の善し悪しを判断することなく, まるで「目の前にあったから触っただけ」というような無頓着さで胸を触る行為など, 認知症の人が行った行為は介護者にはショックである. 「こんな人ではなかったのに」と落胆することも多い.

　この対応策としては, まず常に見守り, そのような行為が出そうになると未然に防ぐことであるが, これには常に一対一での見守りが必要になる. もとより性的関心をもって行う行為ではなく, 無頓着に行ってしまう行為が性的な部位への接触など, 誤解を受ける行為であることを再確認することも大切である.

4) 徘徊 (歩き回る行為・行方知れずになること)

　現時点では専門用語として使われている「徘徊」という言葉は,「ふらふらとさまよう行為」を意味しているが, 言葉がもつ侮蔑的な意味合いを防ぐため, あえて徘徊という表現を使わないことも増えてきた. なにも分からなくなっている人がふらふらとさまよっているのではなく, 本人は頭が真っ白になって, 分からなくなった自宅への帰り道を必死で探していることも多い.

　大きく分けると, せん妄など軽度意識混濁を伴う認知機能障害を伴うために, 認知症の人自身も分からないうちに出て行ってしまうような行為と, 見当識障害のために認知症の人自身が不安や恐怖に襲われて, 帰り道を探し続けた結果, 徘徊となってしまう行為とに大別できるが, せん妄があると徘徊

時のことは本人の記憶に残っていない.

　われわれにも徘徊に対する対応ができる.臨床現場では,せん妄には on and off があり,そのスイッチが入る時間帯に気をつければ,徘徊によるリスクのいくらかを軽減できる.たとえば,せん妄のスイッチが入りやすい時間帯は夕刻や夜間に多い傾向がある[7].

　そのことを介護家族がしっかりと認識し,何時ごろがもっとも危険の高い時間帯であるかを知っていれば,その時間により注意をはらうことで在宅ケアのリスク軽減につながる.

　見当識障害の結果,徘徊が起こる場合には「いつ,何時に」危険性が高まるかを予測することがむずかしいが,それでもわれわれには家族支援のための方法がある.徘徊行為が,見当識障害のために家から外に出たとたんにどこにいるのか分からなくなって,不安にさいなまれて道を探す行為につながっているとすれば,われわれはそのような状況に認知症の人が陥らないようにするために,地域包括ケアに基づき,だれかの目が注がれているような状況をつくるように心がけるべきである.

5．自動車運転と事故

　ある人にとっては生活必需品であり,なければ生活できないところに住む人には必需品である自動車は,一方で,人の命を奪う凶器にもなる.認知症の人や介護家族を地域で守り支えることを考えるのであれば,自動車の恩恵を受けられない際には必ずそれを代替する方法の提供が不可欠である.自動車での移動なくしては生活できないところもある.地域内の認知症の人の増加を見越して,運転しなくても生活できるインフラが不可欠である.それを可能にするのは個人の努力ではなく,社会を維持していくうえでの国や自治体の制度,交通網の確立である.認知症であるだけで,いわゆる「買い物弱者」になってしまうことがないように,ここでも地域連帯が求められる.

6．鉄道踏切事故や失火の損害賠償

　徘徊の危険性が「ある時間帯」に集中していないかを確認し,見当識障害をもつ認知症の人が不安と恐れから徘徊行為につながらないように体制をつ

くることで，踏切事故により介護家族が損害賠償を求められることを防ぐことができる．地域全体が認知症への理解を深め，BPSD の理解を深めていれば，それを教訓として次の事故につながらないように，踏切への立ち入りを防ぐ方法を考えることができる．

7．これからの社会で考えるべきこと

　認知症の人本人への支援としても，家族支援の視点からしても，このさき，在宅介護を取り巻くリスク軽減には，大きく分けて 2 つの流れがある．1 つは，適切な疾病理解，生活の不都合を社会や地域が理解するための情報提供であり，それを積極的に学ぼうとする社会の覚悟である．いかに疾病としての認知症を理解したとしても，実際の生活上の困難をみなで「分け取る」ことを地域が積極的に行わなければ，認知症の人が当たり前に居続けられる社会はできない．一方で認知症の人が起こしたトラブルの責任はその人や家族が負わなければならないとする，社会の厳しい眼もある．

　現在，わが国の方向性は岐路に立っているといえよう．みなの幸せのためには各自が責任をもつのか，それともハンディキャップがある人を同等の存在として支えるために，その人の不都合をわれわれが寛容をもって受け入れるのか，2 つの意見は真っ向から対立しているかのようにみえるかもしれない．しかし，現場ではその時々の状況によって両方の考え方を認め合いながら方向性をつけていく寛容さが不可欠である．障害とともに生きる人を社会の一員として受け入れようとする社会の眼差しがなければ，地域包括ケアの崇高な概念は理想論で終わってしまう．

　そうならないためにも「拡大家族ネットワーク」という概念が大切になってくる．認知症の人と生きる家族，地域社会が少子高齢のために少人数による支援体制をとらざるを得ない現状では，家族ほどの親しい関係ではないが，それに次ぐような信頼感がもてる他人との関係性が必要になる．それが拡大家族ネットワークである．ケアの姿は多様化し，親族だけの介護はむしろ珍しくなった．地域社会全体を「拡大家族ネットワーク」ととらえ，お互いに支え合うことが求められている．その主要な役割を担うのが認知症ケア専門士である．

Ⅳ．さまざまな在宅ケアの形と支援の仕方

1．認知症介護の姿

1）老老介護

　高齢者が高齢者のケアをしている場合を指す．近年では高齢になった子どもが超高齢の親を介護している場合や，夫婦が共に高齢となり認知症がある配偶者をケアしている場合などが増えた．介護する子どもが80歳，親が超高齢の100歳というような老老介護も増えてきた．社会の高齢化とともに老老介護は今後も増え続けていく．彼らは多くの場合，社会から孤立している．介護を受ける側も介護をする側も「世間に迷惑はかけられない」と潜んでしまう．そのような彼らの自尊心や人権に配慮しつつも，地域が歩み寄っていくことが大切である．

2）遠距離介護

　遠方の家族の在宅介護のために遠距離を移動することもある．長く外国に住んでいた息子が日本にいる超高齢の父親をケアするために仕事を離れ，帰国しても就労できないケースなど，遠距離介護には多くの課題がある．

　遠距離介護で留意しなければならない点がある．それは単に距離の遠さが介護の阻害要因ではないことである．つまり，「遠く離れているからといって介護が破綻するとは限らない」ということである．

　遠くにいても本人の近くにいる支援者，介護職と連携し，信頼できる関係を築くことができれば，在宅ケアが継続できることがある．拡大大家族ネットワークが機能するからである．家族だけでは経済的な負担は遠距離介護に伴う交通機関の運賃などで増えるため，フォーマルなもの，インフォーマルなものもできる限り活用することが大切である．

3）認認介護

　地域ぐるみで見守ることがとくに求められるのは認認介護である．軽度認知症の夫が高度認知症の妻を介護しているような場合，夫が日々の介護を続けていくうちにいつの間にか妻の認知症進行を追い抜いて，より重症化してしまうことも珍しくない．双方の状態像の変化にはとくに気をつけなければ介護が破綻する．

　78 歳アルツハイマー型認知症（HDS-R 10 点）の妻を介護する 81 歳の夫（血管性認知症, HDS-R 19 点）は軽度認知症であったが, ひとり娘が週 1 回程度, 実家を訪問しつつ介護を続けた. 3 年ほどたったある年の 4 月, 夫の「うちの階段にかつて飼っていた猫がみえる」という訴えが始まった. 猫は 10 年前に見送っていた. レビー小体型認知症も念頭におきながら精査を試みたところ, 微小脳梗塞から幻視が現れていた. これまで日々の買い出しはもとより, 妻の入浴や生活全般をみてきた夫の認知症が進行し, その後, 半年のうちに施設に入所することとなった. 現在, 妻は HDS-R 9 点, 夫は同検査 4〜5 点である.

　認知症の人の「気持ち」を聞いた 2017 年 5 月の X 院カルテのデータを示す. 自ら認知症があると自覚できた 71 人に「生活に困るなら入所はどうか」とたずねたところ, 返ってきた答えでもっとも多かったのが,「私は認知症の診断を受けたが, 自分のことは自分でできる」という答えで 56 人（78.8％）いた. 認認介護の場合, 介護する人が「私がちゃんと介護できる」と自負心を持ち続けることが多く, 自尊感情を傷つけないようにしながら社会資源の活用を促さなければならない.

4）セルフネグレクト

　認認介護であっても独居であっても周囲からの支援を受けること自体を拒むことが多く, セルフネグレクトといわざるを得ない.

　88 歳の血管性認知症である男性は, 妻を数年前に亡くしたのちにひとり暮らしをしていた. 妻の生前には夫婦で介護保険の認定を受け, 当時は HDS-R 17 点であった. ここ数か月の間に地域住民から地域包括支援センターに「外からみると家のなかがごみであふれ, 悪臭がある」と何度も相談があった. 男性宅を訪れたが自宅に入れてもらうことができず, ドア越しのやり取りからも HDS-R はすでに 1 桁になっているようすがうかがわれた. 子どもは 2 人いて, 共に首都圏で家を構えているが, 帰省しても子どもたちさえ自宅に上がらせてもらえなかった. のちに男性が感冒で寝込んだことをきっかけとして訪問看護が支援に入り, 介護との連携ができて当事者は一命をとりとめることができた. あきらめることなくチャンスを待つことも大切な支援の姿である.

5）介護離職・多重介護

　介護のためとはいえ，これまでの世界と決別して介護のみの生活に入ることで介護家族が巻き込まれすぎると，閉塞感や共依存的な孤立介護が生じる[8]．介護者にとってもっとも抵抗感があるのが，人の力を借りるときである．「助けてほしい」と言えない介護者は多い．「人に迷惑をかけるぐらいなら，自分が仕事を辞めて介護に専念すればすむ」と考えがちである．2020年はじめから始まったコロナ禍においては，社会全体が閉塞感と経済的困窮に見舞われたため，容易に介護休暇や休職しにくい風潮となった．介護と仕事の両立がむずかしく，仕事を辞めて介護に専念した介護者は多い．そこに少子化の問題が重なり，多重介護が増えてきた．X院の通院者家族でも，父親のために県境を越えて介護していたところ義母の認知症が始まった女性，両親が8年の間に次々と認知症になり，勤務する建築会社を辞め離婚して独り身で介護する男性など多くの例がある．医療や介護だけでなく，社会制度を常に考えながらサポートしなければならない．

6）ヤングケアラーの課題

　認知症介護に限らないが，少子高齢化が進んだわが国では，若くして家族の介護を担いながら生活しているヤングケアラーが激増している．彼らは，意識し始めたときに身のまわりに「ケアを受けるべき」家族がいて，いつの間にかケアラーとしての役割を演じ，そして年月の経過とともに介護者であることが当たり前になっていく．本来であれば，成長するにつれて出会うはずの人との出会いの機会がなくなり，外界との接点が薄くなるが，介護の担い手がいないために，その人の人生そのものがケアの日々になる．あるヤングケアラーは，認知症の祖母を介護する中学生であった．母親がケアしてきたが，父親が亡くなって仕事に行かなければならなくなった母親の代わりに認知症の祖母の食事介助をしていた．社会がヤングケアラーの存在を忘れることなく，いつでも支援できる体制をつくることが急務である．

7）若年性認知症の在宅介護

　若年性認知症は認知症になった人が65歳未満である場合を指すが，もっとも配慮されるべきは認知症になった人が現役で子どもが就学中であるような場合である．この場合は一家の経済的な面も支えなければならない．若年性

認知症は本人が社会から引退しなければならなくなることで自尊心を失うことが多く，心理的サポートも大きな課題である．

　若年性認知症は年が若いことで認知症とは診断されず，ほかの病気と間違われていることも少なくない．うつ病や統合失調症，不安障害などと診断されていることもあるので注意を要する．

　しかも一般的には若年性認知症の人の経過は早いといわれているが，必ずしもそうではない．確かに急激な進行を示し，あっという間に寝ついてしまう人もいる．しかし症状があるところで落ち着けば，そのあとは比較的安定し経過が長い人もいる．若いからといって絶望的にならずに周囲の人が対応することが大切である．

2．認知症の人への在宅支援の多様性

　具体的な在宅ケア支援のための社会資源については別項にゆだねるが，ここでは在宅支援の多様性についてのイメージを考えてみたい．たとえば，在宅ケアを受けているアルツハイマー型認知症のひとり暮らしの人への支援として介護領域で思い浮かべられるのは介護支援専門員（ケアマネジャー）であろう．

　要介護認定を受けてケアプランが決まると認知症の人の自宅にはホームヘルパーが週3回来るかもしれない．入浴がきわめて困難なために訪問入浴介護が来ていることもあろう．もう少し軽度であればデイサービスに毎週何回か通所しているかもしれない．ある人は医療機関のデイケアが組み合わせられることもあろう．訪問看護師が介護保険を活用する場合もある．在宅療養支援診療所，在宅療養支援歯科診療所や薬局からの訪問薬剤管理が行われることも増えてきた．言い換えれば，ケアと医療が複雑に絡み合いながら在宅を支援し，それに福祉制度や住宅事情の改善など多様な支援体制が加わってくる．ここ数年で激増したサービス付き高齢者住宅やグループホームなども含め在宅で受けられる支援について，認知症ケア専門士が適切な情報を家族に提供することが本人への大きな支援になる．

　在宅支援の要として多職種や介護家族が集う地域ケア会議の開催，認知症の人がいるところへ出向いていく認知症初期集中支援チームがアセスメン

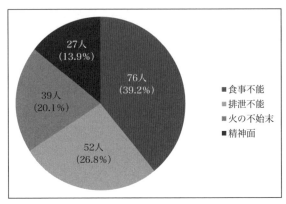

図6-3　在宅ケアをあきらめた理由

ト，家族支援などを包括的，集中的に行う．そして地域には認知症カフェが
でき，認知症の人だけでなく，家族や地域住民の交流を通じて認知症の人へ
の理解を深める取り組みが本格的に動き出している．

　このような一連の在宅支援の多様さは，単に認知症の人や家族のことを理
解して住みやすい地域をつくることにつながるだけではなく，認知症を深く
理解した地域住民がみなで見守り，ときには人権を侵害されそうになる認知
症の人に代わって，代弁行為（アドボカシー）を行うことも大切である．人
権侵害や虐待的行為から地域ぐるみで認知症の人を守ろうとする市民の意識
改革こそ，在宅支援の要である．

V．在宅介護の限界

　X院の事例で，これまで認知症の人が地域で独居生活を続けることができ
なくなった194人の理由を挙げた（図6-3）．もっとも多いのが「食事が自分
で食べられなくなった」76人（39.2％），以降，「排泄の処理やトイレに行く
ことができなくなった」52人（26.8％），「火の不始末がある」39人（20.1％）
であり，精神運動性興奮や幻覚妄想状態のために地域で住めなくなった人
（27人／13.9％）よりも多いのが印象深い．病状悪化によって独居がかなわな

くなる人よりも，日常生活や社会的背景の変化から在宅ケアが破綻することが多い．

　とくに，コロナ禍（パンンデミック）においては認知症在宅ケアに限界があった．2020 年はじめからの COVID-19 による感染症は在宅ケアの姿を変えた．これまで「寄り添うケア」を大切にしてきた世界に，感染予防という新たな課題が加わることで，物理的な距離を保ちながら，一方ではこれまでと同じように「認知症の人に寄り添う」態度が求められたからである．一方，「認知症の人には感染の危険性が分からない」といった誤解に基づく恐怖が広がり，認知症の人を忌避する差別的対応が広がったのも事実である．そのような事態ではあるが，これまでのような「パーソン・センタード・ケア」の概念はだれもが共通してもつ概念，「当たり前」の概念として，そこに感染防御の概念を重ねることは不可能ではない[9]．一見すると，「感染を防ぎながら寄り添う」ことは相反する概念にみえるが，感染防御を心がけながら，心は寄り添っているケアの世界をつくることは可能である．そこには支援する側の覚悟と自覚が求められる．

　精神療法家のハリー・スタック・サリヴァン（Sullivan HS）は「関与しながらの観察」という言葉を残した[10]．この言葉は，さまざまな課題がある子どもを育てていくうえで，周囲の大人が「自らも巻き込まれそうになりつつ」，それでもみなで情報を共有しながら，しっかりと観察を続ければ，「いま，すぐに」その子の課題を左右することができなかったとしても，何らかの動きがあったときには，「間髪を入れず」に対応ができることを指している．いまは動かせない課題でも，みなが協力しながらその子を見守って（観察）いれば，なにかの際にしっかりとかかわること（関与）にほかならないという考え方である．この考えは子どもに対する「ものの見方」にとどまらず，これからの地域包括ケアにおける認知症の人，家族への在宅支援の要である．

文　献
1）国際アルツハイマー病協会第 20 回国際会議・京都・2004 報告書（2005）．
2）佐藤雅彦：認知症になった私が伝えたいこと．大月書店，東京（2014）．

138

3）認知症介護研究・研修東京センター監：認知症の人の支援と訪問介護の計画．中央法規出版，東京（2007）．

4）認知症の人と家族の会大分県支部編：足立昭一型という若年期認知症；困難を生きる2人のラブストーリー．認知症の人と家族の会大分県支部，大分（2007）．

5）矢吹知之編著：認知症の人の家族支援．ワールドプランニング，東京（2015）．

6）松本一生：家族と学ぶ認知症；介護者と支援者のためのガイドブック．160-165，金剛出版，東京（2006）．

7）松本一生：認知症の生活リズムとせん妄の発症．日本認知症ケア学会誌，6(1):78-83（2007）．

8）松下年子：家族介護者と共依存．（矢吹知之編著）認知症の人の家族支援；介護者支援に携わる人へ，ワールドプランニング，東京（2015）．

9）松本一生：認知症のこころと向き合う．113-129，ワールドプランニング，東京（2021）．

10）HSサリヴァン，中井久夫訳；精神医学的面接．みすず書房，東京（1986）．

第7章

認知症の人への施設支援

　1963 年 7 月 11 日に老人福祉法が公布され，本法（昭和 38 年法律第 133 号）の第 5 条の 3 に規定された「老人デイサービスセンター，老人短期入所施設，養護老人ホーム，特別養護老人ホーム，軽費老人ホーム，老人福祉センター，老人介護支援センター」のことを老人福祉施設いう．とくに，認知症の人は，入居型の老人福祉 3 施設のなかでも「特別養護老人ホーム」で生活する人が多く，軽度の認知症の人は「養護老人ホーム」や「軽費老人ホーム」でも 365 日 24 時間の介護や見守りを受けながら生活している．

　また，介護保険 4 施設といわれる施設は，前述の「特別養護老人ホーム（介護老人福祉施設）」のほかに，「介護老人保健施設」「介護療養型医療施設」「介護医療院」があり，認知症の人が生活や治療を受ける施設となっている．なお，介護保険の類型上は在宅サービスに該当するが，認知症の人が入居して 365 日 24 時間のサービスを受けることができる「認知症対応型共同生活介護（グループホーム）」もある．そのほか「老人ホーム」とよばれる施設としては，有料老人ホームである「特定施設入居者生活介護（介護付き有料老人ホーム）」や「住宅型有料老人ホーム」などがあり，認知症の人も生活している．

　本章では，これらの施設で働く介護従事者がどのような研修や教育を受け，どのような理念の下で認知症の人に適切な介護を提供しているのか，また具体的な介護従事者に求められる介護の視点やポイントがあるのか，などについて述べる．

Ⅰ．認知症の人に対する施設介護と研修

1．施設介護と介護従事者の心構え

　認知症の人への施設介護については，1987 年に厚生省（現 厚生労働省）から「痴呆性老人対策推進本部報告」[1]が出され，「施設における介護」と「介護の心構えと方法」が示されたことにより，施設関係者はこの報告書をもとに認知症の人へのケアを行うようになった．前者では，認知症高齢者は，寝たきり老人よりも医療面のニーズが高いことや，介護がより複雑で量的負担も大きいことから，家庭で介護しきれない場合の受け入れ施設の必要性が示された．さらに，「痴呆性老人各々の精神症状，問題行動等の随伴症状や身体

142

的疾患，日常生活の動作能力等の合併症に応じ，既存の施設体系の中で受け入れを促進していくこととし，その前提となるマンパワー等を確保していく必要がある」とされた．

　また，後者では，具体的な認知症の人への対応について，認知症の進行に伴う知能機能の低下に対して感情機能は保たれていることを前提に，「恐怖感」「焦燥感」「孤独感」といった「心の痛み」を感じやすいため，叱られたり，咎められたりすると，極度の緊張を強いられる状態となり，認知症の行動・心理症状（Behavioral and Psychological Symptoms of Dementia；BPSD）を生じることにつながることが示唆された．そのため，介護従事者の心構えとして，人間としての尊厳を保持し，これまでの生活歴や生活を踏まえながら，認知症であるという現実を受け入れ，認知症の人のペースに合わせた受容的態度で接するなどの特別な配慮の重要性が強調されている．また，施設においては，個々の認知症の人の特性に着目した有効な処遇方法についてのノウ・ハウの構築が課題となった．そこで，介護従事者に対する認知症に関する知識・技術・態度等の習得を目的とした研修や実習へのいっそうの充実が図られ，今日の認知症に関する種々の研修等につながっている．

２．認知症介護に関する施設介護従事者のための研修・教育
１）痴呆性老人処遇技術研修

　1980年代に入り，「特別養護老人ホーム職員等に対する処遇技術に関する研修」が行われ，マンパワーの確保等を図るとともに，1県に1か所の特別養護老人ホームを「痴呆性老人処遇研修施設」に指定して，その施設の勤務体制のなかで日常業務に従事することを通じ，特別養護老人ホームの介護従事者に対して，認知症高齢者の介護，処遇に関する基礎講座，実践研修および事例研究等を行い，処遇技術の向上が図られた．

　この当時の認知症高齢者に対する看護，介護の心構えの例として挙げられたのが，室伏君士の「痴呆性老人へのケアの原則（20カ条）」[1]である．

２）認知症ケアの理念を重視した研修

　2000年以降は，施設における認知症ケアの理念が重視されるようになり，英国のトム・キットウッド（Kitwood T）によって理論化された「パーソン・

センタード・ケア」とよばれる認知症の人の立場に立った「その人らしさ」を尊重するケアの理念が導入され,「尊厳の保持」を大切にするケアと, 新しい認知症ケアとして倫理的な視点が強調されるようになった. ここでいう「尊厳」とは, 認知症の人 1 人ひとりの自己を尊重することを指している. つまり, 認知症の人が屈辱的な扱いを受けると, 認知症の人は自分自身の尊厳が失われたと感じてしまい, 生きる意欲をも失うことにつながるためである. したがって, 認知症ケアでいう尊厳の保持とは,「周囲から屈辱的な扱いを受けるようなことがあってはならない」といえる.

　倫理的な観点からのケアと合わせて, 道徳的, 精神的な成長が必要であり, パーソン・センタード・ケアにおけるその人らしい生き方とは, なによりも人間らしい生き方であるという認知症ケアの理念を介護従事者は理解できなければならない. 施設ケアには人間らしい生き方を尊重し, それを実現することが求められる.

3）認知症の人に対する「新しい認知症ケア」の教育

　1987 年に制定された社会福祉士及び介護福祉士法が, 2007 年 3 月に初めて改正された. 介護福祉士の定義や義務規定のほか, 養成カリキュラムの内容と資格取得の方法が全面的に改正された. なかでも,「認知症の理解」に関する科目が新設され, 旧カリキュラムではあちこちの科目に認知症の理解とそのケア論が分散していたが, 新たなサービスへの対応として内容が盛り込まれ,「認知症の理解」という科目の骨格となる「新しい認知症ケア」が示され, 施設においても「旧い痴呆ケア」から「新しい認知症ケア」に変わる過程や実践方法が教育されるようになった.

　こうした教育により, 認知症の人の理解不能と思われる言動にも, 本人にとっては意味があるという考え方が浸透するようになり, 認知症の人はまわりの対応によって不安や混乱が引き起こされ, それが BPSD につながると考えられるようになったのである. 新しい認知症ケアでは, その症状に隠されている言動の意味を理解し, その心に寄り添う施設ケアの実践が求められる.

3．介護従事者の認知症対応力向上の促進

　2020 年現在の介護従事者に対する認知症の人への研修の視点は, 認知症の

144

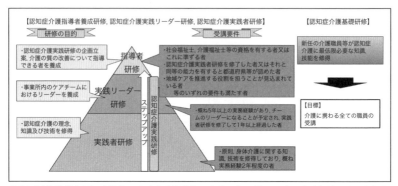

出典）厚生労働省認知症施策・地域介護推進課：令和3年3月9日全国介護保険・高齢者保健
福祉担当課長会議資料（2021）.

図7-1 介護従事者等の認知症対応力向上に向けた研修体系

ことをよく理解し，認知症の人主体の介護を行うことで，できる限り認知症
の進行を緩徐化させ，BPSD を予防できるような形でサービスを提供するこ
とが基本となっている．このような施設介護を担うことができる人材を確保
していくための研修が，全都道府県や政令都市で行われている．たとえば，
認知症介護基礎研修，認知症介護実践者研修，認知症介護実践リーダー研修，
認知症介護指導者養成研修が積極的に行われ，認知症対応力の促進が図られ
ている（図7-1）.

　認知症に関する専門的知識を得て，本人主体の介護を行い，できる限り認
知症の症状の進行を遅らせたり，BPSD の適切な対応が行われるようになっ
たりしている．なお，これらの認知症ケアに関する研修の推進にあたっては，
e ラーニングの部分的活用の可能性を含めた，介護従事者がより受講しやす
い仕組みが検討され，認知症介護基礎研修についてはすでに e ラーニングが
部分的に活用されている．

　このような流れのなかで，介護サービスにおける認知症対応力を向上させ
ていくことを目的として，認知症対応型サービス事業所や介護施設，訪問系
事業所のうち，認知症介護指導者や認知症介護実践リーダー研修受講者を必
要数配置し，認知症ケアを指導する体制を整備している場合には，介護報酬
上の「認知症専門ケア加算」として評価している．また，2021 年の介護報酬

改定では，認知症についての理解の下，認知症の人の尊厳の保障を実現して
いく観点から，介護に直接携わる職員のうち，医療・福祉関係の資格を有さ
ない人について，認知症介護基礎研修を受講するための措置を介護サービス
事業者に義務づけた．

Ⅱ．認知症の人への施設支援の基本

　認知症の人への施設支援では，認知症の進行の度合いを知ることが重要で
ある．まず，認知症の人の話を傾聴し，受容しながらかかわることで，認知
症の中核症状の進行の度合いを知ることができる．そして，認知症の人が
もっている能力に適切な刺激を与えるよう働きかけることが大切である．認
知症の人は知的な心の働きが衰えても，喜び・怒り・悲しみ・好き・嫌い・
自尊心などの感情が残っていることを前提に，認知症の人を軽んじるような
態度で接することは，認知症の人の心を傷つけることになるため，人として
の尊敬の念を忘れず，尊厳ある支援を心がけることが基本となっている．ま
た，長い人生によって培われた価値観や人間性といった個人差を念頭におい
た「個別ケア」が認知症介護の基本であり，認知症の人を尊重した，温かな
愛情ある態度で接することが介護従事者には求められる．

1．認知症施策推進大綱と施設支援

　2019 年 6 月 18 に認知症施策推進関係閣僚会議において，「認知症施策推進
大綱」[2]が取りまとめられた．基本的な考え方としては，「認知症の発症を遅
らせ，認知症になっても希望を持って日常生活を過ごせる社会を目指し，認
知症の人や家族の視点を重視しながら，『共生』と『予防』を車の両輪として
施策を推進していく」というものである．そして，これらの施策はすべて認
知症の人の視点に立って，認知症の人やその家族の意見を踏まえて推進され
ることを基本としている．この大綱の対象期間は，団塊の世代が 75 歳以上と
なる 2025（令和 7）年までの 6 年間としており，策定後 3 年をめどに施策の
進捗を確認するものとされている．介護従事者は，この大綱の基本的な考え
方をもとに施設支援を行うことになる．

1）施設支援の基本的な考え方

　認知症の人に対する施設支援の基本は，認知症の人を1人の人間として尊重し，できる限り個々の意思や価値観を共感することである．そのためには，国際生活機能分類（International Classification of Functioning, Disability and Health；ICF）の視点を認知症の人のアセスメントに取り入れ，できないことではなく，できることやできる可能性のあることに目を向けるように支援する．そして，本人が有する能力を最大限に生かしながら，施設においてもその人がなじみの暮らしを継続できるよう支援することが求められる．

　このような認知症の人本位の視点による施設支援には，認知症の疾患別特徴や進行段階を十分理解し，チームで行われ，個々の状態の変化に応じた個別ケアが提供されることが必要である．介護従事者のケアの知見は，認知症の人だけではなく，認知機能の低下がある人にも生かされている．近年，認知症の人およびその介護者となった家族等が集う認知症カフェや家族教室，家族同士のピア活動等の取り組みも施設介護従事者が積極的に行い，家族等の負担軽減にも努めている．

　また，管理者は単に施設のホールや交流スペースを地域に開放するだけではなく，介護従事者の専門分野の知識や技術・態度などを認知症予防の視点で生かすよう，より積極的に地域展開を行っている．さらには，認知症の人に限らず，一般住民や高齢者全般を対象に，社会参加活動・学習等の活動の場にも介護従事者を派遣することで，いっそうの認知症予防に努めている．

2）認知症の人への具体的支援の視点

　介護従事者が認知症の人への支援を行う際には，以下を確認してほしい．

①認知症の中核症状をしっかり把握しているか

②BPSD が現れている場合は，その人の表情やしぐさなどから，声なき声をくみ取り，その姿を深く理解するよう努めているか

③認知症の人と接するときは，介護従事者のペースではなく，認知症の人の生活リズムや行動パターンに合わせて，ゆっくり接しているか

④認知機能の障害によって環境の変化に適用できず，混乱したり不安になったりしている場合には，信頼感や安心感が得られるよう，介護従事者がいっしょにつき添っているか

⑤なじみの関係や居心地のよい安心できる場をつくっているか

⑥認知症の人は，1人でいると不安になりやすいため，できる限り介護従事者は認知症の人との接点を増やし，適度な刺激を与えることで安心につなげているか

⑦認知症の人の間違いや勘違いなどを叱責して，さらに混乱させることのないよう，介護従事者は常に認知症の人を受容し，安心できる雰囲気を醸し出しているか

⑧その人なりの生き方やプライドがあるため，自尊心を傷つけるようなことをしていないか

⑨「愛情」と「思いやり」をもって接しているか

⑩会話は，認知症の人の心を和らげ，その人が分かるような納得できるかかわりをしているか

⑪日常生活の食事や入浴，整容，排泄，着脱などは，できる限り簡単にパターン化して繰り返し自分で行えるように配慮して，認知症の人のもっている能力を失わせないようにしているか

⑫規則正しい生活になるよう支援しているか

などの視点を確認して，さらにチームケアが行われているかどうかも確認することが不可欠である．

2．施設における認知症の人の特性を踏まえた意思決定支援

　2018年6月に厚生労働省から，「認知症の人の日常生活・社会生活における意思決定支援ガイドライン」[3]が出された．これは，認知症の人を支える周囲の人において行われる意思決定支援の基本的考え方（理念）や姿勢，方法，配慮すべき事柄等を整理して示し，これにより，認知症の人が自らの意思に基づいた日常生活・社会生活を送れることを目指して策定されている．

　基本的な考え方として，「だれの意思決定支援のためのガイドラインか」並びに「だれによる意思決定支援のガイドラインか」が示されている．前者は認知症の人の意思決定支援であり，後者は特定の職種や特定の場面に限定せず，認知症の人の意思決定支援にかかわるすべての人による意思決定支援を行う際のガイドラインとしている．

施設支援においてもこれらのガイドラインに基づき，適切に入居者の意思決定支援が行われるような取り組みが行われなければならない．

1）施設支援における認知症の人の意思の尊重

施設で生活している認知症の人は，意思決定が困難と思われる場合が少なくないため，介護従事者は認知症の人の意思決定を尊重して支援しなければならない．施設での認知症の人への支援は，「自己決定の尊重」に基づき行われることが基本である．したがって，認知症の人の意思を尊重し，自己決定ができるように，介護従事者は認知症の人に自己決定に必要な情報を提供し，認知症の人が有する能力に応じて理解できるように懇切ていねいに説明しなければならない．入居者の意思は，他の入居者に被害を与えたり，認知症の人にとって不利益になったりしない限り，尊重されなければならない．

そのため，施設における意思決定支援では，認知症の人の意向などを支援者の視点で判断してはならない．まずは，認知症の人が示した意向などを尊重し，その確認がむずかしい場合には意向などを推察して支援することが求められる．また，認知症の人は，自分の意思を言葉でうまく伝えることができないことも少なくないため，介護従事者は，認知症の人の表情やしぐさなどからも意思表示を読み取る技術が必要になる．

2）認知症の人に対する意思決定能力への配慮

認知症の症状にかかわらず，認知症の人には意思があり，意思決定能力を有していると考えて意思決定支援を行わなければならないが，認知症の症状によっては意思決定能力の状況も変化するため，認知症の人のその時々の状況に応じた支援が必要となる．そして，介護従事者はその認知症の人の意思決定能力を「認知症の人だから」という先入観で決めつけず，認知症の人が説明された内容をどの程度理解できているか，またその内容を自分のこととして認識できているかなどに配慮しなければならない．

3）チームアプローチによる継続的な施設支援

介護保険4施設（介護老人福祉施設，介護老人保健施設，介護療養型医療施設，介護医療院）の場合を例にとると，一般的に施設入居の時点ですでに認知症の症状が進んでいる場合が多い．そこで，適切な施設支援を提供するためには，認知症が軽度の段階で，今後の生活がどのようになっていくかな

どを，認知症の人を交えて家族や施設関係者で話し合いながら支援を行うことが必要になる．そのため，日常の認知症の人をよく知る人から情報を収集し，その情報を共有しながら，認知症の人を理解し，チームで支援していくことが不可欠である．

　また，認知症の人の意思を日常生活のなかで繰り返し確認することも必要である．介護従事者は，認知症の人の意思を理解したと判断しても，その過程や判断が適切であったかどうかを時折チームで再確認しながら支援の質の向上を図ることが不可欠である．そして，認知症の人が安心して自らの意思を表明しやすくなるよう，認知症の人との信頼関係の構築に努め，チームアプローチをする必要がある．

4）認知症の人への環境的配慮と介護従事者の態度

　認知症の人は，慣れない場所やおおぜいの人がいてにぎやかであると圧倒されてしまい，緊張したり混乱したりしやすくなるため，環境への配慮が必要になる．環境の変化によって，安心して意思決定ができなくなるため，できる限り認知症の人が慣れた場所で，顔なじみの介護従事者が支援を行うことが望ましい．そのためにも，介護従事者は認知症の人ができる限り安心できる環境を整え，認知症の人の状況をみながら，ゆっくり穏やかな流れで支援を行うなどの配慮が必要である．また，支援時は急がせないようにして，認知症の人が集中できる時間帯を選んだり，疲れているときを避けたりするなどの配慮も必要となる．

　介護従事者が認知症の人を支援する際には，BPSD を引き起こさないためにも以下のような態度や配慮が不可欠であろう．

　①認知症の人の意思を尊重する態度で接すること
　②認知症の人が自らの意思を安心して表明できるような態度で接すること
　③認知症の人のこれまでの生活歴や家族関係を理解して接すること
　④認知症の人の意思をそのつど，ていねいに確認しながら接すること

Ⅲ．施設介護におけるケアプラン作成とサービス提供の流れ

　施設ケアプランは，介護保険サービスを利用する際に，入居者1人ひとり

が自立した日常生活を営むことができるよう，適切な支援を受けられるように
するためにある．解決すべき課題の把握等を行ったうえで，入居者の心身
状態に応じた支援の内容などを決めるサービス計画書がケアプランである．

　一般的に施設ケアプランは，①インテーク，②アセスメント，③ケアプラ
ン原案の作成，④サービス担当者会議，⑤ケアプラン原案の修正・再提出・
同意，⑥ケアプランの交付，⑦ケアプランの実践，⑧モニタリングの流れで
行われる．①インテークは，施設を利用したい本人や家族の悩みや希望，体
調，家庭環境など入居者の現状を把握するために対面や電話などで確認する
最初のステップである．②アセスメントは，入居者の自宅を訪問して，住ま
いの状況や入居者本人の健康状態，介護の状況，生活面の希望などの情報を
集め，生活上の課題を分析するステップになる．

　介護支援専門員（ケアマネジャー）は，①インテークや②アセスメント結
果をもとに入居者や家族の希望に合わせた目標設定，必要なサービスの検
討，プランの組み立てなどを行い，仮の③ケアプラン原案を作成する．③ケ
アプラン原案をもとに，入居者の希望と相違がないかを本人や家族にみせて
確認する．これが③ケアプラン原案の作成のステップになる．

　④サービス担当者会議は，ケアマネジャーが作成した③ケアプラン原案を
もとに，家族（可能な場合は本人も），介護サービスを提供する施設の介護従
事者などの関係者が集まり，入居者や家族の生活や課題を共通認識し，設定
している目標や介護方針・計画を共有するための会議を開く．この④サービ
ス担当者会議で本人や家族，関係者から意見を聞き，プラン内容に問題がな
いかどうかの検討が行われる．

　④サービス担当者会議で得た意見をもとに，修正する点があれば⑤ケアプ
ラン原案を修正して，入居者や家族に問題はないか最終確認し，同意を得て
最終決定となり，入居者・家族に⑥ケアプランを交付・説明し，同意を得る．
同意を得たケアプランは，実際に介護の担当者にも交付して，いよいよ⑦ケ
アプランの実践のステップへと移行する．入居者にかかわる職員全員で共有
し，ケアプランに基づいたケアが提供され，その内容が記録される．

　最後のステップが⑧モニタリングで，月1回以上カンファレンスが開かれ，
ケアプランに基づいた介護サービスが適正に提供されているかどうか確認さ

れる．ケアプランは6か月程度で必ず見直しを行い，⑧モニタリングの結果，
ケアプランに見直しが必要な場合は，再度②アセスメントから実施し，⑤ケ
アプランの修正と⑥再交付を行う．このようなケアプラン作成とサービス提
供の一連の流れが，スパイラル状に高められながら継続的に提供される．こ
うした適切なケアプラン作成とサービス提供の流れによって，認知症の人の
生活の質（Quality of Life；QOL）の向上が図られる．

Ⅳ．施設でみられる行動・心理症状（BPSD）への対応の視点

　認知症の人にみられる BPSD が現れた場合に，介護従事者はどのような対
応が求められるのか．支援する際の対応の視点は，以下のとおりである．

1．帰宅願望
　落ち着かない環境にいると，安心できる場所に帰りたいと思うのは自然な
ことである．帰宅願望には，帰りたい気持ちを否定せず，その気持ちを受け
止めたうえで，入居者の話をじっくり聞き，帰りたいと思う理由を探るよう
にする．とくに，施設での生活に慣れないうちは帰宅願望も強く現れる．帰
宅願望を訴える入居者にうそをついたり，あいまいな返事や，無視をしたり
することは絶対にしてはならない．うそやあいまいな返事はかえって本人の
不安をあおるため，介護従事者は真摯な態度で支援することが必要である．
　また，居心地の悪さから帰宅を訴える場合もあるため，本人が安心できる
居心地のよい環境を整える必要がある．そのため，なじみの物を置いたり，
その際に入居者といっしょに整えたりするなどの工夫が不可欠になる．ま
た，居心地のよさは物理的なものだけではなく，「受け入れられている」とい
う安心感も大切であるため，顔なじみの関係を築くように努めなければなら
ない．

2．暴言・暴力
　自分の意思が伝わらなかったり，失敗や行動を指摘されたりすると，入居
者は不安や焦りからイライラしてささいなことで興奮し，暴言・暴力などの

攻撃的な言動がみられる場合がある．このようなときは，介護従事者の声か
けがかえって入居者を刺激してしまうことがあるため，危険な行動がないか
安全に配慮しながら，まずは本人の気持ちを落ち着かせるために介護従事者
はいったんその場から離れ，入居者との距離と時間をおいて見守ることも効
果的である．原因を探るのは，興奮が収まってからにすることが大切である．

3．服薬拒否

　薬を飲みたがらないときに無理に飲ませると，「毒が入っている」などの被
害妄想につながったり，吐き出したりする．また，食事に薬を混ぜて食べさ
せるなどの不適切なケアを提供すると，料理の味が変わって食事拒否につな
がることなども考えられる．したがって，薬は飲みやすい形状にする，服薬
のタイミングを変更するなど，医師や薬剤師に相談しながら本人が納得しや
すい方法を探ることが大切になる．

4．徘　　徊

　徘徊は，一見目的もなく歩き続けているようにみえるが，本人なりに目的
をもって歩いていると考えるべきである．徘徊している人に「どちらに行か
れるのですか？」とたずねると，「子どもが帰ってくる時間だから家に帰る」
「これから仕事に行く」などの返事がある．これが認知症の人にとっての目的
である．「お茶が入ったので飲みませんか」などと場当たり的な声かけや対応
をせず，目的を探ることが徘徊には効果的である．つまり，本人にとっての
目的や理由を把握し，適切な声かけや対応を心がけることが大切である．

　また，認知症の人は，視空間認知や見当識（場所）が低下したり，昼夜逆
転したりして夜間に徘徊すると，日中なら戻れる場所でも，夜になると戻れ
なくなる場合がある．そして，徘徊による転倒を防ぐため，徘徊を止めたり，
活動を制限しすぎたりすると，夜間の徘徊も起こりやすくなる．夜間は転倒
などのリスクも高くなり，介護従事者の負担感も増すため，昼寝は最小限に
とどめ，適度な活動を促し適度な疲労感を与えることで，自然と眠れるよう
になることが大切である．

5．物盗られ妄想

　財布・貯金通帳，印鑑などについての物盗られ妄想が多く，身近な介護従事者に対して妄想に基づく攻撃が向く場合が多い．介護従事者が物盗られ妄想が始まるころを把握できるようになることで，対応にストレスを感じずに，余裕をもって対応できる．逆に，介護従事者が，物盗られ妄想について理解していないと，疑われたことに対して認知症の人に不信感を抱いたり，腹立たしく感じたりして，介護従事者のストレスがたまるため，物盗られ妄想に関する知識と配慮が必要になる．

6．意欲の低下（アパシー）

　記憶力や判断力が低下すると，得意なことが少しずつできなくなり，「楽しい」と感じる感覚が減少する．そのため，趣味に関心を示さなくなったり，無気力になったりすることが考えられる．とくに，認知症の人は，初期から意欲の低下がみられることが多い．施設での日中の生活が単調で，なにもすることがなければ，居室やリビングでテレビをみてうとうとする状況が生まれる．また，動かないと筋力も低下して歩行が不安定になるだけではなく，疲れやすくなり，ますます意欲がなくなってしまい悪循環になる．社会的な刺激も少なくなると脳も使わなくなるため廃用症候群になりやすく，この状態が続くと認知症は重症化し，かつ寝たきりになりやすい．意欲の低下に介護従事者が気づき，できることから無理なく，少しずつ散歩やアクティビティなどに誘うことで，日中の活動量を増やし，症状の改善を図ることが大切である．

7．不眠・昼夜逆転

　加齢に伴い体内時計の機能が低下し，寝つきが悪くなったり，早朝に目が覚めたりするなどの睡眠障害が増え，認知症の人の不眠や昼夜逆転が起こりやすくなる．また，見当識障害によって時間が分からなくなると，夜間の睡眠が妨げられる原因になり，徘徊につながることもある．午前中に日光を浴びるなどで覚醒効果が期待できるため，朝の散歩や趣味活動，アクティビティプログラムなどを行い，できる限り体を動かすようにする．夜は，室内

の照明や温度を調節して眠りやすい環境を整える必要がある．また，寝具や寝間着なども本人のくつろげる物を選ぶなどの配慮をする．

8．食行動異常

レビー小体型認知症では，初期の段階でパーキンソン症状と関連して嚥下障害がみられる場合がある．筋肉の緊張が高まると，筋肉を連動させて食べ物や唾をうまく飲み込めなくなる．この場合は，言語聴覚士などの専門職による嚥下訓練を行うことが効果的である．また，むせにくい食事に変更する必要もある．

拒食は，精神症状が関係している場合があり，幻視によってごはんの米粒が小さな虫にみえることなどが原因となり，食事をしないこともあるため，食べない理由をたずねることも必要である．幻視や幻覚の内容を覚えている場合もあり，虫にみえているような場合には，原因を取り除くことで食事が可能となる場合もある．

9．幻視・幻聴

幻視や幻聴など，実際にはいないものがみえたり，聞こえたりする場合は，本人が恐れていることが多いため，介護従事者は否定したり，怒ったりせず，本人が安心するような言葉をかけ，いっしょに確認して不安を取り除くように支援する．また，幻視対策として，見間違いを少なくするため，室内を明るくしたり，見通しをよくしたりするなどの工夫をする．

10．不安・抑うつ

意欲低下と共通の症状がみられるが，意欲低下の場合は感情の欠如が現れるのに対して，不安・抑うつの場合は，感情面の症状がみられ，「これもできなくなった」「このさきどうしたらよいだろう」と悲観的になりがちになる．このように，自発性や活動の低下を本人が自覚することで，苦痛を感じている場合が多い．また，同じことを何度も繰り返し確認するなどの症状もみられる．本人の気持ちを想像して，本人の話をゆっくり聞き，本人のペースに合わせて接するなど，共感することが大切となる．本人が喜ぶ行為や心地よ

いと感じる対応を心がけることも大切である．なお，食事をあまりとらなく
なることがあるため，脱水や栄養状態の悪化に注意が必要である．

Ｖ．施設における認知症の４大疾患別ケアのポイント

　施設介護従事者は，認知症の人への対応のポイントとして，①認知症の正
しい知識を学ぶ，②疾患の特徴を踏まえ，症状に対して適切な対応を心がけ
る，③認知症の人の行動や言葉を症状として受け止める，④話しかけるとき
は正面からはっきりと分かりやすい短い単語で声をかける，⑤本人ができる
ことを把握して，そのできることをお願いすることで達成感を味わうことが
でき，自身が必要な存在であると感じることにつながる，⑥慣れ親しんだ場
所で，安全で心地よい環境をつくる，⑦できる限り相手の意思を受け止め，
「叱ったり」「指摘したり」「否定したり」して，プライドを傷つけないよう穏
やかな声で対応する，⑧起床，睡眠，食事，適度な運動など規則正しい生活
リズムを整えるよう心がける，⑨人間関係，生活環境，生活習慣を認知症の
人のリズムやペースに合わせる，⑩孤独は不安感を募らせ，不安感は認知症
を悪化させるため，他の入居者と顔を合わせたり，交流したりする機会を設
けて孤独にさせない，⑪何となくそわそわしてきたらトイレに行きたそうで
あるなど，認知症の人の行動をよく観察し，さまざまな変化を見逃さないよ
う心がける，などに留意して支援を行うことが求められる．
　施設介護従事者に参考にしてほしい疾患別のケアのポイントは以下のとお
りである．

1．アルツハイマー型認知症
　①記憶障害を自覚できず，説明しても理解できない場合もある．失敗を指
　　摘したり，否定したりして自尊心を傷つけると落ち込んだり，不安にな
　　ると攻撃的になったりするが，介護従事者はいらだったり，腹を立てた
　　りしない．
　②初期でも同時に２つのことを覚えるのは困難になるため，会話は簡単な
　　言葉を使い，なにかをお願いするときは，２つ，３つのことを一度に言わ

156

ないようにする.

③活動性や日常生活動作の維持のためにも，見守ってできることはできる限りやってもらう.

④物盗られ妄想が出て対応が困難な場合には，別の介護従事者に対応してもらうことも考える.

⑤認知症の人が安心できるように，部屋やトイレなどの場所に分かりやすい表示をする.

⑥夜間はトイレや廊下の照明をつけて，分かりやすくする.

⑦徘徊は無理に止めようとせず，まずはいっしょに行動するようにして，しばらくようすをみながら戻ることを促す.

２．血管性認知症

①廃用症候群を防ぐためにも，趣味や日課に取り組めるような環境をつくり，入居者が楽しみながら前向きに取り組める活動を探す.

②性格の変化や感情失禁は，本人の感情の変化のポイントをつかみ，その状態を受け止めて支援する.

③意識レベルの低下や気分の変動，興奮などの周期的変化は，その変動リズムを把握してかかわる.

④できないときとできるときの波があるため，そのことを理解してその人の自立度に合わせ，ヒントや手順を示す.

⑤習慣的なお酒の飲みすぎや喫煙は血圧の上昇につながるため，節酒，禁煙を無理のない程度に勧める.

⑥適度な運動を習慣的に行うようにする.

３．レビー小体型認知症

①幻視や被害妄想が激しく，介護を拒否したり，かかわればかかわるほど興奮したり，暴言や暴力を振るったりすることがあるため，症状が変動することを前提にしたうえで，もっとも状態の悪いときを基準に考えて対応する.

②自然に落ち着くことも多いため，介護が困難な状況の場合にはいったん

距離をおき見守る.

③幻視は否定するのではなく,認知症の人の話を聞きながら,本人が安心できるような,たとえば,「家が燃えている」という場合は,「火はもう消したから大丈夫ですよ」のような対応を心がける.

④認知機能の障害により,注意力が低下するとつまずきやすくなるため,歩行に注意が必要になる.

⑤視空間認知や構成行為の障害があると,床の色が変わったところを段差があると勘違いして,またごうとして転倒することがあるため,床の色を統一したり,つまずきやすい物を片づけたりする.

⑥幻覚や妄想などの精神症状や行動障害は夜中に多く現れるため,昼夜逆転して夜間不眠にならないようにする.

4. 前頭側頭型認知症

①常同行動を無理に止めることなどは暴力行為の原因となる場合があるため,本人のリズムや決まった行動パターンを大切にして,毎日同じリズムで生活できるように配慮する.

②環境の変化で混乱しやすく,慣れた環境を探す行動もみられるため,介護従事者が本人の決まったいすやテーブルが確保できるような配慮をすることで,混乱や暴力を防ぐことができる.

③常同行動や暴力は目立たなくなるが,意欲の低下がみられるようになったら,活動性を上げるため,できている行為の維持に努める.

VI. 認知症の人が生活する施設

高齢者が生活する施設は,利用する人の入居条件や運営主体によっても特徴が異なり,介護保険が適用になる施設でも複数の種類がある.家族は,認知症の人が生活するのに適しているかどうかを地域包括支援センターや居宅介護支援事業所などからサービス内容や利用条件などの情報を得ながら施設を利用している場合が多い.

1. 認知症の人が生活する施設の種類

　高齢者や認知症の人が生活している施設には，国や地方自治体，社会福祉法人が運営する公的な意味合いの強い施設と民間企業が運営する施設とに分けることができる．前者は，社会福祉施設や介護保険施設ともよばれ，公的施設は国や都道府県，政令指定都市からの補助金を受けて設立している場合が多く，社会福祉の視点からは要介護度の重い人や低所得者の保護と支援を目的に運営される施設である．後者は，入居者のニーズを満たすことに重点がおかれているため，設備面でも多種多様なサービスが有料で用意され，利用する人の身体や経済状況に合わせた幅広い対応が可能である．また，認知症の人に特化した24時間365日の介護サービスを受けることができる認知症対応型共同生活介護（グループホーム）とよばれる在宅サービスの分類に入る施設もある．

1）公的な意味合いの強い施設の特徴

　公的な施設には，経済的・身体的・精神的・環境的に在宅での日常生活が困難な人が対象となる，社会復帰を目指す高齢者のための施設である養護老人ホームがある．認知症の受け入れは，軽度の場合は可能となっている．また，軽費老人ホーム（ケアハウス）はA型，B型，C型という3つの種類があるが，2008年からは基準をケアハウスに統一し，A型・B型の軽費老人ホームは，順次C型のみとなる．とくに「介護型」は，入居後に要介護度や認知症の症状が重くなっても継続して利用することができるが，施設によっては看取りや認知症，要介護度が高い場合には対応できないこともある．そのほかの公的な施設については以下のとおりである．

(1) 特別養護老人ホーム（介護老人福祉施設）

　社会福祉法人や地方公共団体などが運営しており，要介護状態の高齢者を対象としている公的介護施設で，費用の多くを介護保険で賄える．入居条件は，寝たきりや認知症など，①原則として要介護3以上（2015年4月の制度改正以降）の65歳以上の人，②40〜64歳で特定疾病をもつ要介護3以上の人，要介護1〜2の人の場合は，特例で認められた認知症や知的・精神障害など生活に支障をきたす症状がある人，家庭の事情で満足なサービスが受けられない人などは入居が認められる場合もある．認知症の人の受け入れや終末

期ケアを行っている施設も多く，終の棲家となりうる施設である.

　(2) 介護老人保健施設

　要介護状態の人を対象としている施設であり，病院からの退院直後やけが
などで自宅における日常生活を送るのがむずかしい高齢者のための一時的な
施設である．原則 65 歳以上，要介護度は要介護 1～5 で，軽度の認知症の人
も受け入れている．身体の機能回復に重点がおかれている点が特徴で，入所
期間は原則として 3 か月の短期入所となる（3 か月ごとに退所判定が行われ
る）ため，終身利用はできない.

　(3) 介護療養型医療施設

　医療的なケアが必要な人が入所する施設で，病状は安定しているが，まだ
療養が必要な人や自宅では介護がむずかしい人などが入所している．主に医
療法人が運営する施設で要介護度や認知症の重度者も受け入れているが，
2023 年度末に廃止される.

　(4) 介護医療院

　2023 年に介護療養型医療施設が廃止されることに伴い誕生した施設で，日
常生活の身体介助や生活支援などの「生活の拠点」と，日常的な「医療ケア」
の両機能をもっている．施設の目的によって 3 つのタイプがあり，入所条件
に違いがある．医師や看護師が常駐し，痰吸引や経管栄養など，通常の施設
では対応がむずかしい人に対するケアができ，受け入れ要介護度は要介護
1～5 で，原則 65 歳以上の高齢者となる．高度な医療サポートが必要な人で
あり，看取りも視野に入れた長期療養が目的の施設である.

2）民間施設の特徴

　(1) 介護付き有料老人ホーム

　各都道府県から介護保険制度上の「特定施設入居者生活介護」サービスと
して指定を受けた施設で，介護が必要になった高齢者や認知症の人でも利用
できる．費用は高い場合が多いが，その分手厚い介護ケアが受けられる．認
知症の人の受け入れも可能で，原則 65 歳以上となっている.

　(2) 住宅型有料老人ホーム

　施設により異なるが，受け入れ要介護度は自立から要介護 5 と幅広く，認
知症の人の受け入れも軽度であれば可能な場合が多い．介護が必要になった

場合は，外部のサービスを利用する．要介護度や医療依存度の高い人は入居できない場合がある．

（3）サービス付き高齢者向け住宅（サ高住）

「高齢者住まい法」において，バリアフリー構造の入居者同士の交流も図れる高齢者向けの賃貸住宅である．都道府県知事の承認を得る必要があり，軽度の認知症の人も生活している．スタッフが駐在し安否確認サービスと生活相談サービスが提供されるが，24時間体制でない場合が多く，外部の事業者の提供する介護サービスを別途契約して生活を継続できるが，認知症や要介護度が高くなると住み続けるのがむずかしくなる．

3）認知症の人に特化した施設の特徴

認知症対応型共同生活介護（グループホーム）は，要支援2以上で原則として65歳以上の認知症の人を入居要件とし，施設所在の市区町村が指定を行う地域密着型サービスのひとつである．原則として，施設のある市区町村に住民票がある人のみ入居できる．在宅サービスに分類されるが，施設に入居してサービスを受けることができる．施設のなかで介護従事者といっしょに共同生活を営み，認知症高齢者5〜9人のグループが生活の基盤となり，認知症ケアの知識や経験のある介護従事者により24時間体制で日常生活の援助や機能訓練などが提供される．

2．認知症の人が生活する施設における留意点

認知症の人が生活する施設では，ときに「閉鎖的」であることが問題視されることがある．とくに，グループホームは施設が小規模で家庭的である反面，密室性が高いという批判も聞かれる．そこで，地域密着型サービス事業者に設置が義務づけられている運営推進会議を活用することも有効であろう．

運営推進会議は，事業所の活動内容や入居者の状況，職員の体制や研修の実施状況等について情報提供を行う場である．これにより，社会的評価を受けることや，権利擁護の機能，地域や認知症の人の課題共有，事業所活動への理解を深める等，重要な開催意義を有している．構成メンバーは，入居者，家族，市区町村職員，町内会や民生委員等の地域の代表者，かかりつけ医，消防関係者，交番等，幅広い．地域全体に広がりをもった人々に構成員とし

て参加してもらうことは，認知症介護や施設に対する理解を深めるうえで大切である．

　認知症の人が地域に出かけることや地域とともにある認知症ケアのあり方を検討することにつながり，運営推進会議は地域密着型サービス事業だけではなく，認知症の人が多く生活する施設にとっても地域との連携が生まれ，「地域づくり」にも有用であるため，グループホームだけではなく，前述の施設でも同様の取り組みをすることが望ましいと考える．

３．新型コロナウイルス感染対策

　新型コロナウイルスは 2019 年 12 月に中華人民共和国で報告され，以降，世界各国で報告され，わが国も例外ではない．2022 年現在，各地の多くの高齢者施設においてもクラスターの発生が報告されている．

　認知症の人は，マスク着用が困難である，自分の居室が分からない，感染予防の必要性について理解が得られない等，特有の問題を有しており，新しい生活習慣に慣れることがむずかしいため，周囲が本人の不安に対応するなどていねいにサポートしていく必要がある．

　東京都健康長寿医療センターによる「認知症患者における新型コロナウイルス感染対策とケアマニュアル」[4]では，感染症予防対策について本人の理解を得るための工夫として，①やさしい言葉（むずかしい医療用語を使わない），②安全にすごせる環境づくり，③守ってほしい行動の注意を促す工夫，④活動性の変化を認めた際は，バイタルサインを含む全身状態を注意深く観察する，という 4 つのポイントを示している．

　コロナ禍，とくに緊急事態宣言下では，施設における長期間の外出制限や活動自粛，施設入居者の面会についても制限されたが，Zoom やテレビ電話を利用した面会実施例も当たり前になっている．

　コロナ禍の施設においても 3 密（密閉，密集，密接）を避け，感染予防を徹底したうえでの外出やイベントの開催，デジタルツールを活用した社会的孤立の解消や生活支援を行うことにより，施設における QOL を高めることが可能である．

162

文　献

1) 厚生省保健医療局企画課監，痴呆性老人対策推進本部事務局編集：これからの痴呆性老人対策；痴呆性老人対策推進本部報告・解説・全資料．中央法規出版，東京（1988）．
2) 認知症施策推進関係閣僚会議（2019）「認知症施策推進大綱」(https://www.mhlw.go.jp/content/000522832.pdf)．
3) 厚生労働省（2018）「認知症の人の日常生活・社会生活における意思決定支援ガイドライン」(https://www.mhlw.go.jp/file/06-Seisakujouhou-12300000-Roukenkyoku/0000212396.pdf)．
4) 東京都健康長寿医療センター（2021）「認知症患者における新型コロナウイルス感染対策とケアマニュアル」(https://www.tmghig.jp/hospital/info/cms_upload/030115.pdf)．

第8章

認知症の人への医療支援

I．はじめに

　認知症は生活障害をきたすため，家族や介護専門職の支援が必要となるが，日々の介護には大きな負担が強いられる．家族が医療機関を受診する目的は，認知症の診断や治療のためだけではなく，介護の不安や負担の軽減，さらには肉体的にも精神的にも限界状況にある家族自身が支援を求めていることも少なくない．

　そこで認知症医療では，認知症の人と家族が住み慣れた地域で生活が継続できる支援を念頭に，多職種との連携に主眼においた医療サービスを提供することが重要である．本章では，わが国における認知症医療の実態とその課題にふれ，医療とケアの多職種連携のあり方を解説する．

II．認知症医療

　認知症専門医療を提供している医療機関の多くは，「もの忘れ外来」や「メモリークリニック」などと標榜した外来診療を主体に行っている．また，認知症の行動・心理症状（Behavioral and Psychological Symptoms of Dementia；BPSD）や認知症の重度化に伴う在宅介護破綻による入院加療は，主に精神科単科病院や総合病院精神科病棟での対応となる．2008 年 6 月に厚生労働省から発表された「認知症の医療と生活の質を高める緊急プロジェクト」で提案された認知症疾患医療センターは，2021 年 10 月現在，全国で 488 か所開設され，地域認知症医療の中核的役割を担っている．ここでは，これらの認知症医療現場の現状について述べる．

1．認知症の外来診療
1）もの忘れ外来

　平井俊策は，「もの忘れ外来」の動向として Hospital based care と Community based care に分かれ，地域での両者の連携が重要と指摘した[1]．前者は，大学付属病院や基幹型認知症疾患医療センターなどの大規模な総合病院を指す．最新の医療機器や診断技術などを駆使し，認知症の早期診断と早期

治療に重点をおき，地域の中核病院として他の医療機関や介護保険サービスとの連携に指導的な役割を演じている．

　大学病院などの特定機能病院では，MRI（Magnetic Resonance Imaging；磁気共鳴画像）やSPECT（Single Photon Emission Computed Tomography；単一光子放射断層撮影），さらにはPET（Positron Emission Tomography；陽電子放出断層撮影）などを用いて，より確実な診断を目指すが，なかには家族性アルツハイマー病の遺伝子検査などの先端技術を駆使した研究や治療薬開発などの研究機関としての性格が色濃い「もの忘れ外来」もある．

　一方，後者は，地域の診療所，精神科単科病院あるいは総合病院などの医療機関の外来診療のひとつとして開設している「もの忘れ外来」である．そこでは，認知症の早期発見や早期治療に加え，BPSDの対応など処遇困難な高齢者の入院加療も考慮した医療サービスを提供している．さらに地域住民の気楽なもの忘れ相談から，訪問診療，精神科訪問看護，デイケアなどさまざまな在宅医療サービスを展開している「もの忘れ外来」も少なくない．

　精神科病院の「もの忘れ外来」は，認知症の地域医療としての役割と同時に，BPSDの治療が主体で，主に向精神薬を用いてその軽減に努めている．異常な行動は在宅での介護を困難にし，介護破綻にもつながるため，入院や入所も考慮する．

　地域診療所は，もの忘れの症状に対して気楽に相談できる医療機関であり，認知症をきたす疾患のプライマリ・ケアとしての役割をもつ．家族介護者にとっては，在宅医療や介護を支える身近な支援者として位置づけられ，多様なニーズに対応している．

2）診療の現況

　2007年に実施した「東京都認知症専門医療機関実態調査報告書」[2]では，都内のすべての病院655か所，ならびに認知症関連学会3学会に所属する診療所360か所の認知症診療の実態調査結果が報告されている．それによると，都内病院の46.7%，診療所の70.6%が認知症の人の診療にあたり，診療科としては，内科，精神科，神経内科がもっとも多かった．これらの認知症の診断・治療を行っている医療機関のうち，62.4%に認知症を専門にしている医師が勤務していた．

　認知症の原因疾患は，アルツハイマー型認知症67.6%，血管性認知症19.5%，レビー小体型認知症/パーキンソン病による認知症4.3%，前頭側頭型認知症1.0%であった．そのほかに，アルコール性，混合型などの疾患が7.6%挙げられた[3]．

　久山町の調査によると[4]，血管性認知症の有病率は2000年代に入り増加傾向にあり，その理由に高齢者の糖尿病の増加が挙げられ，糖尿病がアルツハイマー型認知症危険因子であることが指摘された．また高血圧も血管性認知症の危険因子であることから，これらの成人病の予防，治療ももの忘れ外来では欠かせない．

　2013年の朝田らの疫学調査によると[5]，軽度認知障害（Mild Cognitive Impairment；MCI）は約400万人といわれ，認知症の予備軍として注目された．いずれにしても，MCIの段階での早期発見・早期対応は認知症医療の重要な役割であることから[6]，認知症の予防を念頭においた予防医療が「もの忘れ外来」で展開されることが今後ますます期待されている．

3）患者動向

　「東京都認知症専門医療機関実態調査報告書」[2]によると，1日の認知症の外来患者数が50人以上の病院は，200床以上で39.2%，200床未満で13.7%，診療上では13.5%であった．不穏・興奮などの周辺症状に対応している医療機関は48.5%で，入院可能な医療機関の46.5%が精神科病床で，療養病床は35.4%であった．身体合併症の対応は81.1%の医療機関で可能であり，入院は一般病床で受け入れている医療機関がもっとも多く66.1%であった．

　訪問診療については，回答があった医療機関338か所中20.7%が実施しており，診療所での実施は39.0と4割を占めた．また，訪問看護ステーションを運営または連携している医療機関が26.5%，デイサービスが22.1%，ショートステイが20.0%であった．

2．認知症の入院診療

1）精神病院の認知症医療

　認知症の人の精神病院入院の実態について，「精神病床における認知症入院患者に関する調査（以下，精神病床調査）」[7]の概要をもとに述べる．

（1）入院理由

　精神病床調査でもっとも多い入院の理由は，約7割が「精神症状等が著明となり，在宅療養や介護施設等での対応が困難になったため」であり，約2割が「他の一般病床で入院加療中に精神症状の出現や対応が困難となったため」であった．すなわち入院患者の95％がBPSDの対応困難で，また14％が身体症状悪化によるものであった[8]．そして，入院前の患者の状況は，約47％が自宅，34％がほかの医療機関入院，18％が介護施設入所であった．

　入院した人の診断は，56％がアルツハイマー型認知症，29％が血管性認知症で，その90％以上が「認知症高齢者の日常生活自立度」がⅢ以上で，50％以上が要介護3以上であった．またADL（Activities of Daily Living；日常生活動作）は，トイレ，入浴，衣服の着脱など基本的な身辺に関するADLの全面介助者がどれも40％前後であることから，十分な身体介護を必要とする患者の入院も多いことがうかがえる．

　以上から，精神病院に入院する認知症の人の特徴は，激しいBPSD症状を有し在宅や施設でのケアが困難になった人で，比較的高度の認知症で日常生活においても十分な介護が必要な人であった．

（2）入院加療の実態

　入院加療の目的は，主に精神症状の軽減であり，それには向精神薬が用いられることが多い．しかし，2013年7月に発表された「かかりつけ医のためのBPSDに対応する向精神薬使用ガイドライン」[9]によると，まずは非薬物的介入をすべきとしている．さらに認知症に伴う心理症状に対する抗精神病薬は適応外とも述べている．しかし，2015年の厚生労働省の調査によると，医師の50％以上が抗精神病薬を使用している実態があった．それゆえ，やむを得ず使用する場合は，非薬物的介入と組み合わせ，できる限り多剤併用を避けるべきであることがガイドライン第2版[10]で示されている．抗うつ薬，抗不安薬，睡眠導入薬，抗てんかん薬などの抗精神病薬以外の向精神薬の投与も慎重な対応が求められている．また，身体疾患のための治療薬は8割以上の患者に投与され，なかでも重篤な身体疾患を有している患者は約3割であった．さらに日常的に身体疾患の薬物による管理が必要な患者は6割であった．

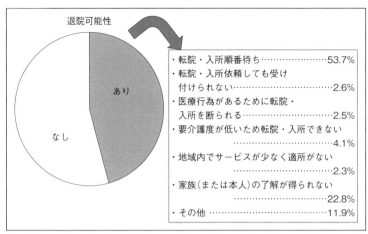

出典）朝田　隆（研究代表）：認知症の実態把握に向けた戦略立案及び予備的研究；平成
　　20 年度総括・分担研究報告書. 厚生労働科学研究費補助金厚生労働科学特別研究
　　事業（2009）.

図 8-1　退院可能性患者が退院に結びつかない理由

　精神病床での在院日数をみると，1 年以上 3 年未満の入院患者が約 3 割で
もっとも多く，3 年以上 5 年未満の入院患者は約 2 割であった．精神病床調
査によると，自宅や介護施設などの支援が整った場合に退院が可能な患者が
約 2 割である一方，状態の改善が見込まれず，住居先・支援を整えても 6 か
月以内に退院の可能性がない患者が 6 割以上で，そのうち約 4 割が「精神症
状等を伴うため，入院による身体合併症の医療ケアが必要」が理由であった．
また退院の可能性がない患者の約 3 割には「迷惑行為を起こす可能性」が指
摘されていた．

　また，「認知症の実態把握に向けた戦略立案及び予備的研究」[11]によると，
退院の可能性がある患者が退院できない理由としてもっとも多いのが「転
院・入所順番待ち」の 5 割以上であり，次に「家族の了解が得られない」患
者が約 23 % であった（図 8-1）.

3．認知症疾患医療センター

　2008 年 7 月に厚生労働省は「認知症の医療と生活の質を高める緊急プロ

ジェクト」を発表した．そこでは，認知症における専門医療の提供，介護との連携の中核機関として認知症疾患医療センターを設置することがうたわれた．2022年5月現在で全国に基幹型Ⅰ17か所，基幹型Ⅱ3か所，地域型382か所，連携型94か所，合計全国に496か所設置されている．このセンターの役割は，専門医療相談，早期診断に基づく初期対応，BPSDの治療，身体合併症のマネジメント，かかりつけ医や介護スタッフとの連携・医療研修の実施，標準的な認知症医療の普及・啓発などがある．センターには基幹型Ⅰ，基幹型Ⅱ，地域型，連携型の類型があり，それぞれの設置基準や機能は異なる（図8-2）．

　基幹型および地域型の設置基準は，専門医療機関で認知症疾患の鑑別診断のための人員配置と検査体制を有している医療機関である．人員配置では専門医（日本老年精神医学会または日本認知症学会）または認知症医療にかかわる経験が5年以上の医師が1人以上配置されていること，専任臨床心理技術者1人以上，専従精神保健福祉士または保健師等が1人以上配置されていることと定めている．検査体制では，CTまたはMRIを有していること，SPECTは，他の医療機関との連携も含め活用できる体制が整備されていることとしている．

　基幹型と地域型の設置基準に伴う大きな違いは，前者は，認知症の身体合併症やBPSDに対して急性期入院治療を行える一般病床と精神病床を有していることが条件で，後者はどちらか1つの病床を有し，有していない病床に関しては連携がとれる病院が同じ地域に存在することが条件である．

　連携型は，地域の身近な医療機関に設置され，かかりつけ医や地域包括支援センター等との連携・支援を担う機関として整備されている．

　その他，認知症疾患にかかわる専門の部門を設置し，認知症の専門医療相談を行っていることや，地域の社会資源との連携や連携協議会，研修会の設置や実績報告を義務づけている．

4．認知症初期集中支援チーム

　2003年度には『認知症の早期診断・早期対応』に対応するためのモデル事業として，「認知症初期集中支援チーム設置促進モデル事業」が全国14市町

○認知症疾患に関する鑑別診断や医療相談を行うほか，地域での認知症医療提供体制の構築を図る事業（H20年度創設）
○本人や家族に対し今後の生活等に関する不安が軽減されるよう行う「診断後等支援」や，都道府県・指定都市が行う地域連携体制の推進等を支援する「事業の着実な実施に向けた取組」なども実施
○実施主体：都道府県・指定都市（病院または診療所を指定）
○設置数：全国に496カ所（令和4年5月現在）
【認知症施策推進大綱：KPI/目標】全国で500カ所，2次医療圏ごとに1カ所以上（2020年度末）

	基幹型Ⅰ	基幹型Ⅱ	地域型	連携型
主な医療機関	総合病院，大学病院等		精神科病院，一般病院	診療所，一般病院
設置数（令和4年5月現在）	17カ所	3カ所	382カ所	94カ所
基本的活動圏域	都道府県圏域		二次医療圏域	
専門的医療機能 鑑別診断等	認知症の鑑別診断及び専門医療相談			
専門的医療機能 人員配置	・専門医又は鑑別診断等の専門医療を主たる業務とした5年以上の臨床経験を有する医師（1名以上） ・臨床心理技術者（1名以上） ・精神保健福祉士又は保健師等（2名以上）		・専門医又は鑑別診断等の専門医療を主たる業務とした5年以上の臨床経験を有する医師（1名以上） ・臨床心理技術者（1名以上） ・精神保健福祉士又は保健師等（2名以上）	・専門医又は鑑別診断等の専門医療を主たる業務とした5年以上の臨床経験を有する医師（1名以上） ・看護師，保健師，精神保健福祉士，臨床心理技術者等（1名以上）
専門的医療機能 検査体制（※他の医療機関との連携で可）	・CT ・MRI ・SPECT（※）		・CT ・MRI（※） ・SPECT（※）	・CT（※） ・MRI（※） ・SPECT（※）
専門的医療機能 BPSD・身体合併症対応	救急医療機関として空床を確保	急性期入院治療を行える他の医療機関との連携で可		
専門的医療機能 医療相談室の設置	必須		－	
地域連携機能	・地域への認知症に関する情報発信，普及啓発，地域住民からの相談対応 ・認知症サポート医，かかりつけ医や地域包括支援センター等に対する研修の実施 ・地域での連携体制強化のための「認知症疾患医療センター地域連携会議」の組織化　等			
診断後等支援機能	・診断後等の認知症の人や家族に対する相談支援や当事者等によるピア活動や交流会の開催			
事業の着実な実施に向けた取組の推進	都道府県・指定都市が行う取組への積極的な関与		※基幹型が存在しない場合，地域型・連携型が連携することにより実施	

出典）厚生労働省（2022）「認知症疾患医療センター（概要）」（https://www.mhlw.go.jp/content/000951904.pdf）．

図8-2　認知症疾患医療センター運営事業

村で実施された．その成果を踏まえ，2014年度は「認知症初期集中支援推進事業」を位置づけ，2015年度には包括的支援事業とし，すべての市区町村で実施することを目指した．

　認知症初期集中支援チーム（以下，支援チーム）は，家族の訴え等により，認知症が疑われる人やその家族を医師や看護師，ケアマネジャーなどの複数の専門職が訪問し，家族支援などの初期の支援を包括的，集中的に行い，自立生活を支援する事業である．

1）訪問支援対象者

　訪問支援対象者は，40歳以上で在宅生活をしており，かつ認知症が疑われる人または認知症の人で，以下①，②のいずれかの基準に該当する人とする.

①医療サービス，介護サービスを受けていない人，または中断している人で以下のいずれかに該当する人

　(a) 認知症疾患の臨床診断を受けていない人

　(b) 継続的な医療サービスを受けていない人

　(c) 適切な介護保険サービスに結びついていない人

　(d) 診断されたが介護サービスが中断している人

②医療サービス，介護サービスを受けているがBPSDが顕著なため，対応に苦慮している人

2）チーム構成

①認知症初期集中支援チームが配置される場所は，主に地域包括支援センターや医療機関，認知症疾患医療センター，行政等である.

②チーム員の配置人数と職種チーム員は，以下のaを満たす専門職2人以上，bを満たす専門医1人の計3人以上で編成する.

　(a)「保健師，看護師，作業療法士，社会福祉士，精神保健福祉士，介護福祉士」等の医療保健福祉に関する国家資格を有する人

　(b) 認知症ケア実務経験3年以上または在宅ケア実務経験3年以上を有する人

　(c) 国が別途定める「認知症初期集中支援チーム員研修」を受講し，試験に合格した人

　ここでは，チーム員の医師は，日本老年精神医学会もしくは日本認知症学会の定める専門医または認知症疾患の鑑別診断等の専門医療を主たる業務とした5年以上の臨床経験を有する医師のいずれかに該当し，かつ，認知症の確定診断を行うことのできる認知症サポート医である医師（嘱託可）1人とその要件を定めている.

3）チーム員の役割

　チーム員は，目的を果たすために訪問活動等を行う.専門医は，他のチーム員をバックアップし，認知症に関して専門的見識から助言等を行う.また，

必要に応じてチーム員とともに訪問し相談に応需する．なお，訪問する場合のチーム員数は 2 人以上とし，医療系職員と介護系職員それぞれ 1 人以上で訪問する．

　支援チームの活動に際しては，地域包括支援センターとの協働が不可欠であり，必ず地域包括支援センター経由で訪問支援対象者に関する情報を入手し，またチーム員が直接訪問し，支援対象者に関する情報を知り得た場合には，地域包括支援センターと情報を共有することが求められている．

　情報収集訪問時には，家族などが同席できるように調整を行い，本人の現病歴，既往歴，生活情報等に加え，家族の状況などを収集する．また，要介護認定時の情報や医療機関の情報なども同時に確認しておくことが求められている．なお，認知症の包括的アセスメントを行うために，本事業では以下の①〜④すべてのアセスメントツールを用いることとする．

　①地域包括ケアシステムにおける認知症アセスメントシート（Dementia Assessment Sheet in Community-based Integrated Care System；DASC）

　②認知症行動障害尺度（Dementia Behavior Disturbance Scale；DBD13）

　③Zarit 介護負担尺度日本語版のうち 8 項目（Zarit Burden Interview；J-ZBI8）

　④身体のようすのチェック票

　なお，上記に加えて，他のアセスメントツールを利用することは差し支えない．

　支援が必要な人には，専門的医療機関への受診や介護保険サービスの利用を支援する．また，訪問支援対象者ごとにアセスメント内容を総合的に確認し，支援方針，支援内容や支援頻度等の検討を行うために，専門医も含めたチーム員会議を初回訪問後に行い，その後は適宜開催する．

4）支援内容

　初期集中支援の実施期間は，訪問支援対象者が医療サービスや介護サービスによる安定的な支援に移行するまでの間とし，おおむね最長で 6 か月とする．初期集中支援の内容は，以下のとおりである．

　①医療機関への受診や検査が必要な場合は，訪問支援対象者に適切な医療

機関の専門受診に向けた動機づけを行い，継続的な医療支援に至るまで支援を行う．

② 訪問支援対象者の状態像に合わせた適切な介護サービスの利用が可能となるように，必要に応じて介護サービスの利用の勧奨・誘導を行う．

③ 認知症の重症度に応じた助言

④ 身体を整えるケア

⑤ 生活環境の改善など

Ⅲ．地域包括ケアシステムにおける認知症医療

1．地域包括ケアシステム

2015年4月の介護保険制度の改定にあたり，要支援者に対する介護保険サービスが市町村の地域支援事業に移行された．そこで厚生労働省は，2025年までに高齢者の尊厳の保持と自立生活の支援の下で，可能な限り住み慣れた地域で，自分らしい暮らしを人生の最期まで続けられるように，地域包括的な支援とサービスの提供体制（地域包括ケアシステム）の構築を目指した．そのため，住まい，医療，介護，予防，生活支援が一体となって提供される地域包括ケアシステムは，市町村，都道府県が地域の自主性や主体性に基づき，地域の特性に応じて作り上げていくことが期待されている．

地域包括ケアシステムを実現するためには，次の5つの構成要素の取り組みが包括的（利用者のニーズに応じた①〜⑤の適切な組み合わせによるサービス提供）かつ，継続的（入院，退院，在宅復帰を通じて切れ目ないサービス提供）に行われることが必須である．

① 医療との連携強化：24時間対応の在宅医療，訪問看護やリハビリテーションの充実強化

② 介護サービスの充実強化：24時間対応の定期巡回・随時対応サービスなどの在宅サービスの強化

③ 予防の推進：できる限り要介護状態とならないための予防の取り組みや自立支援に資する介護の推進

④ 見守り，配食，買い物など多様な生活支援サービスの確保や権利擁護な

ど：ひとり暮らし，高齢夫婦のみ世帯の増加，認知症の増加を踏まえ，さまざまな生活支援（見守り，配食などの生活支援や財産管理などの権利擁護サービス）サービスを推進

⑤高齢期になっても住み続けることのできる高齢者住まいの整備：一定の基準を満たした有料老人ホームと高齢者専用賃貸住宅を，サービス付き高齢者住宅として高齢者住まい法に位置づけ

２．地域ケア会議

　地域ケア会議は，「地域包括ケアシステム」を実現させる一手法として期待されている．このケア会議の目的は，個別ケースの支援内容の検討のみならず，介護支援専門員の自立支援に資するケアマネジメントに関する実践力向上，地域包括支援ネットワークの構築，あるいは支援体制の脆弱さ，社会資源や人材等の地域課題を把握することである．

　地域ケア会議を積み重ねることにより，地域に不足している社会資源の開発，地域課題の解決のために必要な人材の育成，新たな仕組みづくりに向けた政策形成などにつなげていく．地域包括ケアシステムの整備および地域包括ケアの推進は，地域における尊厳あるその人らしい主体的な生活の継続を実現することを可能にする．

　地域ケア会議は，地域包括支援センターまたは市町村が開催主体であり，参加者は行政職員，地域包括支援センター職員，ケアマネジャー，介護サービス事業者，保健医療関係者，民生委員，住民組織，本人・家族等である．ここでは，サービス担当者会議で解決困難な課題等を多職種で検討することが多い．

　具体的には，以下のケース等が協議される．

①支援者が困難を感じているケース

②支援が自立を阻害していると考えられるケース

③支援が必要であると判断されるがサービスにつながっていないケース

④権利擁護が必要なケース

⑤地域課題に関するケース

3. 認知症医療の課題とその方略

　認知症医療とケアの現状から，今後の課題について述べる．2012年6月に厚生労働省認知症施設検討プロジェクトチームが発表した「今後の認知症施策の方向性について」[12]では，最近の精神病床での認知症の人の急速な増加について，「認知症の人の不適切な『ケアの流れ』」と言及し，今後の認知症施策の方向性を示した．そこで示された認知症医療の課題として，以下の点を挙げている．

①早期の診断に基づき，早期の適切なケアに結びつける仕組みが不十分．そのため，早期の適切なアセスメントによるケアの提供，家族への支援があれば，自宅で生活を送り続けることができる認知症の人でも，施設や精神科病院を利用せざるを得ない．

②不適切な薬物使用などにより，精神科病院に入院するケースが見受けられる．

③一般病院では，身体疾患の合併等により手術や処置等が必要な認知症の人の入院を拒否するケースが多い．またBPSDに対応できないため精神科病院での対応となり，また施設でも，BPSDに対応できないため，精神科病院に入院させるケースがある．

④認知症の人の精神科病院への入院基準がないこともあり，必ずしも精神科病院への入院がふさわしいとは考えられない認知症の人の長期入院がみられる．

⑤退院支援や地域連携が不十分であり，精神科病院を退院できる認知症の人も地域の受け入れ体制が十分でない．

　これらの要因について厚生労働省は，以下の5つの重点施策に取り組むべきと，決意を露わにしている．

①早期診断と「認知症初期集中支援チーム」による早期ケアの導入

②「認知症の薬物治療に関するガイドライン」の策定

③一般病院入院中の身体合併症をもつ認知症の人や施設入所中のBPSD発生者に対する外部からの専門科によるケアの確保

④精神科病院に入院が必要な状態像の明確化について，有識者による調査，研究の実施

⑤「退院支援・地域連携クリティカルパス（退院に向けての診療計画）」の
作成と地域での受け入れ体制づくりの推進

これらの施策が 2013 年度から 5 年間にわたって実施された「認知症施策推
進 5 か年計画（オレンジプラン）」の主要な柱になっている.

4．治療から生活支援へ

認知症医療が目指す方向性は，認知症の診断・治療にとらわれるのではな
く，認知症の人の生活を医療と介護の両側面から支援し，認知症を患っても
彼らの日常生活を豊かにするための多職種連携による医療サービスの実践で
ある．それには，認知症の人の生活全般におけるニーズを把握し，彼らの生
活機能を整える種々の社会サービスと協働することが大切である.

1999 年 11 月に発売されたドネペジル塩酸塩は，アルツハイマー型認知症
（Alzheimer's Disease；AD）の進行を抑える対症療法薬で，ケアの補助薬と
して位置づけられてきた．すなわち，臨床医が患者の穏やかな生活を確保す
るために，ケアを通して BPSD や ADL の障害に伴う生活の混乱に対する医
療の役割を真剣に考えはじめたのである[13]．また認知症の人の生活を支える
ための社会的活動も医療と製薬企業が一体になり取り組むことで，AD を治
す医療から，AD 患者や家族の生活を支援する医療に変わっていった.

5．多職種協働

2019 年 6 月に，政府は「認知症施策推進大綱」を発表した．この大綱は
「認知症の発症を遅らせ，認知症になっても希望を持って日常生活を過ごせ
る社会を目指し，認知症の人や家族の視点を重視しながら『共生』と『予防』
を車の両輪として施策を推進」[14]が基本的な考えである.

認知症は，だれもがなりうるもので，多くの人にとって身近なものとなっ
ている．この大綱では，認知症の人が住み慣れた地域のなかで尊厳が守られ，
自分らしく暮らし続けることができる社会を目指している．それゆえ，予防
を含めた認知症への「備え」としての取り組みを促し，結果として 70 代での
発症を 10 年間で 1 歳遅らせることを目指している．そのためには，認知症の
人や家族の視点を重視した施策が展開されるが，そこでの認知症医療が果た

す役割を考えていく.

　以前,「キュア」と「ケア」についてよく論じられたが,その当時「キュア
は治療」で「ケアは看護」というイメージがあった[15]. 江藤が指摘するよう
に,キュアは治療そのもので,ケアは「心配,注意,関心,世話」といった
意味も含まれ,サービスを提供するという行為や技術の意味と,精神面で支
える意味を加味した行為である. 認知症医療の多職種協働は,キュアとケア
のそれぞれの専門性と技術を統合させた多職種協働(連携)である.

6. 今後の課題

　医療・保健・福祉の連携は,2000年4月に介護保険制度が策定されて以
来,重要な課題として取り上げられているが,連携システム構築のむずかし
さもある. 連携とは,「現代福祉学レキシンコン」[16]によると「保健・医療・
福祉に関連する専門職および施設機関が従来の自己完結的支援に留まらず,
より一貫性の高い,総合的な支援を実施する目的で,協力体制を築くこと」
と定義している. すなわち,各分野の専門職や機関がそれぞれの専門性を生
かしながら自己完結的支援にとどまらず,1つの共通の目的に向けて協働す
ることであり,各専門分野の枠組みを超えた活動が求められる.

　高齢者医療では,医療・保健・福祉のあらゆる職種が協働して実践する地
域医療システムの構築が必須であり,そのリーダーとして医療が果たす役割
は大きい[17]. すなわち医療もキュアだけにとらわれるのではなく,介護支援
専門員(ケアマネジャー)や他の介護・福祉専門職と協働しながら,認知症
の人に安心して安全に暮らせる生活を支援する医療サービスの展開が求めら
れる.

文　献

1) 平井俊策:「もの忘れ外来」の問題点と今後の動向. *Geriatric Medicine*, 42(6):
　797-800 (2004).
2) 東京都福祉保健局 (2007)「東京都認知症専門医療機関実態調査報告書」(https://
　www.fukushihoken.metro.tokyo.lg.jp/zaishien/ninchishou_navi/torikumi/
　chousa/senmon_iryou/pdf/iryou_chousa_honbun.pdf).
3) 厚生労働省老健局 (2019)「認知症施策の総合的な推進について」(https://www.

mhlw.go.jp/content/12300000/000519620.pdf).

4) 清原　裕：血管性認知症の疫学. 老年精神医学雑誌, 24(4):339-349 (2013).

5) 朝田　隆, 泰羅　雅, 石合　純, ほか：都市部における認知症有病率と認知症の生活機能障害への対応. 平成 23 年度-平成 24 年度総合研究報告書, 厚生労働科学研究費補助金認知症対策総合研究事業 (2013).

6) 佐々木恵美, 朝田　隆：MCI の概念と歴史. *Cognition and Dementia*, 1(1):15-20 (2002).

7) 厚生労働省 (2010)「精神病床における認知症入院患者に関する調査概要」(https://www.mhlw.go.jp/stf/shingi/2r9852000000z8ie-att/2r9852000000znwy.pdf).

8) 渕野勝弘：精神科病床における認知症治療の現状と課題；2025 年への提言. 老年精神医学雑誌, 23(5):558-567 (2012).

9) 平成 24 年度厚生労働省科学研究費補助金 (厚生労働科学特別研究事業) 認知症, 特に BPSD への適切な薬物使用に関するガイドライン作成に関する研究班に対するかかりつけ医の向精神薬使用の適正化に関する調査研究班 (2013)「かかりつけ医のための BPSD に対応する向精神薬使用ガイドライン」(https://www.mhlw.go.jp/stf/houdou/2r98520000036k0c-att/2r98520000036k1t.pdf).

10) 平成 27 年度厚生労働省科学研究費補助金 (厚生労働科学特別研究事業) 認知症に対するかかりつけ医の向精神薬使用の適正化に関する調査研究班 (2015)「かかりつけ医のための BPSD に対応する向精神薬使用ガイドライン (第 2 版)」(https://www.mhlw.go.jp/file/06-Seisakujouhou-12300000-Roukenkyoku/0000140619.pdf).

11) 朝田　隆 (研究代表)：認知症の実態把握に向けた戦略立案及び予備的研究；平成 20 年度総括・分担研究報告書. 厚生労働科学研究費補助金厚生労働科学特別研究事業 (2009).

12) 厚生労働省認知症施策検討プロジェクトチーム (2012)「今後の認知症施策の方向性について」(https://www.mhlw.go.jp/stf/shingi/2r9852000002fv2e-att/2r9852000002fv5j.pdf).

13) 今井幸充：アルツハイマー型痴呆と向き合って. *Clinician*, 46:103-104 (1999).

14) 厚生労働省 (2020)「認知症施策推進大綱について」(https://www.mhlw.go.jp/stf/seisakunitsuite/bunya/0000076236_00002.html).

15) 江藤裕之：通時的・統語論的視点から見た care と cure の意味の相違；care 概念を考える一つの視点として. 長野看護大学紀要, 9:1-8 (2007).

16) 京極高宣監：現代福祉学レキシンコン. 第二版, 76-77, 雄山閣出版, 東京(1998).

17) 今井幸充：家族介護. カレントセラピー, 22:82-86 (2004).

第 9 章

若年性認知症の人への支援

Ⅰ. 若年性認知症の概要

　認知症は，65 歳以上の高齢者に多い疾患であるが，65 歳未満で発症する場合もあり，高齢期発症の認知症と分けて若年性認知症とよんでいる．昨今，映画やテレビドラマ，各種報道などで取り上げられることも増え，当事者の力も借りて世の中に認識され始めた．若年性認知症は，就労中や子育て中に発症する人が多く，認知症高齢者とは異なる支援が必要となる．

　本章では，若年性認知症の概要や施策の展開，支援上の留意点，活用できる制度や社会資源などを示した後，実際の支援イメージを紹介し，幅広いサポートを必要とする若年性認知症の人の支援の全体像を示す．

　また，若年性認知症の人が，自身のニーズに基づきさまざまな活動を行う新しい動きについても，当事者の声を踏まえて紹介する．

1. 若年性認知症の人の数

　わが国における若年性認知症の人の調査は，おおよそ10年スパンで行われており，2017〜2019 年度に実施された国の調査では，有病者数は 35,700 人と推計された[1]．65 歳以上の認知症の人の数が 2020 年度には 675 万人と推計[2]されていることから，おおよそ 200 分の 1 である．

　前回の 2009 年の報告[3]では，全国に 37,800 人と推計されていた．今回の報告では数は減ったが，働く世代の人口が減少していることから18〜64歳人口10 万人あたりでは，47.6 人から50.9 人に増加した．

2. 原因疾患

　原因となる疾患は，アルツハイマー型認知症がもっとも多く（52.6%），次いで血管性認知症（17.1%），前頭側頭型認知症（9.4%），外傷による認知症（4.2%），レビー小体型認知症／パーキンソン病による認知症（4.1%）となった（図 9-1）[1]．

　高齢者と比較するとアルツハイマー型認知症がもっとも多い点は同じであるが，若年性認知症では前頭側頭型認知症の割合が多くなっている．

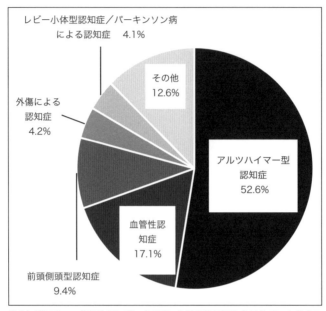

出典）粟田主一：若年性認知症の有病率・生活実態把握と多元的データ共有シ
ステムの開発. 日本医療研究開発機構（AMED）認知症研究開発事業
（2020）.

図 9-1　若年性認知症（調査時 65 歳未満）の基礎疾患の内訳

3．施策の展開

　わが国の若年性認知症の人への支援施策の展開をまとめる.

　2008 年 7 月の「認知症の医療と生活の質を高める緊急プロジェクト」[4]で
は，若年性認知症コールセンターが設置され，高齢者とは異なる支援が必要
な若年性認知症の人への専門相談が開始された.

　2012 年 9 月の「認知症施策推進 5 か年計画（オレンジプラン）」[5]では，調
査・研究結果を反映した本人・家族向けのハンドブックや相談職向けの支援
ガイドブックが作成され，都道府県・市区町村に配布された. その後，自治
体独自のリーフレットやケアパスに反映されていった.

　2015 年 1 月の「認知症施策推進総合戦略（新オレンジプラン）」[6]では，都
道府県に若年性認知症の人の相談に応じる窓口の設置が制度化され，若年性

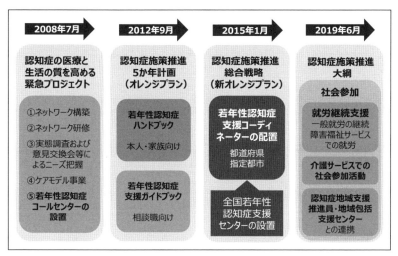

図9-2　若年性認知症支援施策の展開

　認知症の人の支援に特化した『若年性認知症支援コーディネーター』の配置
が進められた．2019年度には，すべての都道府県に若年性認知症支援コー
ディネーターが配置され，現在は指定都市にも配置が進んでいる．

　2019年6月の「認知症施策推進大綱」[7]では，診断後も社会参加を続けるこ
とをキーワードに，就労継続支援や介護サービスでの社会参加活動の促進，
市町村の認知症地域支援推進員や地域包括支援センターとの連携などが進め
られている（図9-2）．

４．認知症高齢者との違い

　若年性認知症は，発症時期が早いことから高齢者とは異なる特徴をもつ．
また，アルツハイマー型認知症の症状については，大脳皮質の障害が強く，
失語や空間認知機能障害により早期から生活機能に大きな影響を及ぼす可能
性が示唆されている[8]．

　認知症高齢者との違いについて比較すると以下のようになる．

１）発症年齢が若い

　就労や子育て，親の介護を担っている時期に発症するため，本人の支援だ

186

表 9-1　若年性認知症コールセンターにおける気づきから受診日まで，受診日から相談日までの年数

	気づきから受診日まで n＝47（不明を除く）	受診日から相談日まで n＝209（不明を除く）
半年未満	10件（21.3％）	50件（23.9％）
半年〜1年	6件（12.8％）	14件（ 6.7％）
〜2年	7件（14.9％）	20件（ 9.6％）
〜3年	5件（10.6％）	17件（ 8.1％）
3年以上	19件（40.4％）	108件（51.7％）

出典）認知症介護研究・研修大府センター（2021）「全国若年性認知症支援センター2020年報告書」(https://www.dcnet.gr.jp/support/research/center/detail_0038_center_3.php).

けではなく家族への社会的支援も必要となる.

2）異常に気づいても受診が遅れやすい

似たような症状が出やすい「うつ」などの他の精神疾患や「更年期の症状」を疑うことはあっても認知症による症状であるとは疑わず，認知機能の低下を精査するような診療科につながりにくい.

3）相談までに時間がかかる

若年性認知症コールセンターのデータでは，おかしいと気づいてから医療機関を受診するまでの期間が3年以上かかるケースが約4割，医療機関を受診して専門機関に相談するまでの期間が3年以上かかるケースが半数以上を占めた. 認知症を疑わないだけではなく，診断に対する抵抗感から受診が遅れるケースや，相談窓口への連絡が躊躇される状況がうかがえる（表9-1）.

4）就労中に発症することが多く，経済的な問題が大きい

前出の国の調査では，就労中に発症したケースが約6割で，調査時点で約7割が退職したと報告された[1]. 就労を続けることができない人が多いことから，経済的な支援が必要なことが多い.

5）介護者を取り巻く状況の特徴

（1）配偶者に負担が集中しやすい

配偶者がいる場合には，仕事や家事，子の養育，親の介護などの負担が配偶者に集中しやすい.

（2）主介護者が高齢の親である

独立した子どもが高齢の親元へ戻ることもある.

（3）子どもの成長に影響しやすい

子どもの進学や就職，結婚などのライフイベントに影響を及ぼしやすい.

6）家庭の問題が顕在化しやすい

発症するまでは小さかった家庭の問題が，発症後には大きくなりやすい.

7）自動車の運転の中断

高齢者以上に自動車を運転する人は多く，運転の中断による社会的・精神的ダメージが大きい.

Ⅱ. 支援上の留意点

1. 思いやニーズに共感する

支援を考えるなかで，本人や家族の信頼を得る必要があることはいうまでもない. そのためには，本人や家族の思い，ニーズを理解しなければならない.

1）本人の思い

社会活動を活発に営んでいる時期に発症することから，認知機能が低下していることを自覚していることが多い. 感情機能はあまり低下しないため，まわりに迷惑をかけているという思いが募りやすく，以前の自分と現在の自分とのギャップを強く感じ，無理をすることも多い.

診断後は,「何で自分が」とほとんどの人がおののき否定するが，うまくいかなくなった理由が分かり安心することもある. インターネットなどを使って認知症のことを調べる人も多く，否定的な情報にふれて落胆し，今後の人生を悲観する人も多い. また，自分のことよりも家族のことを心配する人や差別や偏見にさらされるのではないかと考える人も多い.

そうしたなか「病気を治したい」「仕事を続けたい」という声が，多くの若年性認知症の人からよく聞かれる. 支援者はその声を無視してはならない.

2）家族の思い

配偶者も本人と同じような思いを抱くことが多い. 診断を聞いても頭に入らず，本人の病状の進行や家族の将来を考えて悲観し，認知症のイメージか

らか，だれにどのように相談したらよいかはばかられ，家族のなかでも認知症のことを話題にできないことも多い．

3）子どもの思い

思春期であれば，アイデンティティの確立に影響し，幼少期であれば甘えるさきを失うことになる．本人や配偶者と同様に，まさかの思いは強く，自分の人生に親の病気が影響するかもしれないと考える．

本人，配偶者，子ども，だれにとっても若年性認知症の診断は年相応ではなく，一家が社会から孤立する状況が生じやすい．本人や家族の思いに共感できないと支援は受け入れらない．

2．早期発見と早期支援

高齢者と異なり，社会活動を活発に行っている時期での発症は，軽微な症状のうちに本人やまわりの人が気づきやすいという一面をもつ．

本人が最初に異変に気づくが，容易く人には言えない．また，仕事でミスが出てきて職場の同僚が気づいたり，交遊関係のなかで友人が気づいたり，以前を知っているまわりの人が気づくこともある．

早い段階で医療機関を受診し，確定診断がなされれば，原因疾患に応じた治療に早くつなげることができるため，医学的治療の効果も高まる．初期の段階では症状が顕著でないことも多く，診断がつかないケースや，もの忘れ以外の頭痛や疲れやすさなどの訴えから，検査をしていって認知症の診断に至ったりするケースもある．また，4大認知症（アルツハイマー型認知症，血管性認知症，レビー小体型認知症，前頭側頭型認知症）以外の疾患が見つかる場合もある．その後の経過を追う期間をとるためにも継続的な受診が大切であり，病気の治療の面では早期に発見するメリットは大きい．

本人や家族，まわりの人の認知症の受容には時間が必要であることからも，早期に気づき，専門的なサポートが入ることは重要である．一般就労を継続する場合にも，早期に専門職がかかわることができれば就労継続の可能性は高まる．

本人が受診を強く拒否する場合には，その理由にふれる必要があり，家族間のトラブルや今後の支援のことを考えると無理強いは避けるほうがよい．

症状がある程度進んでからの受診では，認知症に対する本人のイメージや，認知症の診断が本人や家族に及ぼす影響を考えながら受診勧奨を行う必要がある．

3．ソフトランディングの視点

　若年性認知症の人は，認知機能の低下とともに，いままでできていたことがうまくいかなくなったり，交遊関係がぎくしゃくすることが多くなったりする．支援するなかでは，失敗が積み重なることや交友関係が途絶えることで，自信を失ったり，孤独を感じたりするようなことがあってはならない．一方で，専門的なサポートがなく，自分の能力以上のことを続けたり，それをまわりが強いたりしてしまっては，本人の心身へのダメージは積み重なってしまう．

　そのようなことを防ぐため，症状の進行を考慮して，本人の能力に応じた活動を選択し，同時に安心できる居場所や活躍する場を持ち続けることなどの社会参加を続けながら支援を進めていくことが重要となる．

　たとえば，一般就労を継続したいと希望する人は，認知機能を補う本人の工夫や環境を整えるなどのサポートを受けて就労を継続するが，それでもはずかしめを受けるまで続けるわけではなく，支援者はあらかじめ福祉的就労（障害者総合支援法の就労系サービス）などのニーズや能力に合った次のステップを用意し，切れ目なく支援を進めていくことが求められる．ソフトランディングの視点とは，症状の進行に合わせて，適時適切なサポートを切れ目なくつなげ続けることである．

　休職や退職した場合，本人の能力や心情を鑑みると介護保険サービスをすぐに利用することは考えにくい．認知機能の低下はあるもののまだできることは多く，身体は元気であるが心が傷ついているこの時期には，身体的な介護サービスを受けることにニーズはなく，生きがいや社会参加のニーズを満たすようなサービスが必要となる．ニーズを見誤ると人との交流を絶って自宅に閉じこもりがちになることも多く，認知症が進行して介護保険サービスを受けるまでの期間が空白となりやすい．空白の期間を長く続けると，病気の受容も進まず，生きていく意味を失ってしまうことさえある．

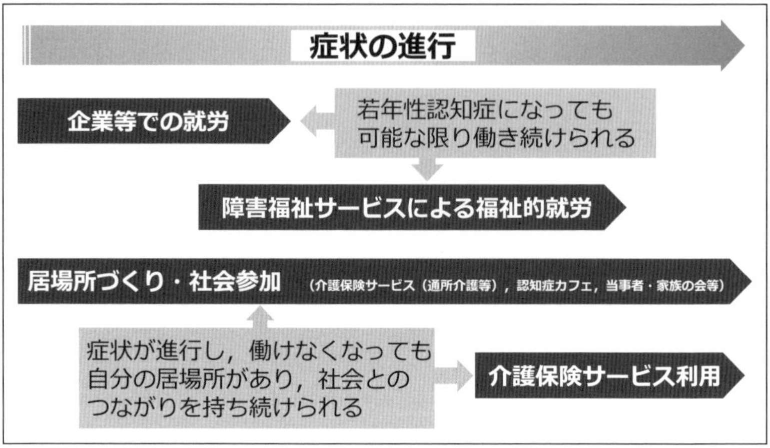

出典）認知症介護研究・研修大府センター：若年性認知症の人への社会参加等への支援体制強化に関する調査研究事業．平成30年度老人保健健康増進等事業（2019）．

図9-3　若年性認知症の人の就労・社会参加

　認知症と診断されると，まわりの人は「認知症だからできない」「認知症だから代わりにやらなければならない」と考えやすい．そうすると本人の「やり続けたい」「まだまだできる」という思いと反発し，軋轢を生みやすい．本人とともに「本人のできることを工夫してやっていこう」という認識に立つ必要がある．それでも仕事，運転，趣味など，できなくなることは出てくる．そのような場合には，まわりがやめさせるというやり方ではなく，本人自らがやめる選択をするよう区切りを大事にした支援を心がけることが望ましい（図9-3）．

4．新しい目標づくり

　認知症の診断を受けると，多くの人が「まさか自分が認知症とは」と驚く．結果をすぐに受け入れることはむずかしく，診断に背を向けて「いや認知症ではない」「人に言うな，だれにも会いたくない」，認知症を忌み嫌い「認知症を隠して生きよう」「どうにでもなってしまえ」と後ろ向きになったり，自暴自棄になったりする．

　ただ，同じ診断でも「そうか，自分が悪いのではなく病気のせいなのか」
ととらえ，「できることがあるのではないか」「精一杯，やれることをやって
みよう」と考え，「認知症とともに生きよう」と前向きに気持ちが変化してい
く人もいる．気持ちの変化に違いが生じる理由は，どこでどのような人とど
う出会ったかによる．やれなくなったことを責めず，治らない病気であると
一括せず，本人の可能性を信じ，できることを応援してくれる専門職に出会
い続けると病気とともに歩めるような気持ちになりやすい．同じ立場（認知
症の診断を受けた仲間）の人に出会うことも本人の生きる力を蘇らせること
に大きく影響する（ピアサポート）．認知症とともに生きる新しい人生の目標
を，当事者とともに作り上げていくような支援を心がけることが望ましい．

5．中核症状へのサポート

　記憶障害や見当識障害などの中核症状が進行すると，行為や作業を自分一
人ではこなせなくなることが増えていく．仕事や子育てなど，社会生活を活
発に営んでいる時期であるため，行為や作業ができなくなることは社会的役
割を失うきっかけにもなる．できないことがあると他のだれかが代わりに行
えばよいと思い，ヘルパーなどの社会資源を活用することなどを考える場合
もあるが，社会的役割を失うことには変わりがない．

　認知症高齢者でも考え方に相違はないが，とくに若年性認知症の人の場合
には，できなくなったことをだれかが代わりに行うほうがよいと安易に考え
ず，工夫やアイデアがあればできるようになるのではないかと考える必要が
ある．そのためには，なにが分かってなにが分からないか，なにができてな
にができないかなど，中核症状が1つひとつの行為や作業に及ぼす影響を分
析し，メモやアラームなどの記憶を連続させる工夫や目印，なじみの道具に
変えるなどの見当識を補うアイデアによって，自分自身で行為や作業が再び
できるようになっていくサポートが求められる．

　通勤があやふやになってきた人には，スマートフォンの位置情報アプリを
使って迷わないようにしたり，カメラ機能を活用してアルバムをみながら間
違えないようにしたりするサポートで通勤を続けられたケースがあった．服
の裏表の認識がむずかしく服を着るのに時間がかかっていた人に，作業療法

192

士が裏側に目印を縫いつけただけで自らすばやく服が着られるようになった
ケースもあった．人の手を借りず再び自分でできるようになることを「認知
症が治ったような感覚だ」と表現する人にも出会った．

　認知症の人は学習できない，またはさせてはいけないとの認識を改め，ど
うやったら認知症の人が自分でできるようになるかという視点を忘れずに支
援してほしい．

Ⅲ．活用する制度や社会資源

1．若年性認知症支援コーディネーターの活用

　若年性認知症の人や家族の支援においては，医療機関や介護サービスだけ
ではなく，就業先の企業や就労支援機関，障害福祉サービス，本人・家族交
流会などの社会資源など，高齢者ではあまり使わない制度や社会資源を利活
用する．

　都道府県や一部の指定都市には，若年性認知症の人やその家族，企業や専
門職などからの相談に応じる若年性認知症の専門相談窓口を設置し，若年性
認知症支援コーディネーターが配置されている．若年性認知症支援コーディ
ネーターは，ニーズに合った関係機関やサービス担当者への調整役であり，
本人や家族の支援をワンストップで行っている．

1）若年性認知症支援コーディネーターの主な役割

・若年性認知症の人やその家族，職場や専門職からの相談
・利用できる制度やサービスの情報提供
・適切な社会資源へのアクセスと継続の支援
・就労の継続に関する支援
・関係機関との連絡調整
・本人・家族が安心できる居場所づくり支援
・地域における連携支援のネットワークづくり
・普及啓発　等

　若年性認知症の人や家族の支援は，高齢者に比べて相談数が少ないため支
援経験が蓄積されにくく，制度や社会資源の利活用に漏れも生じやすい．若

年性認知症の人に出会ったら，若年性認知症支援コーディネーターととも
に，ニーズに沿ったチームを組織し，チーム員がバトンを渡しながらサポー
トを行っていくことが望ましい．

2．利用する主な制度

　医療系支援，経済的支援，福祉的支援に分けて説明すると，表9-2のとお
りである．

3．連携する主な社会資源

1）医療機関

　高齢者と同様にかかりつけ医を受診し，認知機能の低下が疑われれば専門
的な病院や専門医を紹介されることに変わりはないが，65歳未満の人はかか
りつけ医をもっていない場合も多い．もの忘れを専門的に診る診療科を勧め
ても本人や家族が拒否する場合には，医療とのつながりを築くことを第一に
考え，心療内科やメンタルケアを中心に診療を行っている医療機関を勧める
と受診する場合もある．専門医につなげて確定診断することを急ぎがちであ
るが，受診の入り口は広く考えても構わない．

　就労中に異変に気づいた場合には，会社から受診を求められ，産業医（常
時50人以上の労働者を使用する事業場に選任）などから専門の医療機関を紹
介される場合もある．

　診断以外の医療機関の役割として，さまざまな制度を利用する際の診断書
の記載が挙げられる．自立支援医療（精神通院）や障害者手帳，就労に関す
る各種手続きや傷病手当金など，各種制度を利用するたびに医師の証明が必
要になるため，ソーシャルワーカーと連携することは有用である．

2）職場（産業医，産業保健・看護師，衛生管理者，人事担当者等）

　認知機能の低下に最初に気づくのは職場の同僚が多いが，上司や人事担当
者に報告が上がることも多い．産業医や産業保健師，衛生管理者等を加えた
チームをつくり，事業場の調整を行っていく．その際，職場と主治医との連
携は欠かせない．

表9-2　利用する主な制度

制度	概要	対象者	窓口
医療系支援			
医療保険	医療費の一部を負担する制度	医療保険加入者	保険者（市町村・協会けんぽ・組合健保・共済組合等）
自立支援医療（精神通院）	精神障害の通院医療にかかる医療費を助成する制度	通院による治療を継続的に必要とする程度の状態の者	市区町村
障害者等を対象にした医療費助成制度	障害者等の受給資格対象者の医療費を助成する制度	（例）身体障害者3級以上，療育手帳A，精神1・2級など（自治体によって異なる）	市区町村
経済系支援			
傷病手当金	病気やけがのために会社を休み，事業主から十分な報酬が受けられない場合に支給される手当	被保険者で連続4日以上の休みがある場合	事業主・保険者
障害年金	病気やけがにより一定の障害が残った場合，生活や労働の不具合の度合いに応じて支給される年金	日常生活・就労が困難な者	年金事務所市区町村
雇用保険基本手当（失業等給付）	失業した際，再就職までの生活を安定させ，就職活動を円滑に行えるよう支援する制度	適用事業所に雇用される者（例外あり）	ハローワーク（公共職業安定所）
職場の福利厚生	従業員の負傷・疾病・障害等に対する給付金や慶弔見舞金等を支給する任意制度	職場の従業員	職場・福利厚生事業団体
福祉系支援			
障害者手帳（精神障害者保健福祉手帳）	認知症などの精神疾患があり，日常生活に支障をきたす場合に申請する制度		市区町村
障害者手帳（身体障害者手帳）	肢体不自由などの身体障害があり，日常生活に支障をきたす場合に申請する制度		市区町村
障害者総合支援法のサービス	障害者の就労や日常生活を支援する制度・福祉サービス（相談支援専門員，介護給付・訓練等給付，就労移行支援事業所，就労継続支援A・B型事業所等）	精神障害者身体障害者知的障害者障害児難病患者	市区町村
介護保険のサービス	介護や支援が必要になったときに介護サービスを提供する制度・福祉サービス（ケアマネジャー，デイサービス，デイケア，訪問介護等）	65歳以上40歳以上65歳未満の者は，特定疾病により介護が必要な場合に利用可	市区町村，地域包括支援センター等
成年後見制度	判断能力の不十分な者を保護するため，行為能力を制限するとともに法律行為を行う，または助ける者を選任する制度	判断能力が不十分な者	自治体の成年後見センター，地域包括支援センター等
各種手当	（例）心身障害者扶助料，在宅重度障害者手当，特別障害者手当等	それぞれの条件に応じて	市区町村・都道府県

認知症介護研究・研修大府センター：若年性認知症の人への社会参加等への支援体制強化に関する調査研究事業．平成30年度老人保健健康増進等事業（2019）をもとに筆者加筆．

3）産業保健総合支援センター

　産業保健関係者に対して，専門的なアドバイスや研修などを行う機関である．職場の治療と仕事の両立をサポートする両立支援コーディネーターの養

成や活用についての相談も行っている．47都道府県すべてに設置されている．

4）地域障害者職業センター

　認知機能の低下が仕事に及ぼす影響について評価する職業能力評価や，就労を継続するための職業リハビリテーション計画，ジョブコーチの派遣などを行う専門性の高い就労支援機関である．事業主に対する相談や援助も行っている．47都道府県すべてに設置されている．

5）ハローワーク（公共職業安定所）

　雇用保険（失業等給付）や再就職を検討する場合に活用する．障害の状態や適性，希望職種に応じ，きめ細やかな職業相談，職業紹介，職場適応指導を行っている．障害者の求職相談を主としている専門援助相談窓口を利用するとよい．

6）障害者就業・生活支援センター

　病気や障害をもった人の就労上の調整をすることが主な役割で，職場訪問や家庭訪問等も行っている．就業だけではなく日常生活，社会生活上の相談，支援も含めて一体的に行っている．

7）障害者相談支援センター

　障害者総合支援法のサービスの利用相談だけではなく，日常生活上のさまざまな相談に応じる機関である．障害年金や住まいの相談にも応じている．

8）地域包括支援センター

　高齢者支援のイメージが強いが，若年性認知症の人の相談にも応じており，支援チームを構成する際のハブ的機能を果たす．主任ケアマネジャー，社会福祉士，保健師（看護師）が配置されており，介護保険サービスの利用相談だけではなく，予防や権利擁護などの相談にも応じている．交流会やカフェなどの居場所を運営していたり，地域の集いなどの情報をもっていたりする．すべての市町村に設置されている．

9）認知症初期集中支援チーム

　認知症が疑われる人や認知症の人およびその家族を訪問し，アセスメント，家族支援などの初期の支援を包括的，集中的（おおむね6か月）に行い，自立生活を続けるために必要なサポートを行う．受診をいやがるケースや行動・心理症状が出ている場合の相談にも応じている．すべての市町村に設置

されている.

10) 認知症地域支援推進員

認知症の人やその家族等の相談支援や医療・介護等の支援ネットワーク構築の要として,地域の実情に合わせた活動を行っている.当事者を中心にした集いや会議,本人発信の普及啓発活動などを行っていることも多い.管轄内の若年性認知症の人の個別支援を行っている場合もあり,必ずつなげておきたい社会資源となっている.すべての市町村に配置されている.

11) 若年性認知症コールセンター

専門の相談員がフリーコールで相談に応じている.匿名での相談も可能でメール相談も行っている.制度や社会資源の利用方法に詳しく,必要に応じて地域の若年性認知症支援コーディネーターにつなげてくれる.

本稿には記載していないが,障害年金の申請などで社会保険労務士を利用したり,今後の生活設計のためにファイナンシャル・プランナーに相談を持ちかけたりすることもある.

専門性の高い機関へ的確につなげていくことが重要となる.

Ⅳ.支援の実際

就労中に認知機能の低下が起こった人を例に,活用できる制度や社会資源の使い方を示す.

1.認知症を疑ったとき

かかりつけ医や産業医からの紹介で認知症専門医や認知症疾患医療センターなどを受診し,確定診断を受ける.診断後は,ソーシャルワーカーなどに各種手続きをサポートしてもらう.

相談窓口としては,市町村の認知症の相談窓口や地域包括支援センターがある.受診や相談ルート・アクセスなどが知りたければ,匿名で相談もできる若年性認知症コールセンターが相談に応じている.地域の家族会なども相談を受けたり,支援機関を紹介してくれたりする.

　認知機能の低下が軽度の場合には，MCI（Mild Cognitive Impairment；軽度認知障害）や認知症の診断がつかないこともある．診断がつかなくても地域障害者職業センターや障害者就業・生活支援センターには，仕事や生活上の支障について相談を始めるとよい．

　診断前後の段階で若年性認知症支援コーディネーターのかかわりが開始されることが望ましい．

２．診断を受けたとき

　就労継続を希望する場合，障害者手帳（主に精神障害者保健福祉手帳：初診日から6か月以降に申請可能）を取得し，一般就労とは異なるノルマで就労を続ける障害者雇用枠の選択も視野に入れる．障害者手帳の取得は，障害者雇用だけではなく，医療費や公共料金の免除や割引，税制上の優遇，今後の社会参加の際の公的な証明等，メリットは大きい．

　認知症の診断後は，受診が継続することも多い．自立支援医療（精神通院）を利用することで薬代も含めた治療費を3割負担から1割ないし無料にすることができる（すべての医療機関では使えない）．

　障害年金は今後の大事な経済的バックボーンになる．会社員や公務員などが雇用期間中に医療機関を受診し初診日がつけば，障害厚生年金を申請（初診日から1年6か月以降）することができ，自営業やサラリーマンの配偶者など20歳以上60歳未満の人でも障害基礎年金（初診日から1年6か月以降）を申請することができる．

　会社員などが就労を継続する場合には，企業とともに地域障害者職業センターを利活用したり，障害者就業・生活支援センターにフォローを依頼したりすることもできる．

　雇われている人が休職する場合には，会社の有給休暇や療養休暇制度，健康保険組合の傷病手当金などの利用が可能であり，仕事を休む間の経済的なサポートを意識する．

３．退職したとき

　退職後も就労（福祉的就労含む）を希望する場合には，ハローワークで雇

用保険の基本手当（失業等給付）の手続きを行うことができる．症状や障害の程度によっては，失業等給付が延長されることもある．病気で職探しが困難な場合には，一時的に傷病手当の受給も可能な場合がある．

雇われている人が退職する場合には，国民健康保険への切り替えが必要になるが，いままでの健康保険組合で任意継続の手続きをとる場合もある．

世帯の所得が減ったら，国民健康保険や年金保険料などの支払いを免除することもできる．住宅ローンの支払い免除や，生命保険の高度障害で保険金を受け取れる場合もある．多くの場合，申告しないと受けられないため早めに確認・相談するよう促してほしい．

4．居場所づくり

退職後や症状が進行した後の居場所としては，障害者総合支援法の各種サービスを利用することや，介護保険法の各種サービスを利用することが有効である．いままでは，認知症＝介護保険のイメージが強く，介護保険サービスにつなぐ支援が多かったが，若年性認知症の人は，その年齢や利用目的から介護保険サービスになじまず，障害福祉サービスを利用する人も増えてきた．とくに「働きたい」ニーズを満たすサービスが介護保険のメニューにないため，就労系の障害福祉サービス（就労移行支援，就労継続支援A型事業所，就労継続支援B型事業所，就労定着支援事業）を利用すれば，「働きたい」ニーズを満たすことができる．いくつかの条件を満たせば，介護保険サービスと障害福祉サービスの併用も可能となるほか，創作活動や交流を目的に地域活動支援センターを利用することもある．

その他，近年増えつつある若年性認知症の人の本人・家族交流会や認知症カフェやサロンなども本人が安心できる居場所として積極的に利活用したい．

高齢者の支援で一般的な日常生活自立支援事業や成年後見制度などの権利擁護の制度を利用することもできる．

また，休業や失業等により生活資金に困った場合には，生活福祉資金貸付制度を利用することや，子どもの就学資金に困ったら学資支援等の制度の利用も考えられる．もちろん生活保護は，セーフティーネットとして機能する．

「若年性認知症の人が使える制度や社会資源がない」という声も聞かれる

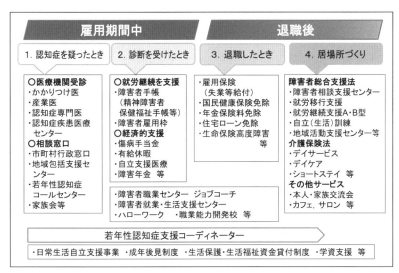

認知症介護研究・研修大府センター：若年性認知症支援ガイドブック．平成 27 年度厚生労働省老人保健健康増進等事業（2016）をもとに筆者加筆．

図 9‑4　支援の流れと制度・サービス

が，図 9-4 に書かれた既存の制度や社会資源を漏れなく使っていくケースにはなかなか出会わない．本人のニーズを見誤らず，経済的な支援や安心して活動できる居場所づくりなど，適切な時期に適切な制度や社会資源を積極的に利活用することを進めていってほしい．

Ⅴ．認知症の人の求めているニーズ

　認知症の人の診断後の支援やニーズとはどのようなものであろうか．

　英国スコットランドでは，2001 年から認知症の人が集う活動が始まり，政府の政策にも認知症の人の意見が反映されていることで知られており，認知症の人とニーズに基づいた支援として，認知症早期支援の 5 つの柱が制定されている[9]．

　①疾患の理解と症状の管理の支援

　②地域社会とのつながりを維持するための支援

③認知症の人やその家族，介護者同士のピアサポート

④将来の意思決定を計画するための支援

⑤本人の視点からこれからのケアを計画するための支援

　また，筆者が国内で行われた若年性認知症と診断された4人および65歳以上で認知症と診断された3人の講演や当事者同士の話し合いから行った研究においては，認知症の人が必要と考えているニーズについて，以下の4項目が見いだされた[10].

①専門職からの正確な病名および認知症に関する知識

②当事者への心理的な支援

③さきに認知症になった当事者との出会い

④当事者同士が話せる場所

　上述のスコットランドの診断後支援とわが国の認知症の人のニーズに共通する事柄のひとつは，認知症の人同士が出会う機会の創出である．2020年度に行われた認知症の人と家族の支援ニーズに関するアンケート調査によると，認知症の当事者同士での交流が必要と思っている当事者は6割に上る一方で，当事者同士の交流を実際に行っているのは約3割であった[11].　本節では，まず認知症と診断された人が，さきに認知症と診断された人に出会う重要性について，認知症の当事者の意見や，その後の国内での取り組みについて概要を説明する．

1．認知症の当事者同士が出会うことの重要性

　英国スコットランド在住のジェームズ・マキロップ氏（81歳）は，59歳のときに血管性認知症と診断された後，支援を受けられないつらい時期があった．地域の保健師やケアワーカー，大学の専門家との出会いにより，認知症の当事者同士が出会い，2001年に共に活動する団体を立ち上げた．

　彼は，当事者同士が出会うことの重要性について次のように述べている[12].

「認知症と診断されたばかりの人は，家族と同様にショックを受けています．多くの場合，家族は認知症の人とかかわるための訓練を受けていません．認知症の人は自分のまわりの人が，認知症という経験をしている自分のことを理解できないと気づくでしょう．認知症と診断されたばかりの人にとっ

て，さきに認知症と診断された人が実はいちばんの理解者になるのです．認知症の診断を受けた人のグループのなかでは，間違いを犯すことを恐れずにいられます．メンツをつぶされることもありません．あなたのことを知りながら，あなたを慰め，支えてくれます．友情を築くことができます」

この活動は，のちにスコットランド認知症ワーキンググループ（SDWG）となった．SDWGは，認知症と診断された人の意見が，政策や国家戦略にまで反映するような活動を行っている．

また，認知症当事者のカナダのクリスティーン・テルカー氏（62歳）は，認知症の人同士が自らの体験を語れる場をつくることの意義について次のように述べている[13]．

「私が認知症とともによく生きるには，『だれかを支援する』という『生きる目的』が必要です．『自分の経験』をほかの認知症の人に話すことは，認知症の人同士がお互いに支援することにつながります．自分が役に立ったというのは，私にとって人生に希望がもてた瞬間でした」

39歳で若年性アルツハイマー型認知症と診断された丹野智文氏（47歳）は，以下のように述べている[14]．

「認知症と診断された落ち込みから抜け出すために必要だったのは，1つは仕事を続けて子どもの親としての責任を果たすことが可能になったときの安心感です．もう1つは，私よりもさきに不安を乗り越えた，笑顔で元気な認知症当事者と出会ったことでした．僕もこの人のように生きたいという目標ができました」

２．認知症の人同士が出会う機会の創出

宮城県仙台市では，2015年から認知症の人がさきに認知症と診断された人と出会える場所として，「おれんじドア」という活動が行われている．さきに紹介した丹野氏が代表を担っている．ここでは，認知症の当事者による当事者のための相談窓口として，本人に病名を聞かないこと，アンケートをとらないことを守り，本人同士，家族同士が話す機会を創出している．頻度は月に1回で，中心となる認知症の当事者は複数人が活動しており，月ごとに担当者が交代する．当事者の話し合いでは，「やりたいこと」「工夫しているこ

と」を話題に据えている．本人が話したい場合は，症状についての話も行うこともある．家族はおれんじドアにボランティアで参加している筆者等を含めたグループをつくり，ケアについて話す．ときには，会の仲間たちとともに山に登ったり，海釣りをしたりするなどの活動も行っている．

仙台市ではそのほかに，地域包括支援センターや各種団体が行う認知症カフェも活発に活動している．また，筆者も行っているが，医療機関において医師が，認知症と診断された人がさきに認知症と診断された人を紹介する機会を創出する試みも始まっている．

3．居場所づくりの取り組み

新潟県新潟市西浦区にある marugo-to（まるごーと）は，障害を気にすることなくだれでも利用できる居場所である[15]．独立型の介護支援専門員をしている岩崎典子氏が，介護保険制度の対象者としてではなく，その人がその人らしくいられる場所として，岩崎の家族が所有するビニールハウスの一部を利用して週1回オープンしている．ここにくれば人がいて，孤立せずにすごすことができる．やることは決まっておらず，なにをやってもよく，なにもしなくてもよい．そういった場所で，若年性認知症の人たちも自然な形で出会い，仲間となりいっしょにすごしている．そして，専門職の人は，介護保険制度の枠組みのなかとは異なる本人の活動性や笑顔になる状況を発見することができ，その人の今後のケアプラン作成にも生かしている．

4．SNS やオンラインミーティングを用いた活動

2020年2月からの新型コロナウイルスの感染拡大により，認知症の当事者同士が出会う機会が極端に減少した．緊急事態宣言発出中にもつながりを維持し，活動を継続していたのがソーシャルネットワーキングサービス（SNS）を利用した活動である．

SNSと対面活動をそれぞれの特徴を生かして活動している Borderless with dementia（ボーダレス・ウィズ・ディメンシア）は，当事者の経験を起点にして多様な活動が生まれるコミュニティであり，プラットフォームである[16]．愛知県名古屋市の若年性認知症当事者である山田真由美氏と共に活

動していた鬼頭史樹氏，服部優香理氏，山下祐佳里氏ら専門職が本人と共に立ち上げた．3氏はそれぞれに自らが専門職としての鎧を脱ぎ，1人の人として認知症の人がやりたいことをいっしょに楽しんだ経験が，自らの認知症観を大きく変えたきっかけになったという．この体験を多くの人にしてもらうことが，これからの社会のあり方を変えていくと考えて拡大している．参加者は認知症の人，家族，専門職のみならず，企業の人も一参加者として活動している．

　具体的な活動としては，週1回オンラインで認知症の人，家族，専門職が話をできる場所であるボーダレス・バー，週末に山登りなどのアクティビティを楽しむボーダレス・ハイキング，認知症の人にかかわる人のインタビューなどを行うボーダレス・ラジオ等がある．

　当事者の高見武司氏（59歳）は，伊吹山ハイキングの経験のことを，「非常に気楽にできた，楽に気持ちよくできた」と表現した．同氏は「いっしょに活動してくれる人のことをいちばん大切に思っている」と述べた．同じハイキングに参加した林田光一氏（63歳）は，「伊吹山に登って山頂の土をさわったとき，硬くて，気持ちよかった」と述べた．さらに，いつもすぐに消えてしまう記憶のなかで，「この伊吹山の山頂に登ったときの土の感覚を覚えている」ことをその感動を込めて語っていた．

　2人のパートナーも，それぞれに夫婦だけでは体験できない楽しさを味わったと語っていた．

5．おわりに

　認知症の当事者同士が出会うことの重要性について述べ，わが国における活動をいくつか紹介した．これらの活動に共通するのは，①専門職と認知症と診断された人，その家族などがいっしょに楽しみ，②障害に対して批判されることのない心理的身体的な安全を感じられ，③自分たちが自分で決められ，そして④無責任な優しさがあふれる場所であることと思われた．

　最後に，冒頭に紹介したマキロップの言葉で本節を終えたいと思う[16]．

　「だれもが希望をもっています．

　そのときのかかわりのコツは本人が必要なもの，またはもっとも近いもの

を提供するということです.

相手がなにをやりたいかを想像してはいけません.

彼らの話を聞いてください」

文　献

1) 粟田主一：若年性認知症の有病率・生活実態把握と多元的データ共有システムの開発. 日本医療研究開発機構（AMED）認知症研究開発事業（2020）.

2) 二宮利治（研究代表）：日本における認知症の高齢者人口の将来推計に関する研究. 平成 26 年度厚生労働科学研究費補助金特別研究事業（2015）.

3) 朝田　隆：若年性認知症の実態と対応の基盤整備に関する研究. 平成 21 年 3 月厚生労働科学研究費補助金（長寿科学総合研究事業）（2009）.

4) 認知症の医療と生活の質を高める緊急プロジェクトプロジェクトチーム：認知症の医療と生活の質を高める緊急プロジェクト. 平成 20 年 7 月厚生労働省（2008）.

5) 厚生労働省（2012）「認知症施策推進 5 か年計画（オレンジプラン）」(https://www.mhlw.go.jp/stf/houdou/2r9852000002j8dh.html).

6) 厚生労働省（2015）「認知症施策推進総合戦略（新オレンジプラン）」(https://www.mhlw.go.jp/stf/seisakunitsuite/bunya/nop_1.html).

7) 認知症施策推進関係閣僚会議（2019）「認知症施策推進大綱」(https://www.mhlw.go.jp/stf/seisakunitsuite/bunya/0000076236_00002.html).

8) Kazunari Ishii, Takashi Kawachi, Hiroki Sasaki, et al.：Voxel-Based Morphometric Comparison Between Early- and Late-Onset Mild Alzheimer's Disease and Assessment of Diagnostic Performance of Z Score Images. *American Journal of Neuroradiology*, 26(2):333-340 (2005).

9) 石原哲郎：スコットランドの認知症のある人とその人にかかわる人のための初期診断後支援. 日本認知症ケア学会誌, 19(3):505-513 （2020）.

10) Ishihara T, Tanno T, Mckillop J, et al.：What Are the Most Important Support Activities for People after a Diagnosis of Dementia? Learning from the Experiences of People with Dementia；Co-Productive Research between People with Dementia and Researchers. 33rd International Conference of Alzheimer's Disease International (2019).

11) 一般社団法人はるそら（2021）「認知症の人と家族の支援ニーズに関するアンケート調査報告書（令和 2 年度岡山市市民協働推進ニーズ調査事業）」(https://www.city.okayama.jp/kurashi/0000029483.html).

12) ジェームズ・マキロップ氏とのインタビューより抜粋.

13) クリスティーン・テルカー氏とのインタビューより抜粋.

14) 丹野智文氏とのインタビューより抜粋.

15) 岩崎典子氏とのインタビューより抜粋.

16) Borderless with dementia の参加者，主催者とのインタビューより抜粋.

第10章

認知症の人と身体拘束・虐待

Ⅰ．高齢者虐待防止法とその対象

　わが国では，2006 年 4 月から「高齢者虐待の防止，高齢者の養護者に対する支援等に関する法律」（以下，高齢者虐待防止法）が施行されている．この高齢者虐待防止法では，法が対象とする「高齢者虐待」として，その行為者，および被害者である「高齢者」を，次のように定めている．

　まず，高齢者への虐待を行いうる行為者として，「養護者」と「養介護施設従事者等」を規定している．「養護者」とは，高齢者の日常的な世話をしている人（家族，親族，同居人等が該当．養介護施設従事者等は除く）のことを指す．また，「養介護施設従事者等」とは，老人福祉法もしくは介護保険法に定める施設等（養介護施設・事業）の業務に従事する人を指す（直接，介護・看護に携わる職員に限定していない）．

　一方，虐待の被害を受ける「高齢者」は，「65 歳以上の人」と定義されている．ただし，2012 年 10 月の「障害者虐待の防止，障害者の養護者に対する支援等に関する法律」の施行に伴い，65 歳未満の人であっても，養介護施設・事業の利用者は高齢者とみなし，養介護施設従事者等による高齢者虐待に関する規定を適用することとなっている．なお，上述の「障害者」とは，障害者基本法でいう障害者であり，いわゆる三障害（身体障害，知的障害，精神障害）をもつ人にとどまらない．また，老人福祉法上で想定されている虐待被害への対応，介護保険法における権利擁護事業（地域支援事業）では，対象を 65 歳以上の人に限定しているわけではないことに注意が必要である．

　また，高齢者虐待防止法では，「身体的虐待」「介護・世話の放棄・放任（ネグレクト）」「心理的虐待」「性的虐待」「経済的虐待」の 5 つの類型を示すことで虐待行為を定義している（なお，経済的虐待のみ，養護者に加えて行為者に「高齢者の親族」が含まれている）．

　本章では，高齢者虐待防止法が示すところに従い，養護者による虐待，養介護施設従事者等による虐待に分けて，高齢者を中心とする認知症の人の虐待被害の問題について述べていく．また，身体拘束の問題については，その理由と合わせて，養介護施設従事者等による高齢者虐待と関連して説明することとする．なお，高齢者虐待防止法それ自体の概説は，認知症ケア標準テ

キスト『認知症ケアにおける社会資源』で行われているので参照されたい．

Ⅱ．養護者による虐待

1．養護者による虐待被害と認知症

　高齢者虐待防止法では，養護者による虐待の被害を受けたと思われる高齢者を発見した人は，市町村の窓口（もしくは委託を受けた地域包括支援センター）へ通報する義務があるとされている（法第 7 条／生命や身体に重大な危険が生じている場合は義務，それ以外の場合は努力義務）．虐待を受けた高齢者自身が届け出ることももちろんできる．これらの通報・届出を受けた市町村は，事実確認等を行い，必要な対応に結びつけていく．

　この市町村への通報・届出を起点とした高齢者虐待防止法に基づく対応の状況は，厚生労働省によって毎年度調査・公表されている[1]（なお，文献 1 に加えて，それ以前の法施行後の調査結果も参考にしている）．それらの結果によれば，養護者による高齢者虐待に関する通報等の件数，虐待が確認された事例数はかなりの数に上っている（2020 年度時点で通報等の件数は年間 35,774 件，虐待が確認された事例数は 17,281 件）．これらの虐待事例における被害者のうち，要介護認定（要支援含む）を受けている人が約 7 割，要介護認定を受けている人のうち認知症高齢者の日常生活自立度Ⅱ以上（Ⅱ相当を含む）の人が約 7 割とされている．これは，養護者による虐待被害者とされた高齢者の半数弱である．認知症高齢者の日常生活自立度Ⅰ以上を基準とすると，6 割弱に上る（図 10-1）．一方，虐待被害にかかわらず，全国の高齢者の状況をみると，介護保険の第 1 号被保険者（65 歳以上）のうち要介護（要支援）認定を受けている人は 2 割に満たず[2]，また，高齢者全体でみても，認知症の有病率は 15％程度とされる[3]．高齢者虐待に関する厚生労働省による公表値は，市町村への通報等を起点としているため単純な比較はできないが，養護者による虐待の被害者となった高齢者は，市町村が把握している範囲では，高齢者全体と比べて，要介護状態の人，認知症の人の割合が高いことが示唆される．

　なお，厚生労働省による調査では，虐待行為の類型としては，身体的虐待

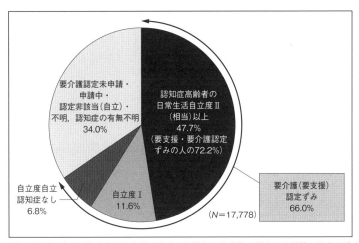

厚生労働省：令和 2 年度高齢者虐待の防止，高齢者の養護者に対する支援等に関する法
律に基づく対応状況等に関する調査結果（添付資料）．12-21，厚生労働省，東京（2021）
をもとに作成．

**図 10- 1　養護者による高齢者虐待の被害者における要介護（要支援）認定
および認知症高齢者の日常生活自立度の状況**（2020 年度時点）

　が含まれるケースがもっとも多く，次いで心理的虐待，経済的虐待もしくは
介護・世話の放棄，放任（ネグレクト）の順で，性的虐待はごく少数となっ
ている．ただし，法施行以前の調査結果などでは心理的虐待が含まれるケー
スがもっとも多いとするものもある[4]．

　また，養護者による高齢者虐待に関連して，厚生労働省の調査では虐待等
による死亡事例についても公表している．集計対象は，市町村が把握してい
る「介護している親族による，介護をめぐって発生した事件で，被介護者が
65 歳以上，かつ虐待等により死亡に至った事例」である．法施行からこれま
で，各年度 20〜30 件程度の死亡事例の存在が確認されている．

　さらに，高齢者虐待防止法において直接的に「高齢者虐待」として想定さ
れているわけではないが，高齢者虐待および認知症ケアに関連深いものとし
て，いわゆる「セルフ・ネグレクト」の問題がある．セルフ・ネグレクトと
は，「高齢者が，通常一人の人として生活において当然行うべき行為を行わな
い，或いは，行う能力がないことから，自己の心身の安全や健康が脅かされ

る状態に陥ること」[5]などと定義され，全国に1万人程度いるとする推計がある[6]．セルフ・ネグレクト状態に陥る背景としてはさまざまなものがあるが，認知症の影響は大きいと考えられている．孤立死（死後発見までに一定の期間経過している状態）の多事例分析において，8割のケースで生前のセルフ・ネグレクト状態が推定されたとする調査結果もあり[7]，深刻な問題となっている．これに対して，市町村行政において十分に実態把握や対応が行いきれていないという懸念も示されている[8]．また，高齢者虐待の誘因や結果としてセルフ・ネグレクトが存在する場合もある．

　加えて，経済的虐待に関連して，高齢者が養護者やほかの親族以外から，経済的な被害を受ける例も多発している．とくに，消費者被害については，被害者に認知症があることによってつけ込まれていることも多いと考えられるため，大きな問題となってきている．

２．養護者による虐待が発生する状況・背景と養護者支援

　養護者による高齢者虐待は，どのような状況で生じているのであろうか．前述の厚生労働省の調査結果によれば，虐待被害に遭った人（被虐待者）のうち，およそ4分の3が女性である．また8割弱が75歳以上の後期高齢者である．これらの割合は，在宅の高齢者全体と比べると明らかに高い．

　また，世帯や家族の状況についても，いくつかの特徴がある．虐待が確認された世帯において，虐待者と被虐待者が同居していたケースは8～9割であり，被虐待者からみて子と同居していた場合が6割程度ある（もっとも多いのは未婚の子との同居）．被虐待者からみた虐待者の続柄でもっとも多いのは息子であり，4割程度を占めている．子世代が虐待者であるケースは，息子に加えて娘，息子の配偶者，娘の配偶者を合わせると全体の6割以上であり，配偶者間での虐待は2～3割超となっている．これらについても，直接的な比較はむずかしいものの，高齢者がいる世帯全体，あるいは介護を必要とする高齢者がいる世帯全体における割合とは異なっていると考えられる．

　これらのことからも予想できるように，養護者による高齢者虐待は，家族を中心とした養護者が在宅で高齢者の生活上の世話や介護を行っていく，その関係性のなかで生じる問題であるといえる．この関係性のなかで養護者を

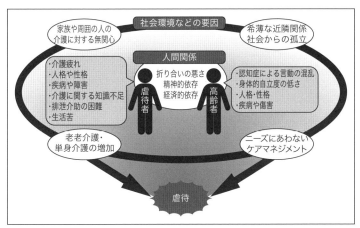

出典）東京都福祉保健局（2009）「高齢者虐待防止と権利擁護：いつまでも自分らしく
　　　安心して暮らし続けるために」（https://www.fukushihoken.metro.tokyo.jp/
　　　zaishien/gyakutai/）.

図 10-2　高齢者虐待の背景

　虐待に向かわせる背景には，個人（虐待者・被虐待者）に関係する要因，家
庭状況や在宅介護の状況に関係する要因という主に家庭内部のもののほか，
ソーシャルサポートネットワークの量や質，社会文化的背景といった家庭を
取り巻く社会環境の要因が存在する（図 10-2）．また，これらの背景要因は
相互に影響し合う．

　したがって，虐待を行った養護者を厳しくとがめたり罰したりすることを
もって，養護者による高齢者虐待への対応としてはならない．高齢者虐待防
止法においてその名称に「養護者の支援」がうたわれているように，養護者
への支援（多くは家族介護者への支援）は虐待の防止・対応において不可欠
であるといえる．

　在宅介護における家族の心身の負担の大きさについては，改めて論じる必
要はないであろう．家族介護者が過度な負担を抱えるなかで，「虐待」という
一線を越えてしまうストーリーも一見理解しやすい．しかし，図 10-2 に示し
たような背景要因の構造を理解し，いったいなにが，どのように介護負担を
増大させているのか，一線を越えさせているのかを理解しなくては，養護者

支援（家族支援）として適切な手は打てない．養護者による虐待は，虐待を誘発しやすい個人要因や家族関係・介護状況の要因をもつ家庭が密室化することで生じやすいとされるが，周囲の無関心・無理解などの密室化を助長する環境要因を含めて考えていく必要がある．また，密室化されたなかで，養護者がかたよった考え方にとらわれて（たとえば「しつけ」や「訓練」など）虐待の自覚がなかったり，虐待を受けている人自身も自覚が乏しくなっていたり，発覚することで事態がかえって深刻化することを恐れたりするケースもみられる．また，「献身的に介護することで，被介護高齢者をコントロールする主介護者と，被介護高齢者のニーズとは関係なく主介護者の要求を引き受ける役割を担って必要以上に依存的になってしまう被介護高齢者との閉鎖的な二者関係性」[9]と説明される，いわゆる「共依存」の関係が構築され，抜け出せなくなる場合もある．

3．在宅における認知症介護と虐待

　前述のように，養護者による高齢者虐待は，家族間で生活上の世話や介護を行っていく関係性のなかで生じていくことが多くみられる．このとき，より虐待のリスクが高まるのは，要介護者，ことに認知症の人を家族で介護していく場合であるとされる．実際に判明している範囲では，被虐待者がこれらの状態にあるケースが多いことも既述したとおりである．

　ここで，在宅介護における認知症介護に特有の問題点についてみておきたい．加藤ら[10]によると，それは次の2点にまとめられる．

　1点目は，「認知機能に障害があること」である．これは，一見すると認知症という病気の特徴として当然に思えるかもしれない．しかし，記憶障害や見当識障害といった中核症状があるために，何度も同じことを聞かれたり，不意にいなくなったりする場合があることから，介護家族は目が離せず，気の抜けない状態が続くのである．これが，介護家族を疲弊させる．認知症に対する理解が少なければ，なおさらである．

　2点目は，「介護のたいへんさが理解されにくいこと」である．前述の「目が離せず，気の抜けない」という精神的な負担は，夜間を含めて続く．一方，たとえばアルツハイマー型認知症の人などは，近所の人との簡単なあいさつ

や, たまにやってくる親族との昔話などをそつなくこなすことがある. すると, 周囲の人からは精神的な負担が理解されにくい. 本人の気分を害さないよう, それとなく現存機能を発揮できるように適切にケアすればするほど, 本人からの感謝の言葉も期待しにくくなる. その裏で家族の精神的負担や孤立感は高まっていく.

このような状況に対して, 前項で述べたような背景要因が, 介護者を追い詰めていく. たとえば, 個人的な要因として, 介護者自身に病気や障害があれば介護負担への耐性は低くなる. もともとの家族関係が円満でなければ (あるいは円満であったとしても), 認知症の症状に対して「ぐっとこらえる」ことも簡単ではない. 他家族の協力がなく介護の役割が 1 人に集中し, しかも周囲の親族などの理解がなければ, 逃げ場のないストレスとなるかもしれない. 地域に「長男の嫁が親のめんどうをみる」といった風潮があれば, 介護サービスの導入もためらわれるかもしれない. 介護サービスを導入しようとしても, ニーズに合うサービスが地域で潤沢に提供されていなければ, 助けにならないかもしれない.

こうしたさまざまな要因によって追い詰められていくと, 認知症の人が示す症状に対して介護者がストレスを抱えやすくなる. このストレスへの反応が, 不適切な対応として現れることがある. すると, 認知症の人は混乱し, 不安が高まって中核症状による生活上のつまずきや, 認知症の行動・心理症状 (Behavioral and Psychological Symptoms of Dementia；BPSD) が発生しやすくなる. すると, さらに介護者のストレスは高まり, より不適切な対応をしやすくなる. ついには認知症の人を罵倒したり, 手を上げてしまったりする場面も出てくるかもしれない. つまり, 虐待の危険性が高まるのである (図 10-3). このようなとき, いま, まさにそこに陥っている人自身が冷静に状況を理解し, 悪循環を断ち切るのは至難の業である. このような場合, 当事者以外の人, とくに専門職に就く人などが養護者支援 (家族支援) という視点をもって介入していくことが求められる.

4．早期発見・早期対応

ここまで, 養護者による高齢者虐待, ことに認知症の人に在宅介護のなか

214

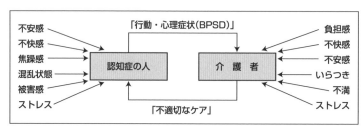

出典）加藤伸司：痴呆による行動障害（BPSD）の理解と対応．（高齢者痴呆介護研究・
　　　研修センターテキスト編集委員会）高齢者痴呆介護実践講座Ⅱ；研修用テキス
　　　ト；専門課程，150，第一法規出版，東京（2002）.

図 10-3　認知症の人と介護者との間に起こる悪循環

で向けられる虐待について，その発生状況や背景を述べてきた．では，現に
発生している虐待については，どのように対応していくべきであろうか．

　虐待が発生している場合にもっとも求められる対応の姿勢は，早期発見・
早期対応である．高齢者虐待防止法では，虐待を受けたと思われる高齢者を
発見した場合は，市町村の窓口または地域包括支援センター等への通報が求
められている．前述の厚生労働省による調査では，通報等をどのような人が
行ったのかについても集計しているが，もっとも割合が高いのは，「介護支援
専門員」であった．介護支援専門員に加え，介護保険事業所職員や医療機関
従事者を合わせると，4割程度の事例で，専門職従事者が通報者としてかか
わっている．高齢者虐待防止法にもうたわれているように（第5条），高齢者
福祉に携わる専門職従事者は虐待を発見しやすい立場にあり，かつ専門的な
知識・技術をもつ人たちであるため，早期発見に努めなければならない．一
方で，近年では警察からの通報が介護支援専門員に近い割合でみられている
ことには注意が必要である．

　また，通報等を受けつけた市町村や地域包括支援センターは，高齢者の安
全確保や事実確認，緊急性の判断などを行う．その後，個別ケース会議を開
くなどして具体的な支援につなげていく．たとえば，介護サービスの導入や
ケアプランの見直し，サービス調整，インフォーマルなものを含めた社会資
源を活用した見守りや支援，養護者への情報提供や負担軽減のための支援，
日常生活自立支援事業（福祉サービス利用援助事業）の活用による権利擁護

などである．緊急性が高い場合は，病院への入院や施設等への一時入所など
により，被害者である高齢者を保護し，加害者である養護者と分離する対応
を行う場合もある．老人福祉法上の権限行使としての措置入所（面会の制限
も行える），市町村長申立てによる成年後見制度の導入等も必要に応じて行
われる．

　なお，早期発見や予防的な見守りを含めて，対応は即時的なものだけでな
く，長期に，かつ地域のなかで考えていく必要がある．そのため，高齢者虐
待防止法の運用においては，地域におけるネットワークを構築することでこ
れに当たることを推奨している．ネットワークは「早期発見・見守り」「保健
医療福祉サービス介入」「関係専門機関介入支援」の 3 層が基本として想定さ
れており，それぞれの役割に応じて，地域のフォーマル・インフォーマルな
社会資源が参画することとなっている．

5．未然防止のための取り組み

　前項では，主に高齢者虐待が発見される場面からの，早期発見・早期対応
や事態の深刻化防止といった観点からの対応等について述べた．しかし，養
護者による虐待の問題においてもっとも肝要なのは，虐待を未然に防止する
ことであることはいうまでもない．前述のネットワークでは，「早期発見・見
守り」ネットワークのもつ役割がこれに近い．

　未然防止のためには，適切なケアマネジメントと家族支援が必要であ
る[11]．認知症の人を含む被養護者が，このままでは虐待を受けかねない状況
におかれており，また，その状況から自ら抜け出すことができないのであれ
ば，それはその人にとってより適切な支援のマネジメントが望まれていると
いうことである．適切な生活環境，ケアを受ける環境がマネジメントされる
ことで，養護者が虐待に走るような事態に陥ることを未然に防止したい．ま
た，その意味では，ケアマネジメントとともに意識されるべきなのが家族支
援である．虐待を行った養護者（家族介護者）は単に断罪される存在ではな
く，養護者自身も支援を受けるべき対象であることが多い．こうした状態は，
養護者にとっても危機であり，在宅介護という家庭状態の危機でもある．そ
うであれば，虐待という決定的な危機が生じる前に，養護者が心身を休めら

れる環境をつくったり，正しい知識をもってもらったり，地域で必要なサポートを受けたりすることで，未然防止を図っていく支援が必要である．

Ⅲ．養介護施設従事者等による虐待・身体拘束

1．虐待の被害と認知症

　養護者による高齢者虐待と同様，養介護施設従事者等による高齢者虐待についても，発見者への通報義務が定められている（法第21条）．被害を受けた本人からの届出も可能である．通報等の窓口は市町村であり，これは許認可・指導監督等の権限が都道府県にある施設等の場合も変わらない．また，通報等を受けた市町村は事実確認等を行い，必要な対応に結びつけていくことになる．ただし，実際の対応は老人福祉法および介護保険法の権限に基づくべき部分も大きいため，必要に応じて都道府県も通報等後の対応にかかわっていくことになる．

　これらの法に基づく対応の状況に関する調査も，養護者による虐待と同様に厚生労働省によりなされている[1]．法施行後のこれまでの間（2006〜2020年度）で，市町村への通報等の件数は273件から2,097件へ，虐待と判断された事例の件数は54件から595件へと増加している．なお，法の本来の想定とは異なるが，都道府県に直接通報等が寄せられるケースが毎年度数十件ある．また，虐待事例の件数は1件ごとの被虐待者・虐待者の人数にかかわらずカウントされているため，確認された被虐待者・虐待者の実数は事例の件数よりも当然多い．

　虐待事例が確認された施設・事業所の種類は，特別養護老人ホームや有料老人ホームが多く全体のそれぞれ約3割を占めている．そのほか，グループホーム，介護老人保健施設等の入所・入居を伴うサービスの割合も高くなっている（ただし，あくまで同調査によって判明した分であること，事業所数・利用者数自体が異なることに注意が必要である）．

　虐待の類型としては，身体的虐待が含まれるケースがもっとも多く，次いで多いのが心理的虐待である．ただし，施設・事業所やその従事者に直接たずねた調査では，心理的虐待の割合が高いとする結果もある[12]．また，虐待

を行った養介護施設従事者等の職種は，介護職員が約 8 割ともっとも多いが，
看護職，管理者・施設長・開設者等による虐待事例も確認されている．

　虐待を受けた利用者のなかで，認知症の人（認知症高齢者の日常生活自立
度Ⅱ相当以上）が占める割合は高く，厚生労働省による調査では実質 9 割を
超えている．ただし，虐待と判断された事例の件数が多い特別養護老人ホー
ムやグループホームをはじめ，介護サービスの利用者に占める認知症の人の
割合はそもそも高い．グループホームは認知症の人をほぼ専門的にケアする
事業所であり，特別養護老人ホームでも 85％以上が認知症高齢者の日常生活
自立度Ⅱ以上の利用者である[13]．しかし，介護サービス等の場面において，
認知症の人の示す中核症状や BPSD への対応困難が，虐待を含む不適切な対
応の誘因となりやすいとする知見が示されており，養介護施設従事者等によ
る高齢者虐待の問題において，認知症の存在，あるいは認知症ケアの質の問
題は，その背景として大きなものであると考えられる．

２．身体拘束との関係

　高齢者虐待防止法では，虐待に当たる行為として，身体的虐待，ネグレク
ト，心理的虐待，性的虐待，経済的虐待の 5 つの類型が示されている．しか
しながら，養介護施設従事者等による高齢者虐待については，もう 1 つの類
型ともいうべき問題がある．それは，身体拘束である．

　身体的拘束その他の入所者（利用者）の行動を制限する行為，いわゆる「身
体拘束」は，介護保険施設等では基準省令によって原則として禁止されてお
り，身体拘束に該当する具体的な行為としては，表 10-1 に示すようなものが
挙げられる（ただしこれらはあくまで例であり定義ではない）．また，原則禁
止ではあるが，施設等の利用者本人，もしくは他の利用者等の生命や身体を
保護するため「緊急やむを得ない」場合は，身体拘束を行うことが例外的に
認められている．ただしこれはあくまで例外であり，「緊急やむを得ない」場
合に該当するケースとは，表 10-2 に示すいわゆる「例外 3 原則」，すなわち，
①切迫性，②非代替性，③一時性という条件がすべて満たされる場合をいう．
さらに，個人ではなく組織的な判断を行う，利用者や家族等への説明責任を
果たす，不要になれば解除する，といった慎重な手続きを踏み，記録に残し

表 10-1　身体拘束に該当する具体的な行為

・徘徊しないように，車いすやいす，ベッドに体幹や四肢をひも等で縛る
・転落しないように，ベッドに体幹や四肢をひも等で縛る
・自分で降りられないように，ベッドを柵（サイドレール）で囲む
・点滴・経管栄養等のチューブを抜かないように，四肢をひも等で縛る
・点滴・経管栄養等のチューブを抜かないように，または皮膚をかきむしらないように，手指の機能を制限するミトン型の手袋等をつける
・車いすやいすからずり落ちたり，立ち上がったりしないように，Y字型抑制帯や腰ベルト，車いすテーブルをつける
・立ち上がる能力のある人の立ち上がりを妨げるようないすを使用する
・脱衣やおむつはずしを制限するために，介護衣（つなぎ服）を着せる
・他人への迷惑行為を防ぐために，ベッドなどに体幹や四肢をひも等で縛る
・行動を落ち着かせるために，向精神薬を過剰に服用させる
・自分の意思で開けることのできない居室等に隔離する

出典）厚生労働省「身体拘束ゼロ作戦推進会議」：身体拘束ゼロへの手引き；高齢者ケアに関わるすべての人に. 7, 福祉自治体ユニット，東京（2001）.

表 10-2　例外 3 原則

①切　迫　性：本人や他の入所者等の生命・身体が危険にさらされる可能性が著しく高い	
②非代替性：身体拘束その他の行動制限を行う以外に代わりになる介護方法がない	
③一　時　性：身体拘束その他の行動制限が一時的なものである	

出典）厚生労働省「身体拘束ゼロ作戦推進会議」：身体拘束ゼロへの手引き；高齢者ケアに関わるすべての人に. 22-25, 福祉自治体ユニット，東京（2001）.

保存しておく必要がある．この記録がなされていない場合，介護報酬の減算（身体拘束廃止未実施減算）の対象となる（規定があるサービス種別）．また，2018 年度の介護報酬改定・基準省令改正により，身体拘束適正化のための，①委員会の開催，②指針の整備，③研修の定期的な実施を行わなければならないことになった．これらの体制整備を行っていない場合も同減算の対象となる（表 10-3）.

　なお，基準省令上身体拘束の原則禁止が明確でない施設・事業所であっても，身体拘束を行うことは原則として慎まれるべきである．なぜなら，身体拘束を行うということには，利用者本人やその周囲への大きな弊害を生じさ

表 10- 3　身体拘束廃止未実施減算の要件（2018 年度介護報酬改定・基準省令改正による）

要件	（下記のいずれかがなされていない場合） ①身体的拘束等を行う場合には，その態様及び時間，その際の入所者の心身状況並びに緊急やむを得ない理由の記録（2 年間保存） ②身体的拘束等の適正化を図るための措置 　・身体的拘束等の適正化のため対策を検討する委員会を 3 月に 1 回以上開催するとともに，その結果について，介護職員その他従業者に周知徹底を図ること 　・身体的拘束等の適正化のための指針を整備すること 　・介護職員その他の従業者に対し，身体的拘束等の適正化のための研修を定期的に実施すること（年 2 回，新採時必須）
減算	入所者全員について所定単位数から 10% 減算（事実が生じた月の翌月から改善が認められた月まで，最低 3 か月）
対象	特別養護老人ホーム（介護老人福祉施設）　※地域密着型含む 介護老人保健施設　　介護療養型医療施設　　介護医療院 特定施設入居者生活介護　※地域密着型含む グループホーム（認知症対応型共同生活介護）

せる可能性があるからである．生じる可能性がある弊害は，①身体的弊害，②精神的弊害，③社会的弊害の 3 つに大別することができる[14]（図 10-4）．このうち，とくに，利用者本人への身体的・精神的弊害については，重くとらえる必要がある．身体的弊害では，身体拘束を行うことによって，筋力低下や関節の拘縮，そのほかの身体機能や生活機能の低下が生じやすくなる．ベッド柵を乗り越えて転落するなど，身体拘束に抵抗して起こした行動により，大きな事故が生じる可能性もある．精神的弊害としては，自由意思に基づく行動を制限されることにより，怒りや不安といったダメージ，ひいては尊厳にかかわるような精神的な屈服感を負わせかねない．認知症の人であればなおさらであり，本人の混乱をあおって BPSD 等の症状の悪化を促しかねない．身体拘束は，転倒・骨折などの目の前のリスクを防ぐために行われる場合も多い．しかし，これらの弊害を考えると，身体拘束を行うこと自体が新たなリスクを生じさせる可能性があり，そのリスクはむしろ重大な場合もある．このような弊害のある身体拘束に対して，厚生労働省が高齢者虐待防止法施行に合わせて都道府県・市町村向けに作成した資料[15]では，身体拘束

220

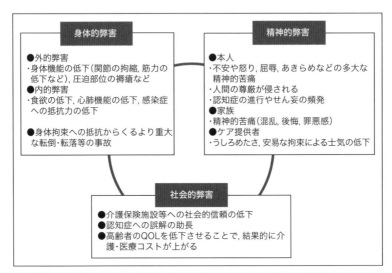

厚生労働省「身体拘束ゼロ作戦推進会議」：身体拘束ゼロへの手引き；高齢者ケアに関わる
すべての人に．6，福祉自治体ユニット，東京（2001）をもとに作成．

図10-4　身体拘束の弊害

と高齢者虐待との関係についての解釈が示されている．それは，「緊急やむを
得ない」場合を除いて，身体拘束は原則としてすべて高齢者虐待に該当する
というものである．したがって，身体拘束の問題は，養介護施設従事者等に
よる高齢者虐待の問題と一体的に取り組んでいく必要がある．実際，介護保
険施設等の運営指導（実地指導）などでは，身体拘束と高齢者虐待の問題へ
の認識や防廃止策が，ケアの質の確保という観点から重視されるようになっ
てきている[16]．身体拘束の実態については，2015年当初時点の状況として，
介護保険三施設において，全体の3割超で身体拘束が実施されていた等とす
る調査結果がある[17]．過去に行われた同種の調査[18]では，身体拘束事例のお
よそ2割が，前述の例外3原則に該当しないものであるという結果も示され
ている．認知症との関係についてみると，高齢者虐待と同様，これらの施設
等においてはそもそも認知症の利用者の割合が非常に高く，身体拘束を受け
ている人には当然高い割合で認知症の人が含まれている．ただし，施設等の
利用者全体と比べて，身体拘束を受けている利用者には認知症の程度が重い

人が多いとする調査結果もある[19].

3．虐待被害者の発見と対応

すでに述べたように，高齢者虐待防止法では，虐待を受けたと思われる高齢者を発見した場合は，市町村へ通報を行うことが規定されている（法第21条）．このとき，いくつか注意したい点がある．まず，通報に際しては，「不利益取扱の禁止」がうたわれている点である．これは，たとえば施設等の職員が同僚による虐待を発見した際に，市町村へ通報したことを理由として解雇その他の不利益な取り扱いを受けてしまうことを禁じるものである．次に，虐待通報にかかわる必要な情報については，守秘義務が除外（免責）される点である．なお，不利益取扱の禁止，守秘義務除外については，虚偽・過失による通報は除かれる．さらに，通報の義務のうち，養介護施設従事者等が養介護施設従事者等による虐待の被害を受けた高齢者を発見した場合，すなわち職場の同僚による虐待を発見したような場合には，より重い通報義務が規定されている．これ以外のケースでは，生命等に危険が差し迫っているかどうかで通報を「義務」とするか「努力義務」とするかに分かれるが，上述の例ではこのような区分はない．最後に，通報義務の履行と，施設等内での虐待発見・対応による事態の鎮静化とは相殺されない．施設内でうまく対応を図ることとは別に，市町村への通報は行わなければならない．

次に，通報や本人による届出がなされたあとの対応の流れについて述べる．通報等があった後，高齢者の安全の確認・確保や事実関係の確認のための調査や緊急性の判断が行われていく．事実確認調査が円滑に行われない場合などは，都道府県との共同などにより事実確認が進められる場合もある．また，事実確認の結果を踏まえ，ケース会議等の開催によりその後の対応が検討される．

高齢者虐待防止法では，通報受付後の対応を含めて，市町村もしくは都道府県が，老人福祉法または介護保険法に基づく権限を「適切に行使する」ことがうたわれている（法第24条）．したがって，施設・事業所の任意の協力による事実確認調査や改善依頼，運営指導も行えるが，必要な場合には当該の施設・事業所の根拠法の別に対応がなされる．たとえば，介護保険法に定

める施設・事業所であれば，同法に基づく報告徴収・立入検査（監査），改善の勧告や命令，指定の効力停止，指定の取消といった対応がなされることになる．虐待の事実が確認された場合，上述の権限行使の過程等で，施設・事業所に改善計画の策定・提出を求め，その指導や改善状況の確認を行っていくことになる．ただし，改善がみられない場合や非常に悪質な場合などは，厳しい対応がなされることもある．実際，例数は少ないが，虐待を主因とした指定の効力停止や取消がなされたケースもある．なお，老人福祉法または介護保険法に基づく権限行使の枠組みは，虐待の事実が認められた場合のみならず，適切なサービス提供がなされていない場合に共通するものであることも理解しておきたい．

4．虐待発生の背景とケアの質

前項では，虐待発生後の対応について示した．しかし，当然ながらもっとも肝要なのは，虐待の発生自体をいかに防いでいくかということである．養介護施設従事者等による高齢者虐待を防止していくためには，虐待が発生する背景について理解する必要がある．

まず，虐待を特殊で突発的なケースとしてとらえず，「ケアの質」という観点から連続的に考えていく視点が必要である．養介護施設従事者等による高齢者虐待は，不適切なサービス提供の仕方（不適切なケア）の延長線上に発生するものと考えられる．ケアの質がもっとも確保されていない状態のひとつが虐待行為であり，明確に高齢者虐待防止法上の虐待とはいえないが基準省令に違反するような不適切な対応，さらには基準省令に違反するとはいえないが適切ともいえないケアの仕方と分かちがたく結びついている．むしろ，これらの「不適切なケア」が放置されたり，助長されたりすることで，虐待に結びついていくと考えられる．このように考えると，養介護施設従事者等による高齢者虐待の防止は，ケアのあり方を点検し，その質を確保・向上させていく取り組みと表裏一体であるといえよう．身体拘束の問題についても，その廃止において肝要なのは，基本的なケアを見直すことであるとされている[20]．このとき，とくに，認知症の人へのケアの質を考えることは重要である．たとえば，認知症の人が何度も同じ訴えを繰り返したり，ケアに

抵抗を示したりする場合に，きつい口調で行動を制限したり，強引に介助を
進めてしまう場面がみられることがある．そのような不適切な対応が見すご
され，「仕方がない」と当たり前になってしまえば，それでうまくいかない場
合，さらに強引で不適切な対応がなされることになろう．一方，そこで立ち
止まってケアのあり方を点検し，改善することができれば，将来の虐待を防
ぐことができるかもしれない．養介護施設・事業所の利用者，ことに虐待事
例が多く報告されている施設・事業所の利用者の多くは認知症の人である．
認知症ケアに関する適切な知識や技術が確保されることで，将来の芽を摘む
という形で，虐待は防止されうる部分がある．

　もう1つもつべき視点は，虐待の防止がケアの質の問題と密接に関係して
いるのであれば，ケアの質はなにによって担保されるのかということであ
る．ここで，養介護施設従事者個々人の努力・研鑽や資質にのみ責を負わせ
るのは適切ではない．上述した例のように，認知症の人へのケアが適切に行
えないことの裏返しとして，不適切な対応をしてしまう場面を考えてみよ
う．このとき，当該の従事者に対して，施設等が十分に認知症ケアに関する
教育を行っていなかったらどうであろうか．虐待を防止するための取り組み
について，その体制が構築されておらず，情報も共有されていなかったらど
うであろうか．利用者に対するケアに関して，十分な検討や意思統一がなさ
れていなかったらどうであろうか．さらに，適切に人員が配置されず，従事
者が全員疲弊していたらどうであろうか．上司や同僚との間に相談・協力し
合えるような関係がなかったらどうであろうか．利用者の意思や精神的健康
が無視され，規律や効率だけを基準に仕事が評価される職場ならどうであろ
うか．このように考えると，ケアの質を担保するための，「職場の質」を確保
することが重要であることが分かる．図10-5に示したように，不適切ケアや
虐待の背景になりうる「職場の質」の問題は多面的である．加えて，個々の
従事者ではなく集団の質という観点からは，職場全体としての「ケアの質」
自体も，「職場の質」を表しているといえる．これらの要因が相互に影響し
て，具体的な場面でのケアの質に影を落としていることを理解し，問題があ
れば改善していく必要がある．

224

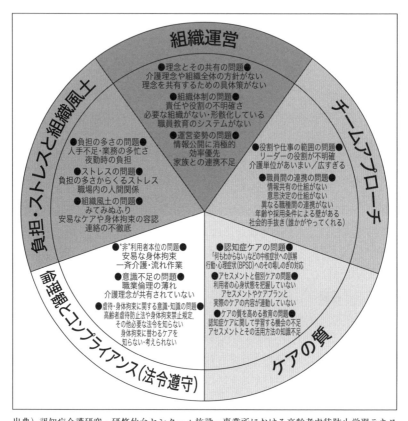

出典）認知症介護研究・研修仙台センター：施設・事業所における高齢者虐待防止学習テキスト．16，認知症介護研究・研修仙台センター，宮城（2009）.

図 10-5　養介護施設従事者等による高齢者虐待・不適切ケアの背景要因

5．未然防止のための体制づくり

　前項で述べたことから分かるように，養介護施設従事者等による高齢者虐待の防止は，組織的に図っていく必要がある．

　このことについて，高齢者虐待防止法では，早期発見・早期対応の観点を含めて，①養介護施設従事者等への研修の実施，②利用者・家族からの苦情処理体制の整備，その他の虐待防止等のための措置の実施を施設・事業所に求めている（法第 20 条）．これは，虐待の防止や早期発見・早期対応の責任

が施設・事業所にあることの表れであり，その意味でも組織的な取り組みは重要となる．加えて，2021 年度の介護報酬改定・基準省令改正に伴い，高齢者虐待防止のための体制整備が各施設・事業所において義務化されることになった（2023 年度までは努力義務期間）．義務化の対象は全介護サービスと養護老人ホーム・軽費老人ホームにもおよび，有料老人ホームについても設置運営標準指導指針において同様の体制整備が求められるようになった．具体的に求められる体制整備は，①虐待の防止のための対策を検討する委員会を定期的に開催するとともに，その結果について従業者に周知徹底を図ること，②虐待の防止のための指針を整備すること，③従業者に対し，虐待の防止のための研修を定期的に実施すること，④上記措置を適切に実施するための担当者をおくこと，である．

　また，「職場の質」を確保し，さらには「ケアの質」を確保し，もって虐待の防止を図っていくための組織的な取り組みは，法条文に明記されているものだけではなく，多面的に実施される必要がある．とりわけ，研修を含むより広い意味での人材育成と，従事者のストレスマネジメントへの取り組みは重要であるといえる．人材育成の取り組みは，従事者が十分な知識や技術，姿勢をもち，質の高いケアを提供することで虐待を未然に防止するための軸となる部分である．また，人材育成の取り組みを進めるなかで，倫理観も磨かれ，チームアプローチも充実し，悪い組織風土も解消されやすくなる．そうした取り組みを継続できること自体が，健全な組織運営が行えている証拠にもなろう．しかし，従事者やそのチームが力をつけ，意欲をもっていたとしても，仕事をするうえで過重なストレスがかかり，それが解消されないのであれば，質の高いケアは実現できない．ましてや，ストレス反応として不適切なケアが利用者に向けられてしまう可能性も考えられる．とくに，認知症の人へのケアの場面では，ときに利用者側から従事者が暴言・暴力，強い介護拒否・抵抗などを受けることもあり[21]，虐待の契機となる可能性がある．また，上司や同僚との関係のなかで生じるストレスもある．したがって，労務管理上の問題は元より，具体的なケアの場面や対人関係にまつわるストレスを含めて，ストレス要因（ストレッサー）を調整したり，ストレスに上手に向き合うための方策を練ったりするといったストレスマネジメントの取り

表10-4　市町村・都道府県に求められる未然防止の取り組み（例）

事故報告書や苦情の詳細な分析と指導
提供する介護の質を点検し，虐待につながりかねない不適切なケアを改善し，介護の質を高めるための取り組みに関する指導
養介護施設・事業所の経営者・管理者層と職員が一体となり権利擁護や虐待防止の意識の醸成と認知症ケア等に対する理解を高めるための研修の実施等に関する指導
苦情対応システムへの外部委員や介護相談員など外部の眼を導入することによる施設・事業所運営の透明化に関する指導

日本社会福祉士会：市町村・都道府県のための養介護施設従事者等による高齢者虐待対応の手引き．17，中央法規出版，東京（2012）をもとに作成．

組みが重要となる．この問題についても，組織的に取り組む必要がある．

　一方，介護保険制度によるサービスをはじめ，介護保険法および老人福祉法に基づいて提供される利用者へのケアについては，市町村や都道府県は，保険者や指導・監督権限者としてかかわっている．高齢者虐待への対応は基本的にこれらの権限に基づいてなされることになるが，権限自体は虐待対応だけを想定したものではなく，より幅広いものである．市町村・都道府県においても，ケアの質や職場の質を確保し，虐待を未然に防ぐための取り組みが求められる（表10-4）．

Ⅳ．防止に向けて

　高齢者虐待防止法では，虐待の定義について5つの類型を示すことで代えている．しかし，これはより包括的な概念を下敷きとして，法の対象を規定しているものである．この下敷きとなる包括的な概念について，厚生労働省が示した資料[22]では，「高齢者が他者からの不適切な扱いにより権利利益を侵害される状態や生命，健康，生活が損なわれるような状態に置かれること」として「広い意味での高齢者虐待」をとらえている．同資料では同時に，対象を第1号被保険者（65歳以上）に限らない，介護保険法における権利擁護事業（地域支援事業）の実施義務を示したうえで，高齢者虐待防止法の規定に該当するか判別しがたい事例についても同法に準じて必要な援助を行う必

要性があることを述べている.

　また，高齢者虐待防止法において通報の対象となるのは，虐待を行った人（養護者や養介護施設従事者等）でも，虐待が行われている場面や虐待行為そのものでもなく，虐待を受けたと「思われる」「人（高齢者）」である．したがって，虐待者を特定することも，虐待の意図を問うことも，虐待の証拠をつかむことも，通報に際しては基本的に必要としない．加えて，虐待被害に遭っている人だけでなく，被害に遭っている「かもしれない」人，将来的に被害に遭うかもしれない人も含めて早期発見・早期対応し，高齢者の権利利益の擁護や尊厳の保持を図ることに対策の主眼をおきたい.

　本章で多少指摘したが，市町村への通報や届出を起点とした調査と，当事者や当事者に近い立場の人に直接たずねた調査とでは結果が異なる部分があり，通報・届出されない事例が潜在している可能性も大きい[23]．また，明らかな虐待行為以前の，不適切なケアが行われている段階からの連続性を考える必要性も本章では示した．虐待の可能性に早期に気づき，事後対応ではなく養護者支援の取り組みを含めて未然の防止に取り組む姿勢が大切である．とくに，認知症の人は，自ら的確に訴え出ることがむずかしい場合も多く，かつ認知症があることで虐待被害に遭いやすい可能性もあるため，その意義はなお大きい.

　加えて，若年性認知症の状態にある人への支援等を考慮すると，障害者虐待防止法（障害者虐待の防止，障害者の養護者に対する支援等に関する法律）や障害者差別解消法（障害を理由とする差別の解消の推進に関する法律），障害者雇用促進法（障害者の雇用の促進等に関する法律）等についての理解も求められる．若年性認知症の状態にある人の就労や地域生活において，不当な差別や権利侵害が問題となることがある．これらの法令における「障害者」には身体障害・知的障害・精神障害のみならず，その他の心身機能の障害があり，障害および社会的障壁により継続的に日常生活または社会生活に相当な制限を受ける状態にある場合も含まれる．障害者虐待防止法では使用者による虐待が規定されており，また障害を理由とした差別や雇用における不当に差別的な扱いは禁止されていることを理解し，権利擁護が図られるようにしていく必要がある.

文　献

1) 厚生労働省老健局高齢者支援課：令和2年度高齢者虐待の防止，高齢者の養護者に対する支援等に関する法律に基づく対応状況等に関する調査結果．厚生労働省，東京（2021）．

2) 厚生労働省老健局介護保険計画課（2015）「平成25年度介護保険事業状況報告（年報）」（https://www.mhlw.go.jp/topics/kaigo/osirase/jigyo/10/index.html）．

3) 二宮利治，清原　裕，小原知之，ほか（2015）「日本における認知症の高齢者人口の将来推計に関する研究」総括研究報告書（https://mhlw-grants.niph.go.jp/system/files/2014/141031/201405037A_upload/201405037A0003.pdf）．

4) 医療経済研究機構：家庭内における高齢者虐待に関する調査報告書．医療経済研究・社会保険福祉協会医療経済研究機構，東京（2004）．

5) 津村智恵子：セルフ・ネグレクト防止活動に求める法的根拠と制度的支援．高齢者虐待防止研究，5(1)：61-65（2009）．

6) 内閣府経済社会総合研究所：セルフネグレクト状態にある高齢者に関する調査；幸福度の観点から．内閣府，東京（2011）．

7) ニッセイ基礎研究所：セルフ・ネグレクトと孤立死に関する実態把握と地域支援のあり方に関する調査研究報告書．ニッセイ基礎研究所，東京（2011）．

8) あい権利擁護支援ネット：セルフ・ネグレクトや消費者被害等の犯罪被害と認知症との関連に関する調査研究事業報告書．あい権利擁護支援ネット，東京（2015）．

9) 難波貴代：高齢者虐待における看護介入のあり方；共依存関係に焦点をおいて．3-4，平成21年勇美記念財団助成金最終報告書（2009）．

10) 加藤伸司，矢吹知之：家族が高齢者虐待をしてしまうとき．65-81，ワールドプランニング，東京（2012）．

11) 吉川悠貴：認知症ケア現場における高齢者虐待防止；未然防止の観点から．日本認知症ケア学会誌，11(4)：765-771（2013）．

12) 認知症介護研究・研修仙台センター，認知症介護研究・研修東京センター，認知症介護研究・研修大府センター：施設・事業所における高齢者虐待防止に関する調査研究事業報告書．認知症介護研究・研修仙台センター，宮城（2007）．

13) 厚生労働省大臣官房統計情報部社会統計課（2014）「平成25年介護サービス施設・事業所調査結果の概況」（https://www.mhlw.go.jp/toukei/saikin/hw/kaigo/service13/index.html）．

14) 厚生労働省「身体拘束ゼロ作戦推進会議」：身体拘束ゼロへの手引き；高齢者ケアに関わるすべての人に．6，福祉自治体ユニット，東京（2001）．

15) 厚生労働省老健局：市町村・都道府県における高齢者虐待への対応と擁護者支援について．96-97，厚生労働省，東京（2018）．

16) 厚生労働省老健局総務課介護保険指導室：介護保険施設等実地指導マニュアル（改訂版）．1-8，厚生労働省，東京（2010）．

17) 全国抑制廃止研究会：介護保険関連施設等の身体拘束廃止の追跡調査及び身体拘束廃止の取組や意識等に関する調査研究事業報告書．NPO全国抑制廃止研究会，

東京（2015）.

18）全国抑制廃止研究会：介護保険関連施設の身体拘束廃止に向けた基礎的調査報告書．NPO 全国抑制廃止研究会，東京（2010）.

19）認知症介護研究・研修仙台センター：介護保険施設における身体拘束廃止の啓発・推進事業報告書．認知症介護研究・研修仙台センター，宮城（2006）.

20）厚生労働省「身体拘束ゼロ作戦推進会議」：身体拘束ゼロへの手引き；高齢者ケアに関わるすべての人に．14-21，福祉自治体ユニット，東京（2001）.

21）Ko A, Takasaki K, Chiba Y, et al.：Aggression exhibited by older dementia clients toward staff in Japanese long-term care. *Journal of Elder Abuse and Neglect*, 24(1):1-16（2012）.

22）厚生労働省老健局：市町村・都道府県における高齢者虐待への対応と擁護者支援について．2-4，厚生労働省，東京（2018）.

23）山田祐子：高齢者虐待の実態調査から読み取れること．老年精神医学雑誌，19(12):1307-1316（2008）.

第11章

事例報告のまとめ方

Ⅰ. はじめに

　事例報告をまとめるということは，これまで行ってきたケアや質の向上のための取り組みについて振り返ることである．はたしてこれでよいのか，このままでよいのか，うまくいったと言い切ってよいのかという違和感や疑問を抱き問題意識をもち，改めてとらえ直してみようと思うところから事例報告はスタートする．もちろん，成功したと考えていた事例について，よりよいケアを実践できたかもしれないと振り返ることもできるであろう．そのため，事例報告では自分たちのケアや取り組みの不十分さ・不適切さに直面して振り返ることになり，冷静な気持ちで正当に記述することが求められる．

　したがって事例報告は，優れたケアをしている，とてもよいケアをできたという自負心からまとめるのではない．ましてや事例の経過を時間を追って書き並べることや，事例の情報を並べてその事例についての個人的な感想をつづること，認知症の人を対象として実験を行うことでもないのである．これまでのケアや取り組みを詳述し振り返ることを通して，今後の課題を得ようとすることに事例報告の価値がある．そのため，事例報告では新規性は問われない．むしろ，どれだけ深く振り返ることができたかが重要となる．

　一方，読み手にも大切にしてほしいことがある．それは，事例報告のなかに報告者の不備や弱点を探し出し指摘するという態度で読むのではなく，自分たちの不十分さや不適切さを冷静に振り返り，よりよいケアや取り組みに向かって一歩ずつ歩もうとしていることに敬意をはらうということである．事例報告から読み手自身が学び取り，自分たちのケアや取り組みを振り返り，改善に生かすという姿勢でいることが重要である．

　このように，事例報告を通じて報告者と読み手がお互いに理念を踏まえて問題意識を適切にもつことができているかを点検し合い，自らのケアや取り組みを深めることができる．

　たとえば，日々のケアのなかで，認知症の行動・心理症状（Behavioral and Psychological Symptoms of Dementia；BPSD）の有無や具体的な発言や動作のみで事例を表現することが起こりがちである．不穏，徘徊，暴力，暴言などと一言ですませてきた場面でも，認知症の人にとって，そしてスタッフ

234

にとっても，どのような具体的な事実が存在するのかを時系列や文脈に沿って改めて見いだし，述べていく．認知症の人は，常に暴言や暴力といったBPSD があるということはない．そのため，BPSD がみられる場面とそうではない場面とで，認知症の人のようすが事実として伝わるように留意して述べ，それぞれの場面での家族やケアスタッフ，周囲の人たちのかかわりについても具体的なようすを述べていく．そして，BPSD がみられる場面とそうではない場面とを比較してみる．そうすることで，認知症の人がなぜ暴言や暴力という言動をせざるを得なかったのかをとらえるヒントが得られる．そこに家族やケアスタッフ，周囲の人たちがどのようにかかわっていたのか，BPSD を発症する必要のない生活を送ることができるようにするためには，どのように支援するとよいのかを考えるヒントが存在している．

　このようなことに留意しながら，認知症の人のその場面にかかわったケアスタッフやチームとして，認知症の人の変化の有無や具体的なようすに自分たちのかかわりがどのように関連しているのかについて，考えたことを述べていく．自分たちのかかわりが認知症の人にとってどのように受け止められていたのか，どのような意味があったのかなど，改めて気づき，学んだことを自分の言葉で述べていくことを大切にしてほしい．このように検討することは，BPSD によってケアスタッフが困った場面を入口として，認知症の人の意向や思いに近づいていくプロセスなのである．

Ⅱ．事例の位置づけと事例報告の意義

　われわれは，ケアの専門職として，施設や事業所の管理者として，地域のさまざまな活動団体の一員として，そしてもちろん家族としてなど，さまざまな立場で認知症の人とかかわっている．それぞれの立場において，「認知症の人中心のケア」という理念の実現を目指して，個々の認知症の人や家族がよりよい状態で生活できるようにケアをしたり，施設・事業所の認知症ケアの質を高めようと業務改善や人材育成に取り組んだりしている．あるいは地域住民全体に認知症の人とケアについて理解を促す目的で啓発活動をしたりしているであろう．そのような個々の認知症の人や家族へのケア，施設・事

業所や地域における 1 つひとつの取り組みが「事例」である.

　そして，事例にそれぞれの立場でかかわりながら，「この認知症の人は帰宅欲求を繰り返しているが，その理由が分からないので対応に困っている」「あの認知症の人はほかの利用者との間にトラブルが起こりがちで，どのようにかかわったらよいか分からない」「この人材育成の取り組みはうまくいっているように思うけれど，本当にうまくいって改善できたと言い切ってよいのであろうか」「この人へはこのままのやり方やかかわり方でよいのであろうか」「介護と医療の連携がうまくいかない」などと感じていることがあるはずである．認知症ケアでは，ケアの取り組みをしているなかでの感覚や思考のプロセスで，このように立ち止まれることが第一に重要である．なぜなら，われわれはとくに深く考えることなく，いつもと同じように行動し，しかも自分の経験や知識に基づき対象について予測しているにもかかわらず，深く理解できたと思い込み，次なる行動に出ることができるからである.

　ケアする人が 1 人ひとりの認知症の人とケア，そして自分たちの認知症ケアに関する取り組みのなかで立ち止まり，何らかの問題意識をもち，問題解決に向けた個々の認知症ケアや取り組みのプロセスを分かりやすく筋道立てて報告することを「事例報告」とよぶ．すなわち，一瞬立ち止まり，それまで事例に起こってきたいくつもの事実を改めて集め，整理し，自分たちのケアや取り組みを振り返ることから事例をとらえ直し，そのケアや取り組みにどのような意味があったのか，適切なものであったのかを考えられるようになる．そのとき，先入観や思い込みがあったことに自ら気づきながら，改めて個々の事例を深く理解し，その事例のためのケアや取り組みをていねいに検討することができるようになる．さらには今後どのようにケアや取り組みを行えばよいのか，方向性を打ち出すこともできるのである.

　したがって事例報告を書くことで，事例の事実を多角的な視点でとらえ整理しながら，筋道立てて振り返り，自分自身の専門的な知識や技術をさらに高め，効果的なケアや取り組みを確実に実施できるようになる.

　このように事例の振り返りを個人や組織として発信し，積み重ねることで，科学的・倫理的に根拠のある適切な認知症ケアが確立されていくのである.

表11-1　事例報告の領域

1．認知症の行動・心理症状（BPSD）のある認知症の人の理解とケア
2．認知症の人の生活障害の理解とケア
3．認知症の人とのコミュニケーション
4．認知症の人のケアマネジメント（独居・高齢者世帯を中心に）
5．認知症の人の身体疾患の治療とケア
6．認知症の人のリハビリテーションとケア
7．認知症の人への虐待防止と発生時のケア
8．認知症の人のリスクマネジメント
9．終末期にある認知症の人のケア（エンド・オブ・ライフケア）
10．認知症の人の意思決定支援
11．認知症の人の地域住民としての生活継続の支援
12．認知症の人の家族支援
13．認知ケアにおける人材育成
14．質の高い認知症ケアを実現する組織運営
15．認知症ケアにおける専門職連携
16．認知症の人が最期まで暮らし続けることのできる地域づくり
17．その他

Ⅲ．事例報告の領域

　個々の認知症の人や家族へのケア，認知症ケアの質を高めるための施設・事業所や地域における取り組みなど，1つひとつが「事例」であることはすでに述べた．したがって，認知症ケアの事例報告の領域として多くのものを挙げることができる．表11-1に事例報告の領域として代表的なものを掲げた．一般的に事例報告というと，BPSDのある認知症の人の理解とケアのことと理解されやすいが，それだけではないことに留意してほしい．

Ⅳ．事例報告を書く前の準備；誌上での公表を目指して

1．投稿規定と執筆要項を熟読しよう

　査読のある雑誌への掲載を目指して投稿するときには，投稿原稿を書き出す前に必ず投稿規定と執筆要項を熟読してほしい．
　投稿規定には，投稿から雑誌掲載に至るまで報告者が知っていなければな

らない基本的な約束事が書かれている. 自分に投稿する資格はあるのか（報
告者は筆頭著者をはじめ共同著者全員が学会の会員であるなど）, 投稿する
際に送付すべき原稿や書類とそれらの部数, 投稿した原稿は自分の手もとへ
返却されるのか, 倫理的配慮についてとくに留意すべき点はあるのか, 著作
権の帰属, 編集委員会の位置づけや役割などが明記されている. たとえば,
日本認知症ケア学会で刊行している『認知症ケア事例ジャーナル』の投稿規
定では 13 項目の内容が記載されている. それらを熟読してほしい.

　投稿規定の次に執筆要項を確認する. 執筆要項には, 投稿原稿の体裁の整
え方（原稿の 1 枚目からなにをどのような順番で記述し整えていくのか）や
投稿原稿に記載しなければならない内容, そして具体的な表記方法の決まり
が書かれている. 具体的には, 投稿原稿全体の文字数, 投稿用紙のサイズと
1 頁に収めるべき文字数, 表題から図表までの投稿原稿一式の体裁の整え方,
抄録の書き方, キーワードの数, 引用文献の表記方法, 図表についての説明
のつけ方などが詳しく説明されているため, 確認してほしい.

　どのような雑誌でも, 編集委員会はこれらにのっとっていない投稿原稿を
受領することは, 基本的にない. 投稿から査読を経て, 雑誌の掲載まで円滑
に進めるためには, 投稿規定と執筆要項に従って報告者が原稿を整えている
ことが求められている.

２．事例報告における倫理的配慮に敏感になる

　倫理とは, 人間同士がかかわり合う場でのふさわしいふるまい方, 仲間の
間で守るべき秩序・規範のことである[1]. 認知症ケアは, お互い尊厳をもっ
ている人間が広くかかわり合うなかで行われ, そのなかから事例についての
深い振り返りがなされている. したがって報告者が事例報告をすることで,
本人や事例にかかわった人々, 組織, 引用文献の著者, そして事例報告の読
み手さえも尊厳がおびやかされるようなことがあってはならない. そのため
報告者には事例報告をする際に, 倫理的配慮を具体的に行うことが求められ
ている. 以下では, 日本認知症ケア学会の倫理綱領[2]に基づき, 事例報告に
おける倫理的配慮について述べていく.

　また, 事例報告の内容が, 報告者や所属機関の宣伝であると誤解される可

能性もあるため，留意する．

１）事例報告に関与する人々に対する倫理的配慮

（1）本人の同意

まず報告者は，執筆開始前に必ず事例報告の対象となる本人またはその代理人や関係者に，事例報告の目的，活用したい情報内容，事例報告の機会と手段，考えている報告内容などについて十分に説明を行い，同意を得る必要がある．このとき，あくまでも本人の自由な意思で事例報告に参加するということを大切にしなければならず，強制的な言動によって無理に参加させるようなことがあってはならない．同意をすることもしないことも自由であること，同意をしなくてもケアスタッフのかかわりが少なくなるなどの不利益を被ることはいっさいないこと，説明したときから誌上掲載が決まるまでならいつでも同意を取り消せることを明確に説明してほしい．

また本人の参加の意思が変化する可能性は常にある．そのことを当然のこととして報告者は受け入れなければならない．したがって，投稿する前に投稿原稿を読んでもらい，同意を得ておくことがより望ましいといえる．

（2）事例がかかわっている機関等の長の承諾

事例に関する情報を介護サービス等の施設・事業所の介護記録などから得る場合には，そこで行われるサービスに関して責任を負う人（施設長，管理者など）の許諾を得なければならない．一方，施設長や管理者などの責任者が事例報告しようとする場合は，事例の自由意思が本当に保障されているか，自らの言動が強制することになっていないか，点検することが重要である．

（3）参加者に対する必要以上の負担，苦痛，不利益の禁止

本人や事例報告に関連する人々に不必要な負担をかける，または苦痛や不利益をもたらすようなことが予見される場合は，そのまま進めてはならない．予想外の負担，苦痛，不利益などが生じることもあるため，安全が確保されていることを常に確認し，危険性が生じた場合にはただちに中止する．その例として，BPSD のある認知症の人について改めて情報を得ようと長時間観察することになったが，その間観察することが重視されてしまいタイミングよくケアがなされなくなり，結果として認知症の人が苦痛な状態で放っておかれる場合，認知症の人の情報を数多く知りたいために認知症の人や家

族を質問攻めにする場合，あるいは同意をした当初の計画以上の長期間にわたって職員がケアカンファレンスに拘束されるような場合などが挙げられるであろう．根拠や安全性が十分確立されていないにもかかわらず，まったく新しいケア方法を採用して認知症の人に実施することも決して行ってはならない．差別用語はもちろん，本人や読み手が読んで事例の人格を尊重していると思うことのできない用語や表現も用いてはならないのである．

　また当然のことであるが，報告者の職種・資格や職位として規定された役割の範ちゅうで事例を振り返ることが重要である．たとえば，医師の役割や医師の指示で行うべき事柄について，医師以外の職種のみで振り返り医師の指示を受けないまま進めてしまうことがないよう，常に留意することが重要である．吸引をはじめとする各種医療行為も実施できる種類や資格を有する人は限られている．それぞれの専門職の役割を規定している法律を理解し，さらに厚生労働省から出された「人生の最終段階における医療・ケアの決定プロセスに関するガイドライン（終末期医療の決定プロセスに関するガイドラインから改訂）」[3]や「認知症の人の日常生活・社会生活における意思決定支援ガイドライン」[4]，日本老年医学会による「高齢者ケアの意思決定プロセスに関するガイドライン；人工的水分・栄養補給の導入を中心として」[5]といった倫理に関するガイドラインにも注目し遵守することが求められている．

　(4)　秘密保持

　事例に関して取得した情報は，第三者に漏らしたり不用意に紛失したりすることがないよう，保管についてあらかじめ方針を定め，細心の注意をはらう必要がある．自施設・事業所への行き帰りや休憩時間，あるいは報告者の自宅で事例についておしゃべりやうわさ話をすることもあってはならない．

　(5)　発表の際の個人情報等への配慮

　事例報告において，個人や組織の情報を記述する場合には，関与している個人が特定されないように配慮する．個人名の記載を避けることはもとより，地名，利用しているサービスの機関名，学歴や職業歴等の情報からも，個人が特定されることのないよう記述の仕方について配慮が必要である．小規模事業所を利用する認知症の人と家族について事例報告をまとめる際は，とくに個人が特定されやすいので厳重に配慮を行うことが求められる．

2）学術的な倫理的事項

学術的雑誌での投稿に際しては以下のような倫理的配慮を行う必要がある．

（1）引用の明確化

事例報告において，他人の事例報告や研究成果，著作などから記述を使用する場合には，それらは著者の知的財産であることを意識し，必ず原著者名および発表年を明記し，その部分が引用であることを明らかにしなければならない．引用が明確にされていないと剽窃となる．いわゆる盗作である．書籍等から，図・表・写真などを使用する場合にも原典を明確にする．

引用許可を得なければならない場合も多いため，報告者が許諾の必要性を確認し，それに応じて許可を得ていく．とくに図・表・写真を複製使用する場合には，出版社および著者の許可が必要であるため，注意してほしい．

（2）情報の捏造の禁止

データを捏造することは絶対にしてはならない．捏造が露見した場合には，報告者は信用をいちじるしく損なう事態となる．情報の部分的な改ざんも捏造とみなされる．

以上，事例報告における倫理的配慮について述べてきた．これらを踏まえると，たとえば，意思決定能力が低下していると思われる認知症の人を対象とする場合，家族の承諾が得られたからといって倫理的配慮をすべて実施したということにはならないと理解することができるであろう．

V．事例報告の書き方の実際

ここでは，事例報告に含めなければならない事項（表11-2）について，書き方の原則を述べる．実際に事例報告を執筆するときには，これらの事項が含まれていることが重要である．ただし，本文の見出しが以下の事項どおりになっていなければならないということではない．それぞれの事例に合わせて，適切な見出しを立てる必要がある．

1．表題；報告者の問題意識が伝わる表現を工夫する

事例報告の表題は，報告者がどのような事例をいかなる問題意識をもって

表11-2　事例報告の形式

1. 表題：どのような事例をいかなる問題意識で振り返ったのかを具体的かつ簡潔に表現したもの
2. はじめに：事例報告を書こうと思った理由や目的，理念・目指すべき認知症ケアと現状との違いから生じた問題意識を分かりやすく述べたもの
3. 倫理的配慮：事例報告に関する関係者の同意が適切に得られたことと個人情報の保護が十分に行われていることを述べたもの
4. 事例紹介：報告者が問題意識をもっている事例に関する基本情報
5. 現状分析・アセスメント：報告者が問題意識をもっているこれまでの具体的ケア・取り組みの現状と考えたこと
6. 活動内容やケア：5を踏まえて問題を解決するために行った具体的ケア・取り組みの内容
7. 活動内容やケアの結果：6で述べた活動内容やケアによる事例の変化の有無，具体的変化
8. 考察および評価：6と7から活動内容やケアの内容の意義について考えたこと
9. まとめ：事例を振り返ることを通して報告者が学んだことや今後大切にしていきたいと考えたこと

振り返り，どのような学びや考えを得たのかを読み手に簡潔に伝わるように表現することが大切である．とくに，どのような事例をいかなる問題意識で振り返ったのかを具体的に表現することを重視してほしい．自分たちの日ごろのがんばりを読者に知ってほしいという思いから，自分たちの認知症ケアを称賛しているかのような表題にすると，認知症の人中心のケアから逸脱してしまうことになりかねないため注意したい．また，類似する多くの事例に当てはまるような抽象的な表題になってしまうと，個別の事例を振り返る意味がなくなってしまうため留意してほしい．

2．はじめに：報告者が感じている問題意識を踏まえて，この事例報告を書こうと思った理由や目的を簡潔に記す

「はじめに」では，すでに多くの人が知っていると思われる一般論を改めて詳しく述べる必要はない．むしろ報告者は，自分の立場で事例について気になっていることや問題と思っていること，なぜ気になり，問題と思っているのかなど，事例報告をしようと思った動機を自分なりの表現で，読み手に伝

242

わるように分かりやすく書いていく．つまり，表題でも表現した報告者の問題意識をここで改めてしっかりと述べることになる．その際，報告者の問題意識が，「認知症の人中心のケア」などの理念の実現を目指したものとなっていることを必ず確認してほしい．そのためにも，事業所のカンファレンスで話題になったことや研修会等で学んで気づいたこと，記録を書きながら気になったことを自身の問題意識として大切にするとよい．

　また，報告者の職種や職位などの立場と事例との関係，報告者のケアや取り組みの経緯の概要をおおまかに記述することも重要である．これらについて「はじめに」では，簡潔に分かりやすい表現となるように記述する．

　さらに，その事例について報告者が気になっていることや問題と思っていることが，認知症ケア全体あるいは社会においてはどのようにとらえられているのか，これまで意識されていなかった新しい問題なのかについても記述しておくと，報告者の事例の振り返りからの学びが認知症ケアや社会全体にとってどのような意義があるのかを読み手は確認することができるであろう．

3．倫理的配慮；倫理的配慮を適切に行ったことを記す

　すでに述べた倫理的配慮をもとに，事例報告においてはだれに対してどのような理由や目的でいかなる倫理的配慮を行ったのかを具体的に明記してほしい．その際，「事例報告における倫理的配慮に敏感になる」の項目に留意して具体的に記述することが望ましいが，とくに事例報告に記載される関係者の同意をどのように得たのか，個人情報をいかに保護しているのかは必ず述べる．しかし，単に書けばよいということではない．日々のケアや取り組みにおいてはもちろん，事例の振り返りから誌上掲載までに認知症の人本人と家族，かかわる職員，組織，引用文献の著者，そしてもちろん読み手にまで倫理的配慮がていねいになされているかどうかは，用語の使い方や場面についての記述などを通じて随所に現れてしまうことを意識してほしい．

4．事例紹介；報告者が問題意識をもっている事例に関する基本的情報を記す

　事例を紹介する際の基本的情報の項目例を表11-3に示した．

　ただし，これらの基本的情報は必ずしも網羅しなければならないというも

表 11-3　事例紹介のための基本的情報項目（例）

(1) 認知症の人の事例である場合

・匿名化された事例の名称	・認知症の診断名	・認知症になる前後の性格
・年齢	・認知症の程度	・既往歴
・性別	・各認知機能のレベル	・現在もっている病気
・身長・体重	・ADL・IADL や生活障害	・治療状況（服薬を含む）
・要介護度	・介護・医療サービスの利	・生活環境
・本人の希望	用に至るまでの経緯	・利用している福祉用具など
・家族構成	・生活歴	

(2) 1つの集合体・組織としての事例の場合

＜ⅰ. 地域＞

・匿名化された地域の名称	・地形的な特徴	・各種介護・医療サービス機関の
・人口	・特徴的な産業	数とそれらの連携状況の特徴な
・高齢化率	・介護・医療に関する施策	ど

＜ⅱ. 施設・事業所＞

・匿名化された名称	・組織体制	・ケアマネジメントを行うための
・施設・事業所の理念・目標・	・人員体制	施設・事業所内の仕組み
方針・重点課題	・職員の保有資格と人数	・現任教育の体制
・法人全体の理念・目標・方針・	・委員会組織と各活動状況	・利用者定員
重点課題における位置づけ	・入職者数（率）	・利用者の性別・年齢・要介護度
・法人が実施しているほかの	・離職者数（率）	などの基本的属性
サービス間の連携状況	・ベッドの利用率	・平均利用日数など
・平均サービス利用日数		

＜ⅲ. 部署やフロア・ユニット＞

・理念・目標・方針・重点課題	・ケアマネジメントを行う	・利用者定員
・人員体制	ための部署やフロア・ユ	・利用者の性別・年齢・要介護度
・職員の保有資格と人数	ニット内での仕組み	などの基本的属性など
・勤務体制	・現任教育の体制	

＜ⅳ. 家族の特徴＞

・匿名化された事例の名称	・既往歴	・要介護者の情報（年齢・性別,
・年齢・性別	・現在罹患している病気	要介護度, 本人の希望, 認知症
・家族の希望	・治療状況（服薬を含む）	の診断名・程度, 各認知機能の
・家族構成	・生活環境	レベル, サービスの利用に至る
・生活歴	・家族の価値観	までの経過, 生活歴, 既往歴,
・就労状況	・介護の状況	治療状況, 生活環境）など

のではない．ありとあらゆる情報をとり，並べなければならないという思い
にかられるかもしれないが，そのような思いは対象者や関係者に必要以上の
負担を強いることになり，倫理的にも問題が生じてしまう．あくまでも，報
告者の「気になっていること」「問題と思っていること」に関連する項目を考
え，多くの情報のなかから選択して記載していく．

5．現状分析・アセスメント；問題の状況とこれまでの具体的ケア・取り組みの現状，そしてなぜ問題の状況が起こっているのか，考えたことを記す

報告者は「認知症の人中心のケア」という理念の実現を目指しながら，個々の事例に問題意識をもつことができるかどうかがまず重要である．理念を踏まえた問題のとらえ方となっているかを確認してほしい．

そして個々の事例に起こっている問題を解決し，質向上を目指して効果的に取り組んでいくためには，問題の原因や要因を考えることなく，何となくよさそう，だれよりも早くとにかくやってみたいという短絡的な思いでケアや行動を起こしても問題解決には至らない．なぜその問題が起こっているのかという原因・要因を考えるためには，まず事例の状態とケアや取り組みの現状について事実を時系列（時間の経過に沿って）に詳しく記述していく．そのうえで基本的情報として記載された内容やケア・取り組みが事例にとってどのような意味があるのかをとらえる．

ケアや取り組みを記述する際に，そこで繰り広げられているコミュニケーションについて的確に表現することを大切にしてほしい．とくにノンバーバル（非言語的，すなわち言語によらない）コミュニケーションについては，表11-3に示したことを参考にしながらていねいに書き表していく[6]．事例とのかかわりのなかで行われているノンバーバルコミュニケーションについては，これまで言語化したことがなかったということもあろう．このように，「行動していたけれど，言葉で表現していなかった」ということを適切な表現で説明し語れるようになることを，事例報告においてぜひ挑戦してほしい．

次に，それぞれ重要な意味をもつ情報同士にどのような関連性があるのかを明らかにすることも必要になる．そのうえで，報告者がもちうる専門知識を活用して，「問題が起こっているのはなぜかという因果関係，すなわち，なにが原因・要因でこのような結果・問題が起こったかの関係」を整理し明らかにする．これは論理的思考である．

これらの思考のプロセスを踏まえて，現状分析・アセスメントでは，事例についての問題の原因・要因になっていると思われる状況や状態（情報）を，そのようにとらえた理由とともに，どのような立場の読み手が読んでも理解できるように客観的かつ具体的に記述していく．その記述には報告者の認知

症ケアに関する専門的知識を的確に活用してほしい．原因・要因を挙げるにあたっては，「何となくそう思ったから」というだけでは不十分である．

　事例について問題が起こっている原因・要因は 1 つだけとは限らない．認知症ケアの事例では，いくつもの因果関係が存在しているため問題が解決されずにとどまっていることが数多くある．したがって，問題の原因・要因は本当にこれだと特定してよいのか，はたしてこれだけなのか，ほかにどのような原因・要因があるのかと批判的思考ができることも事例を深く振り返るために報告者に必要になる．すなわち，現状の問題がなぜ起こっているのかと原因・要因を論理的思考・批判的思考で広く分析していくのである．

　ここで，現状分析・アセスメントを的確に行っていくための留意点について述べる．まず，論理的思考・批判的思考を進めていくときに，報告者自身のこれまでの姿勢，考え方，ケアや取り組みの実際は，問題の原因・要因にもなりうるものから除外しがちである．事例を振り返るということは，自分のケアや取り組みの意味を客観的に解釈するということにほかならない．報告者が自分自身を客観視し，原因・要因のひとつになりうるという前提をもっていることが事例報告ではとくに重要である．

　また，情報を意味づけ，問題の原因・要因を明らかにしていくときに，「事例にとっての事実・意味づけ」と報告者個人の価値観や判断基準による考え・思いを混同しないように留意してほしい．情報を意味づけるということは，報告者が自分の価値観や判断基準で善悪や正誤を決めることではなく，その情報は事例にとってどのような意味があるのかを，報告者が認知症ケアに関する専門知識を駆使して解釈していくことなのである．事例報告の目的が自分たちの認知症ケアの実践を振り返ることからも，自分がどのような事実に基づいていかなる解釈をしているのかを省察的に明らかにする段階が，現状分析・アセスメントである．

　たとえば，配偶者と死別してから間もない認知症の人が 1 人で涙ぐんでいるようすを目の当たりにしたケアスタッフが，「泣いてばかりいないで楽しくすごしてほしい」と思い，他の利用者とともに歌をうたうことに誘っていた．しかし，その認知症の人はケアスタッフに笑顔をみせることもあるが，会話をすることが少なくなり，介護施設から頻回に出て行こうとするように

なった. このような認知症の人について, ケアスタッフは「徘徊がひどくなった」と BPSD の症状としてとらえることが多い. しかし, 死別を経験した人にとってグリーフワークが重要であるという専門知識を活用することで, 楽しくすごしてもらおうとすることが認知症の人にとってグリーフワーク, すなわち喪の過程をたどる機会を失うことになり, 落ち着いてすごすことができなくなっている可能性があること, 死別した配偶者の遺影を見つめ手を合わせることのできる環境を整える必要性に気づくことができるであろう.

したがって, 記述する際も, 事例にとっての事実やケアスタッフがどのような観点でいかに解釈しているのかについて, 読み手に伝わるように表現していくことが必要となる. そのためには, 5W1H を意識して記述するとよい.

6. 活動内容やケア:現状分析を踏まえて問題解決のための活動内容やケアの具体を詳細に記す

現状の問題が起こっている原因・要因を分析することができたら, 次に問題を解決・改善するための具体的内容やケアを検討・実施し, それらを具体的に記述していく. 問題を解決・改善するための具体的活動内容やケアは, 問題の原因・要因を取り除いたり, 緩和したりすることが安全に確実にできるというものになる. ここで事例や関与する人々の命に危険が及んだり, 危害や不利益が予測されたりするもの, 根拠がないものを行ってはならない. それでは倫理的な問題が発生してしまう.

また活動内容やケアを記述する際も, 5W1H を意識して, どのような職種, 職位, 立場の人が読んでも, 読み手の理解が異なることがないように, 1つひとつの活動内容やケアについて具体的に分かりやすく記述していく. 略語や報告者と同じ施設・事業所の人しか理解できない暗号のような表現も避ける必要がある. さらに, 活動内容やケアの流れが時系列に並んで記述されていると, 「評価および考察」において, 実施した活動内容やケアが事例にとってどのような意味があったのか, 効果的であったのかなどを報告者も読み手も客観的に検討しやすくなる.

7．活動内容やケアの結果：活動内容やケアによって事例はどのようになっ
　　たのか，事例の変化の有無と具体的変化を記す

　ここでは，実施した活動内容やケアによって，事例にはどのような変化が
起こり問題が解決したのか，解決に至らなくてもいかなる変化が起こったの
か，もしくは変化はなかったのかについて具体的・客観的に述べていく．た
だし，数字で表し，測定値を記載するなど，量的な変化が明示されなければ
ならないことはない．事例の表情や言動，考え方など数値で表現できない事
実もたくさんある．むしろ，事例とのかかわりのなかのノンバーバルコミュ
ニケーションも含めて，事例報告では数値にできないものや，数値に置き換
えづらいものについても，あくまでも事例にとっての事実，事例に起こった
事実として具体的に表現し述べていく．自分がどのような事実に基づいてい
かなる解釈をしているのかを意識して記述することで，報告者も結果を客観
的に受け止め，読み手にとっても理解しやすいものとなる．

8．考察および評価：具体的ケア・取り組みの内容の意義について考えたこ
　　とを記す

　事例に変化が起こったのはなぜか，実施した活動内容やケアとの間にどの
ような関係や関連があったのかなどを報告者は深く考え，そのように考えた
根拠とともに述べていく．もちろん事例に期待していたようなよい変化が起
こらなくても，あるいは予測していなかったよくない変化が起こったとして
も，事例の変化の有無や変化のようすと実施した活動内容・ケアとの関係や
関連はどうであったと考えられるのかを根拠とともに述べていく．その場
合，現状分析，アセスメントが適切であったのかを再検討し記述してほしい．
そして，活動内容やケアは効果的であったのか，事例にとってどのような意
義があったのか，より意義のある活動内容やケアにしていくためには，今後
具体的にどのようにしたらよいのかについて，報告者が考えたことを論述す
る．事例の振り返りでは，因果関係をとらえるという論理的思考が常に行わ
れているため，考察および評価が単なる「よかった」「悪かった」「うれしい」
「がっかりした」などの感想にとどまらないようにしたい．

　一方，考察および評価において，ある一事例から学んだことや考えが認知

症ケア全体における普遍化された研究知見であるかのように書くことはできない. 報告者は, 報告した一事例の範囲でだけいえることであると心得ていることが大切である. 数多くの事例報告がなされることを通じて, 普遍化できる知見が初めて明らかになる.

9. まとめ；事例を振り返ることを通して報告者が学んだことや今後大切にしていきたいと考えたことを記す

「はじめに」から「考察および評価」までに述べてきた内容を踏まえて,「まとめ」では事例を振り返ることで報告者が学んだことの要点を改めて述べる. そのうえで, 今後の課題であると分かったことや今後さらに振り返ったり挑戦したりしたいと考えたことを簡潔に述べていく.

10. 和文抄録とキーワード；投稿原稿のポイントを和文抄録にまとめ, キーワードを挙げる

執筆要項を確認すると, 報告者は和文抄録をまとめるように記載されている（英文抄録が必要な場合もある）. これは書き上げた原稿の概要を制限字数内で簡潔にまとめるということである. 事例に起こっている状況と報告者が解決しようとしている問題, 問題の原因・要因についての現状分析・アセスメント, その分析に基づいた活動の内容とケア, そしてその結果, それらを踏まえた考察と評価について, ポイントのみを制限字数内で記述する.

さらに, その事例報告によって報告者が伝えたいことを示すとともに, 読み手が内容を理解するうえで重要となる代表的な用語としてキーワードを記す. たとえば『認知症ケア事例ジャーナル』では, キーワードを5語以内で挙げることを求めている. 書き上げた事例報告のなかからキーワードを選定してほしい. キーワードには, 報告者も読み手も確実に理解できる一般的な用語を挙げる. 事例報告のなかで用いていない用語や造語をキーワードとすると, 読み手が混乱してしまうことがあるので注意が必要である.

Ⅵ. 事例報告を書き上げたあとに行ってほしいこと

　事例報告をすべて書き上げたら，表題から最後の一文までをぜひ音読してほしい．自分が記述した事例報告の原稿は，他職種が読んでも理解できる表現・内容や流れになっているかを確認しながら自分で読み，自分の耳で聞く．音読して1つの文章が長いと感じたり，意味が分かりにくいと感じたりした箇所は，もう一度表現を検討してほしい．このとき，投稿規定や執筆要項にのっとっているか，誤字脱字がないかも点検していく．表題や和文抄録が事例報告全体を反映する表現になっているかも再度確認してほしい．

Ⅶ. おわりに

　事例を振り返り，事例報告として執筆して実際に投稿するということは，決してたやすいことではない．少なからず報告者自身の課題や傾向，癖に向き合うことにもなるため，これまでの自分の認知症ケアを自ら問い直すことが求められる．しかし，あえていえば，時間がある程度経過したあとであれば，事例についての問題の現状分析を行い，効果的な活動内容やケアを考え，実施につなげることはだれにでもできるといえる．このような事例報告をていねいに繰り返していくことで，問題の渦中にありながらも原因・要因となっているものを即座に読み取り，問題解決に向けた効果的なケアや取り組みをその瞬間その場で確実に実施し評価まで行うことができるようになる．これが実践力の向上である．事例を振り返り，さらに認知症ケアの実践力を高めるために，事例報告をまとめることに取り組み，継続していってほしい．

　なお本章は，認知症ケア事例ジャーナルにおける事例報告の書き方（『認知症ケア事例ジャーナル』第1巻第1号，2008）をもとに一部加筆・修正した．

文　献
1）赤林　朗編：入門・医療倫理Ⅰ．65-68，勁草書房，東京（2005）．
2）日本認知症ケア学会（2012）（https://ninchisyoucare.com/gakkaishi/gakkaishi/

rinri.htm）.

3) 厚生労働省（2018）「人生の最終段階における医療・ケアの 決定プロセスに関するガイドライン」（https://www.mhlw.go.jp/file/04-Houdouhappyou-10802000-Iseikyoku-Shidouka/0000197701.pdf）.

4) 厚生労働省（2018）「認知症の人の日常生活・社会生活における意思決定支援ガイドライン」（https://www.mhlw.go.jp/file/06-Seisakujouhou-12300000-Roukenkyoku/0000212396.pdf）

5) 日本老年医学会（2012）「高齢者ケアの意思決定プロセスに関するガイドライン；人工的水分・栄養補給の導入を中心として」（https://www.jpn-geriat-soc.or.jp/proposal/pdf/jgs_ahn_gl_2012.pdf）.

6) 大橋理枝，根橋玲子：コミュニケーション論序説．43-46，放送大学教育振興会，東京（2007）.

索　引

252

254

認知症ケア標準テキスト

改訂5版・認知症ケアの実際 I：総論

2004年 6月25日	第1版第1刷
2007年 3月1日	第1版第13刷
2007年 9月20日	第2版第1刷
2012年 4月4日	第2版第7刷
2013年 11月30日	第3版第1刷
2016年 1月27日	第3版第3刷
2016年 11月25日	第4版第1刷
2022年 3月30日	第4版第6刷
2022年 11月30日	第5版第1刷
2024年 1月30日	第5版第2刷

定価：本体2,400円＋税

●

編集・発行　一般社団法人日本認知症ケア学会

発売所　株式会社 ワールドプランニング
〒162-0825 東京都新宿区神楽坂4-1-1
Tel：03-5206-7431　Fax：03-5206-7757
E-mail：wp-office@worldpl.co.jp
https://worldpl.co.jp/
振替口座　00150－7－535934
表紙デザイン　星野鏡子
印刷　三報社印刷株式会社

ISBN978-4-86351-232-0